José Martín Martínez   Sebastián Gómez Martí

CARMEN GRAU
Vida y pintura

Universitat de València
2025

Libro editado con motivo de la exposición «Carmen Grau: *collages* de materia y poesía», celebrada en la Sala Martínez Guerricabeitia, Centre Cultural La Nau (Universitat de València) durante los meses de abril a septiembre de 2025.
(Véase el reportaje fotográfico de las últimas páginas.)

Edición a cargo de
Lydia Frasquet Bellver

Textos
José Martín Martínez
Sebastián Gómez Martí

Diseño y maquetación
Espirelius

Traducción
Servei de Política Lingüística de la Universitat de València

Fotografías
Eduardo Alapont: figuras 10, 16, 21, 23, 24, 26, 29, 32, 37, 38, 39, 40, 41, 45, 48, 49, 51, 52, 54, 56, 57, 58, 58, 59, 60, 63, 64, 66, 67, 68, 70. 71, 72, 73, 74, 75, 76, 77, 78, 79, 80, 81, 82, 83, 86; y pp. 187-197.
Mariángeles Pérez Martín: figuras 30 y 31.
Juan Carlos Tormo: figuras 47 y 55.

Impresión
La Imprenta CG

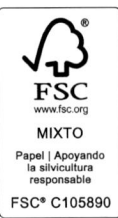

FSC
www.fsc.org
MIXTO
Papel | Apoyando
la silvicultura
responsable
FSC® C105890

ISBN: 978-84-9133-768-3
Depósito legal: V-1116-2025

Nunca comprendemos una obra con sólo mirarla. Donde no preguntamos, nada aprendemos, y donde no buscamos, no encontramos nada. Ninguna obra de arte se manifiesta a primera vista en toda su grandeza y profundidad. No sólo quieren ser admiradas, sino también comprendidas.

STEFAN ZWEIG

El misterio de la creación artística, 1938

SUMARIO

PRESENTACIÓN

Tenemos entre las manos una publicación que cumple con la doble función de ser a la vez una monografía y el catálogo de la exposición de Carmen Grau en la emblemática Sala Martínez Guerricabeitia del Centre Cultural La Nau. Este espacio, símbolo del compromiso de la Universitat de València con el arte y la cultura, se convierte en el escenario donde la visión de esta pintora valenciana encuentra un lugar para dialogar con el público, la comunidad universitaria y con el contexto cultural contemporáneo.

Carmen Grau es una creadora cuya extensa trayectoria se caracteriza por una investigación constante, a lo largo de medio siglo, sobre la imagen, la materia y el objeto, sin dejar de estar conectada con su entorno histórico. A través de su obra, ha construido un lenguaje plástico con el que explora sus preocupaciones como mujer y como pintora, siendo siempre crítica con el sistema artístico al que ella misma, como catedrática de la Facultad de Bellas Artes, pertenece. Cada una de sus piezas invita a la reflexión, convirtiendo sus composiciones en un espejo que refleja tanto los anhelos como los desafíos de nuestro tiempo.

Esta muestra es fruto de la investigación desarrollada durante los últimos cuatro años entre la artista y los autores: inicialmente con Sebastián Gómez, cuyo trabajo fue supervisado y posteriormente continuado por José Martín, profesor de la Universitat de València y director de la Colección Martínez Guerricabeitia. En esta monografía el lector encontrará el texto crítico que contextualiza y analiza el trabajo de Carmen Grau, junto a las obras de cada uno de sus periodos creativos. Al final se ha preparado un apartado con las piezas expuestas en la muestra.

Esta exposición que se enmarca dentro de la línea de trabajo denominada «Encuentros con la Colección»; mediante esta denominación planteamos exposiciones que permiten ahondar en las trayectorias de los y las artistas que forman parte de la Colección Martínez Guerricabeitia de la Universitat de València.

M. Vicenta Mestre Escrivà
RECTORA DE LA UNIVERSITAT DE VALÈNCIA

Ester Alba Pagán
VICERECTORA DE CULTURA I SOCIETAT

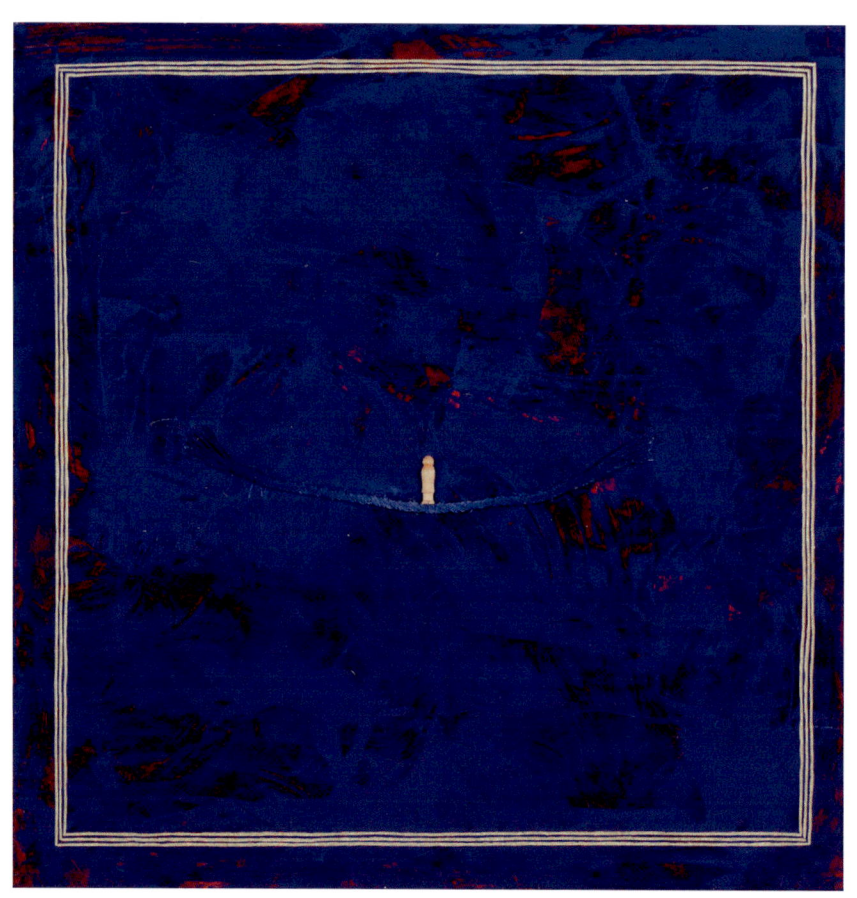

1. *En la cuerda floja,* 2000. Técnica mixta sobre tabla, 122 x 122 cm.

¿Por qué se pinta? Se pinta porque se desea vivir en la cuerda floja, aunque sea gritando de miedo sobre el vacío.

Carmen Grau
Pintando el tiempo, 2007

PRÓLOGO

En la última entrevista a Carmen Grau publicada hasta la fecha, la pintora enunciaba su filosofía artística en una sencilla frase: «El arte es una forma de vida».[1] Esta afirmación resume su profunda concepción del papel que desempeña el arte en la existencia humana, como experiencia enraizada en la vida misma que no se limita a ser una mera actividad o profesión, sino que se convierte en una manera integral de estar en el mundo. Para ella, el acto de crear es un compromiso existencial, donde cada obra es una extensión de la identidad del creador, un reflejo de su experiencia y de su manera de enfrentar la complejidad de la vida, y un medio para establecer un diálogo abierto con el mundo.

Esta identificación entre el arte y la vida no es una idea improvisada, pues la encontramos ya repetidas veces en su libro *Pintando el tiempo*,[2] y la había expresado muchos años antes, con algo más de extensión, cuando dijo en otra entrevista: «La pintura es una experiencia vivencial, como cualquier lenguaje creativo. Tiene que existir un compromiso de lo creado con el propio tiempo, el espacio y la memoria. Creo que el viejo oficio de crear implica una manera de ver y de ser ante la vida».[3] Si analizamos estas tres oraciones hallaremos un compendio de su pensamiento estético. La noción de que «la pintura es una experiencia vivencial, como cualquier lenguaje creativo» está subrayando que el proceso creativo es un acto personal y subjetivo que involucra la totalidad del ser del artista. Que la pintura, lejos de ser una producción técnica o comercial, consiste en un diálogo íntimo y envolvente entre el artista y su material. Y que este acto de crear es una experiencia donde la interacción con los materiales, las formas, las texturas y los colores no solo construye una imagen, sino que también comunica un sentimiento, una reflexión, una historia, como el medio de expresión que es. La afirmación de que «tiene que existir un compromiso de lo creado con el propio tiempo, el espacio y la memoria» indica lo importante que es en su poética el compromiso del artista con la sociedad de su tiempo, la responsabilidad de reflejar, cuestionar o dialogar con la realidad que le rodea, y el papel clave que juegan la memoria personal y colectiva. Finalmente, al referirse al «viejo oficio de crear» se hace evidente su respeto por las tradiciones y técnicas, por el esfuerzo manual y la dedicación, pero también su convicción de que la creación entraña «una manera de ver y de ser ante la vida», sugiriendo que hay en el oficio una forma de estar comprometido con uno mismo y con el mundo, una cierta ética o moralidad que está enraizada con la autenticidad y el compromiso personal.

Entenderá el lector, después de lo dicho, que esta monografía lleve por título *Carmen Grau: vida y pintura*, pues ningún otro anunciaría con mayor claridad y pertinencia su contenido. Es claro porque plasma la idea de que la vida y la obra de un artista están inextricablemente ligadas, reflejando esa conexión fundamental que la artista defiende. Y pertinente porque adelanta las dos partes que la componen: una primera dedicada a su vida y trayectoria, donde se aborda la biografía humana y profesional, y una segunda al estudio de su obra, que analiza su producción pictórica por épocas; ofreciendo así una visión integral tanto de su vida como de su pintura.

Carmen Grau Bernardo (Valencia, 1948) desarrolló una temprana vocación artística motivada, en gran medida, por la profesión de su padre, el dibujante e historietista José Grau. Decidida a asumir el arte como destino, realizó sus estudios en la Escuela de Bellas Artes de San Carlos de Valencia, donde décadas después desarrollaría una carrera docente hasta llegar a catedrática. Su ingreso en el mundo del arte se produjo a principios de los años setenta, forjándose rápidamente un nombre dentro del panorama artístico valenciano a través de un reconocido informalismo matérico. No fue fácil emprender una carrera profesional, producir una obra inconfundible y aprovechar todas las oportunidades del momento para darla a conocer, siendo mujer, esposa y madre (aún contando con la complicidad de su marido, el también pintor Mariano Maestro). Las primeras críticas evidencian el paternalismo con el que usualmente eran recibidas las jóvenes artistas que se adentraban tímidamente en el mundo del arte, entonces aún sin referentes femeninos que refutaran la identificación tácita entre la creatividad genuina y la masculinidad. Con todo, en las décadas de los ochenta y noventa alcanzó una apreciable proyección, recibiendo numerosos galardones en certámenes nacionales, presentó regularmente su obra en las galerías valencianas Punto y Arte Xerea, así como en las ferias Interarte y Arco, logrando una aceptable acogida entre aficionados y coleccionistas. Sin embargo, en las últimas décadas, pese a haber forjado un estilo reconocible y a esa dilatada carrera que incluye una treintena de exposiciones individuales y más de un centenar de colectivas, su figura ha sido descuidada y no recibe la atención que merece.

En la historiografía del arte valenciano ocupa un lugar incierto. Estaría adscrita a una «segunda generación abstracta»[4] en la estela del informalismo, lo que la despojaría, *a priori*, de una verdadera originalidad, divisa fundamental de la grandeza moderna. Por el contrario, una revisión atenta de su obra mostraría que va más allá del carácter matérico del informalismo y que, al incorporar objetos y figuras portadoras de una narratividad muy personal, lo transciende, lo abre a la comunicación de un modo innovador. Por lo tanto, no es una informalista tardía ni tampoco un «epígono en la pintura valenciana de la década de los ochenta»,[5] sino una artista heterodoxa que en esa década despliega en una personalísima conjunción de materia, pintura y poesía. Una formalista heterodoxa, pues sin renunciar a la experiencia sensible, al gozo estético, su pintura no es ajena a la vida, a las evocaciones literarias ni a los contenidos políticos.

Esta penuria historiográfica afecta también a otros artistas valencianos contemporáneos, pero es especialmente notoria en el caso de las mujeres, ya que poquísimas han sido objeto de un estudio particular. Precisamente, el propósito de esta monografía es rescatar a Carmen Grau de este olvido relativo y situarla en el lugar que le corresponde en la historia del arte valenciano contemporáneo. Para ello, se ha optado por un enfoque dual que considera tanto las particularidades de su experiencia como mujer en el ámbito artístico

–incluyendo los desafíos y condicionamientos que su identidad de género pudo haber impuesto en la creación y recepción de su obra– como la inserción de su vida y obra dentro del contexto artístico de su época, explorando sus vínculos con las corrientes y artistas contemporáneos. Este enfoque ofrece una visión más completa y matizada de Grau, revelando su singularidad y relevancia histórica, mediante el estudio de su biografía en relación con las circunstancias familiares, la educación recibida, la trayectoria artística y la recepción crítica; seguido por el análisis detallado de su obra dentro de las tendencias estéticas y las inquietudes políticas y culturales de cada periodo. Todo ello, con la intención –propia de la historia del arte tal como la entendemos– de tratarla no como una figura aislada en su identidad femenina, sino como una protagonista más dentro de la escena artística de su tiempo.[6]

Si los principales componentes de la bibliografía de un creador contemporáneo son las monografías y los catálogos de exposiciones retrospectivas, resulta especialmente llamativa la falta de ambos en el caso que nos ocupa. Aunque la ausencia de una monografía no es tan extraña, sí sorprende más que, pese a haber protagonizado una treintena de exposiciones individuales, se hayan publicado tan pocos catálogos y, menos aún, que contengan información sustancial. Solo dos merecen ser citados. El primero, correspondiente a la exposición en la Galería Arte Xerea (1990), por las colaboraciones de Vicente Aguilera Cerni, Román de la Calle y Rafael Prats Rivelles, aunque con un sesgo más estético que histórico.[7] El segundo es el catálogo de la exposición en el Almudín de Valencia; aunque, pese al carácter parcialmente retrospectivo de la muestra, su comisaria, Maite Beguiristain, lo centró en la serie «Personajes», y ninguno de los tres textos incluidos hace balance de una trayectoria que, ya entonces, abarcaba tres décadas.[8] Ante el vacío de publicaciones de referencia, el interesado debe recurrir a los críticos que regularmente han comentado sus exposiciones, en particular Rafael Prats Rivelles y Román de la Calle, para compilar así una serie discontinua de juicios puntuales que le permitan formarse una visión global.

fortunadamente, esa escasez bibliográfica se ve parcialmente compensada por algunos textos de la artista sobre su propia creación, que han sido fundamentales para el análisis de series y obras concretas. El más importante de los cuales es su tesis doctoral, presentada en 1987 y publicada parcialmente en el librito *Pintando el tiempo*, de 2007.[9] Junto con estos escritos, la principal fuente de información han sido las conversaciones mantenidas durante los cuatro últimos años entre la artista y los autores: primero con Sebastián Gómez (entre diciembre de 2020 y mayo de 2021) y luego con José Martín (de enero de 2022 a octubre de 2024). Estas entrevistas han resultado imprescindibles, como se comprobará en los capítulos que siguen. Tratándose de una obra tan autobiográfica –la de una artista que considera que «las pinturas evocan el mundo de sus creadores más que a sí mismas»–,[10] no extrañará el protagonismo de sus propias declaraciones en el relato. No obstante, conscientes de su naturaleza subjetiva y de la falibilidad de la memoria, hemos sometido esos testimonios orales a la «verificación cruzada» que recomienda Enrico Crispolti,[11] contrastándolos con otras fuentes, como la hemerografía conservada por la artista, aunque ésta es limitada y presenta lagunas temporales. Sin embargo, esta corroboración no siempre ha sido posible debido a la falta de un currículum fidedigno en los detalles y, sobre todo, de una catalogación sistemática de toda su producción. Una carencia que ha complicado la identificación y datación de las obras, así como la delimitación entre series, ya que los títulos, años y adscripciones han variado con el tiempo y según la fuente.

Confiamos en que el esfuerzo de documentación realizado en este libro, cuya publicación coincide con la exposición que la Universitat de València le dedica en la Sala Martínez Guerricabeitia del Centre Cultural La Nau, despierte un renovado interés por la obra de Carmen Grau, una pintora cuya originalidad y creatividad merecen ser redescubiertas y apreciadas por un público más amplio. Este ha sido, en última instancia, el propósito que nos ha guiado en la preparación de ambas iniciativas.

J. M. M.
Universitat de València

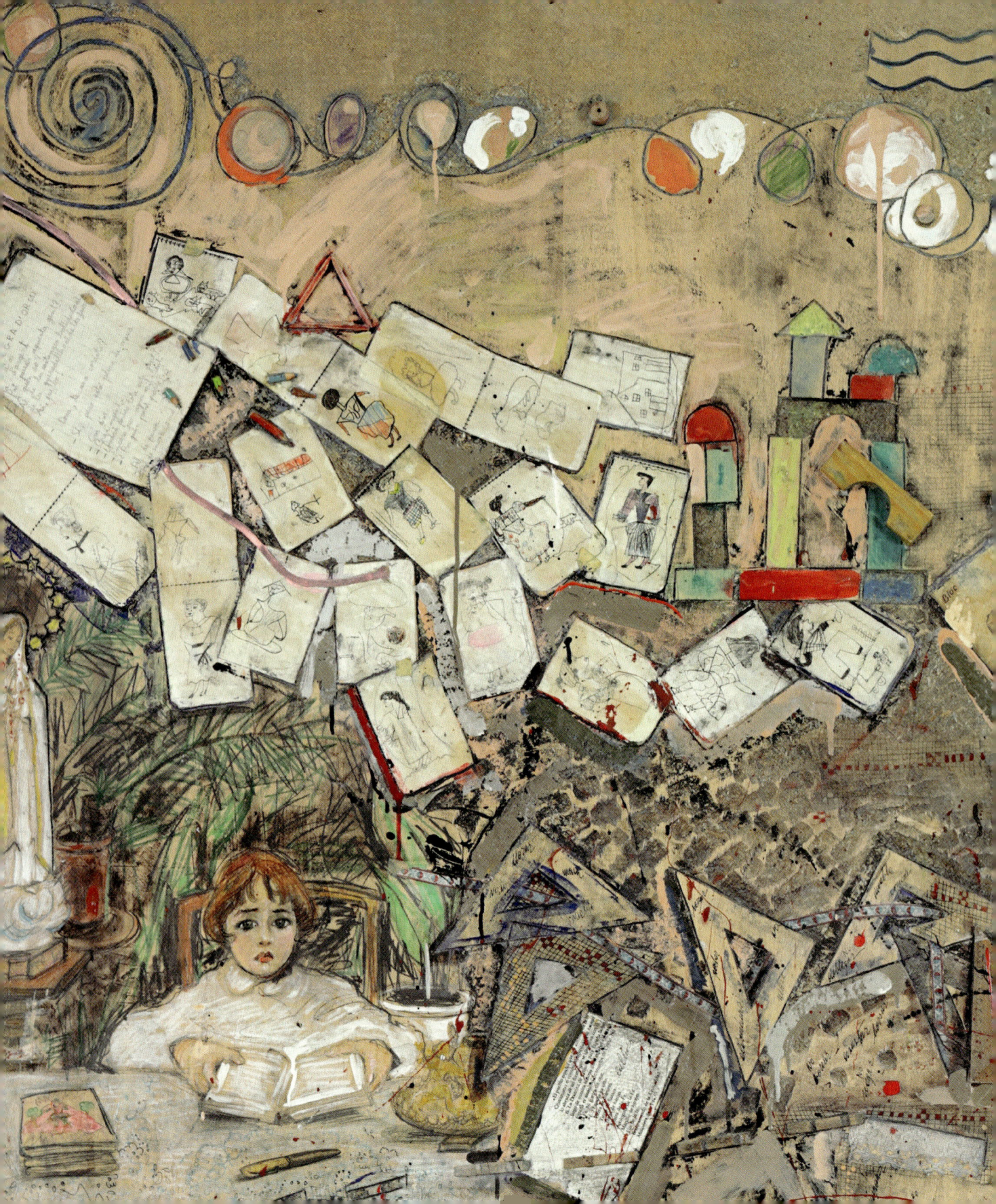

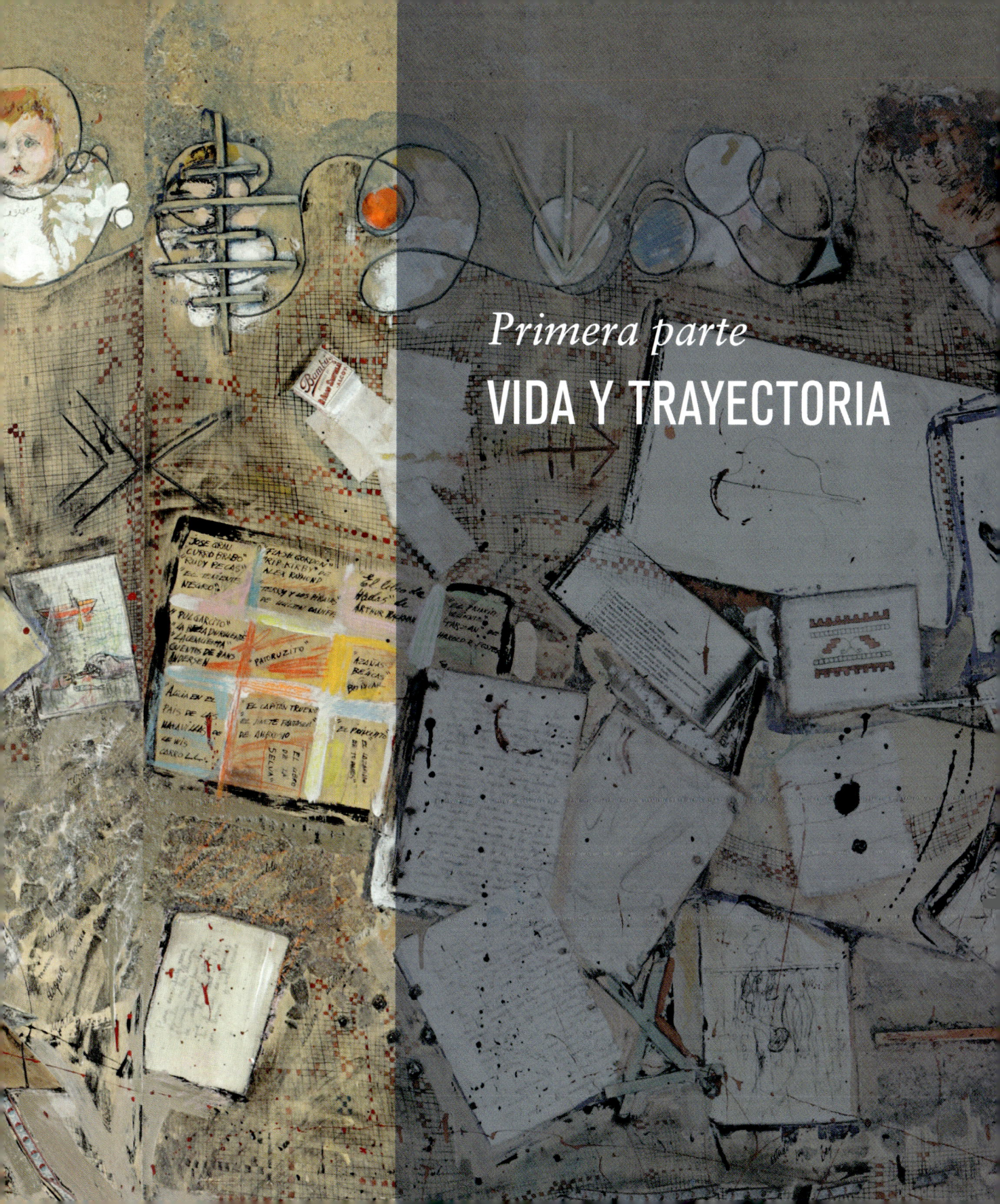

Primera parte

VIDA Y TRAYECTORIA

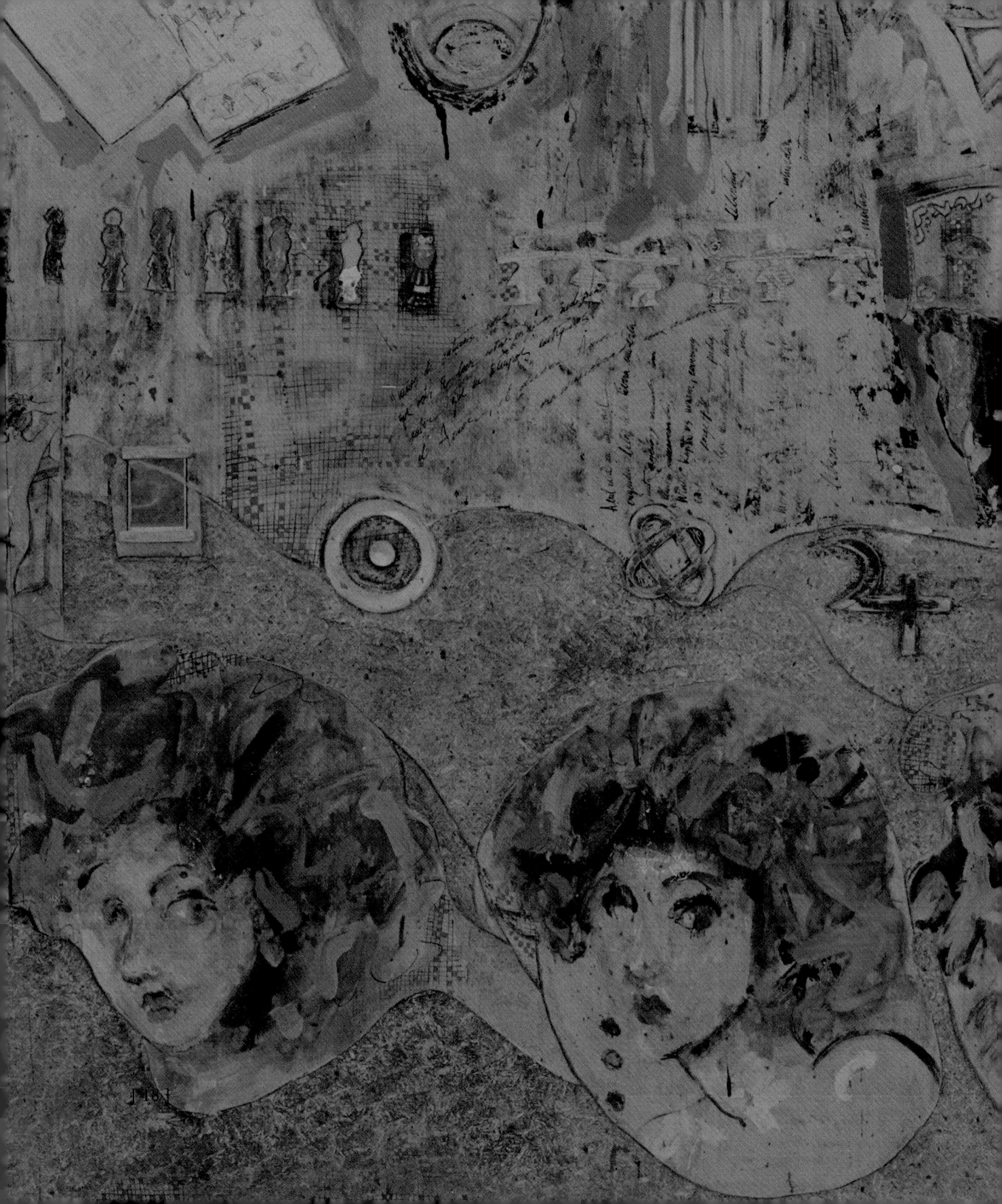

1.1. FAMILIA Y FORMACIÓN

El hecho de que autores clásicos como Cicerón, Claudio o Juvenal aludan en sus reflexiones morales a la actividad de mujeres artistas es una prueba de que su existencia puede constatarse desde la Antigüedad. Aunque las primeras referencias precisas las encontramos en la célebre *Naturalis historia* de Plinio el Viejo (23-79 d.C.), donde se menciona por sus nombres a seis pintoras, de las cuales cuatro –Aristarete, Timarete, Helena e Irene– son hijas y discípulas de artistas.[1] En los siglos medievales, la transmisión familiar del oficio debió de seguir siendo habitual, pero su carácter colectivo y anónimo nos ha privado de datos concretos sobre la participación femenina en las artes de la miniatura, los tapices o la pintura.

Con la revalorización social de la figura del artista durante el Renacimiento, las artes empezarán a ser consideradas habilidades dignas en la educación de las damas, surgiendo así el modelo de la aristócrata diletante, a imitación del perfecto cortesano descrito por Baltasar Castiglione, que practica el dibujo y la pintura, así como la poesía y la música; lo que explica la aparición de pintoras de origen noble, como el caso de Sofonisba Anguissola (c. 1535-1625). No obstante, tal y como recuerda Patricia Mayayo, «este modelo de pintora exquisita y diletante no dejaba de ser una excepción en la Europa de la época: la mayor parte de las mujeres artistas en los siglos XVI y XVII provenían de familias de pintores», en cuyos talleres recibían la formación necesaria y tenían acceso a los materiales y técnicas para introducirse en el oficio.[2] Este patrón se sucedió durante tres siglos, pues de todas las artistas conocidas del XVI al XVIII, casi la mitad fueron hijas de artistas formadas en el taller paterno, entre las que encontramos los ejemplos más renombrados, desde las barrocas Lavinia Fontana (1553-1614), Artemisia Gentileschi (1593-1656) o Josefa de Óbidos (1630-1684) hasta las neoclásicas Angelica Kauffmann (1741-1807) Anna Maria Mengs (1751-1792) o Élisabeth Vigée-Lebrun (1755-1842).

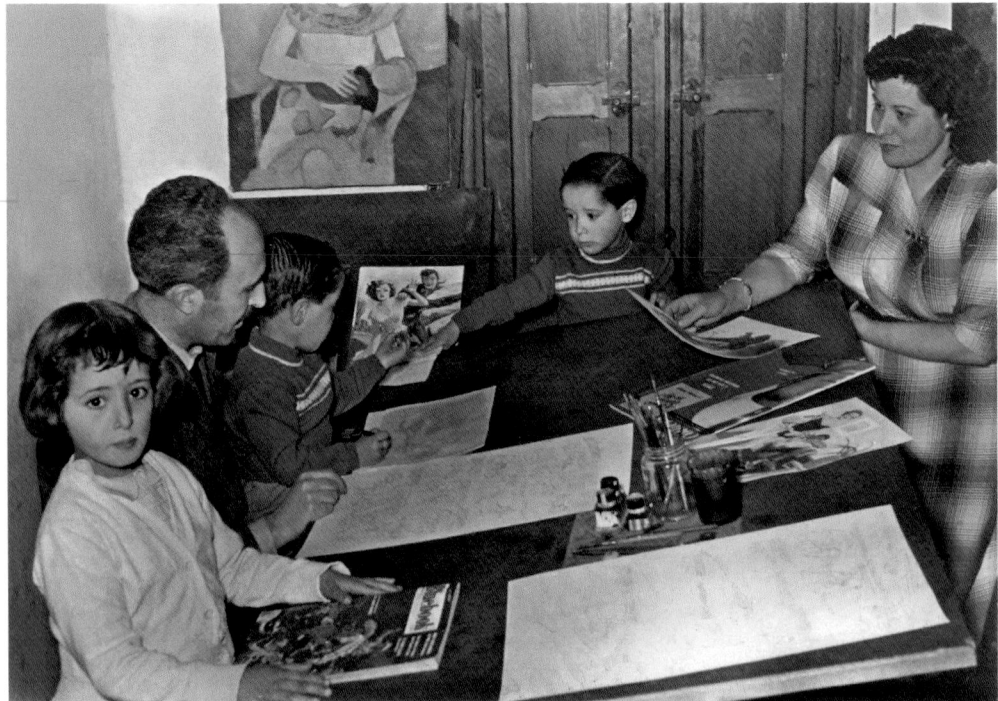

2. La familia
alrededor de la
mesa de dibujo
de José Grau.
Valencia, c. 1955.

El siglo XIX supuso un cambio en la extracción social de las artistas. La burguesía en ascenso imitó el modelo de distinción aristocrática, en el que el dibujo y la pintura eran un ornato femenino más, lo que amplió las posibilidades para las mujeres de recibir una formación artística en talleres privados, asociaciones y en las mismas academias oficiales, que progresivamente fueron aceptándolas. Todo ello hizo que aumentase el número de jóvenes que no procedían de familias de artistas, una tendencia que se acentúa en las primeras décadas del siglo XX. No obstante, a pesar del mayor acceso de las jóvenes a la educación artística oficial, como no podría ser de otro modo, el entorno familiar siguió siendo el origen de algunas vocaciones. Baste citar, solo en el ámbito valenciano, los ejemplos de Fernanda Francés (1862-1939), María Sorolla (1890-1956) y su hermana Elena (1895-1975), Manuela Ballester (1908-1994) o Marisa Pinazo (1912-1990).

El caso que nos ocupa tiene cierta analogía con estos últimos ejemplos, pues Carmen Grau descubrió su vocación por el arte y aprendió lo más básico del oficio en el estudio de su padre, el dibujante José Grau; para después completar su formación en la Escuela de Bellas Artes de San Carlos, institución en la que, décadas después, desarrollaría su carrera docente. De modo que para acercarnos a la vida y la trayectoria de Carmen Grau Bernardo, resulta ineludible hacer referencia a sus orígenes familiares, relacionados, de un modo u otro, con el ámbito artístico-artesanal [fig. 2].

No obstante, su madre, Carmen Bernardo Vicent (1920-2006), provenía de una familia de pequeños comerciantes. Su bisabuela Severina Bosch era originaria de Llíria y al asentarse en Valencia adquirió un edificio de tres pisos en la avenida del Puerto, donde abrieron una tienda de comestibles y un estanco. También el marido, Francisco Bernardo, tenía un comercio en la calle de los Derechos que distribuía el papel de fumar marca Bambú. Sucediéndoles al frente de los negocios el abuelo materno de Carmen, quien casó con la hija de un tipógrafo del diario *Las Provincias*. Pero este nivel de bienestar económico fruto del esfuerzo de varias generaciones se desplomaría drásticamente con la Guerra Civil, no recuperándose nunca. De aquel tiempo, Carmen recuerda cómo su madre le contó que, al vivir frente a la iglesia de San Juan de la Ribera y debido a la religiosidad de Severina (entre cuyas posesiones más preciadas atesoraba un *lignum crucis*), la familia entabló muy buenas relaciones con el párroco, Alfons Roig; y que ella y su tío Paquito habían aprendido a leer, escribir, cantar y hacer teatro con don Alfons. Una familiaridad que perduró en los años siguientes, siendo ya una figura destacada en la difusión del arte moderno entre las nuevas generaciones de artistas valencianos formados en la Escuela de Bellas Artes, de la que era profesor.

Sin embargo, la influencia más relevante en su temprana inclinación artística provendrá de su padre, el ilustrador e historietista José Grau Hernández (1914-1998). La familia paterna era originaria de Tavernes Blanques, pero se asentaron finalmente en la avenida de Burjassot de la capital. No debió de tener una infancia fácil, pues no disfrutaba de muy buena salud y a los seis años perdió a su madre, Desamparados Hernández Martí, durante el parto del segundo hijo, que no le sobrevivió mucho. Su padre, Pepe Grau Roig, tenía un taller con un socio en el que hacían ornatos arquitectónicos: tallas, molduras, escayolas, mármoles... Y según cuenta Carmen, allí se produjeron las decoraciones del Banco de Valencia y del también famoso edificio Los Sótanos,[3] proyectados por los prestigiosos arquitectos Francisco Almenar y Javier Goerlich. En este ambiente artesanal es donde, muy probablemente, despertase la vocación de José Grau, quien ya muy joven, en 1932, empezó a trabajar para la Editorial Guerri, fundada en Valencia por Enrico Guerri Giacomelli, colaborando asiduamente con el guionista Alfonso Arizmendi (1911-2004) en el semanario infantil de tirada nacional *KKO/Perragorda* (1932-1937).[4]

Aquel prometedor inicio profesional quedó interrumpido por la sublevación militar de julio de 1936 y la subsiguiente Guerra Civil.[5] Fue movilizado por el ejército republicano primero a Valdepeñas, después a Valencia y finalmente a Barcelona, destinado a confeccionar mapas topográficos para el Estado Mayor.[6] Con el desplome del ejército republicano siguió al gobierno de Negrín en su exilio a Francia, donde fue recluido en el campo de concentración de Saint-Cyprien, cerca de la frontera con España. Carmen cuenta que tras varios intentos de fuga con el objetivo de avanzar hacia el norte para combatir con la Resistencia francesa en la Segunda Guerra Mundial, finalmente fue liberado por la mediación de un amigo muy influyente con ideas políticas radicalmente opuestas a las suyas: «No murió allí por la intercesión de Luis Roig d'Alós.[7] Al ser ambas familias de Tavernes Blanques, tenían mucha amistad. Fue él, el padre de Pilar Roig, quien consiguió que lo repatriaran».[8]

Esta dura experiencia debió de truncar su juventud. Carmen piensa que tanto la derrota en la Guerra como la experiencia en el exilio y la posterior persecución de varios amigos dejaron descorazonado a su padre, cuyo carácter se volvió, en cierto modo, apático. Solo tras su regreso a Valencia puede pensar en retomar su vida, se recupera físicamente, conoce a Carmen Bernardo y, tras un noviazgo con idas y venidas por sus diferencias de temperamento y edad, contraen matrimonio en 1947. Fue una época difícil, en la que logró sobreponerse al desaliento que marcó su personalidad mediante una intensa dedicación al trabajo. Carmen recuerda a su padre como un hombre muy trabajador, siempre en la mesa de dibujo, pero que, al igual que casi todos los dibujantes, no le daba importancia artística a lo que hacía. «Mi padre decía: "Yo hago esto porque me gusta y gano dinero". Era una profesión. Pero no se conformaba con lo primero que le salía. Le gustaba el trabajo bien hecho.»

Fue gracias a esa infatigable laboriosidad por lo que no tuvo dificultades para encontrar empleo en aquella dura posguerra. Incluso el que a su regreso fuera reclutado para cumplir tres años más de servicio militar en Vilanova i la Geltrú no impidió que empezase a trabajar en 1942 para Juan Manuel Puerto, director de la exitosa Editorial Valenciana, que por entonces retomaba su actividad con el lanzamiento de la colección de *Roberto Alcázar y Pedrín* (1941-1976),

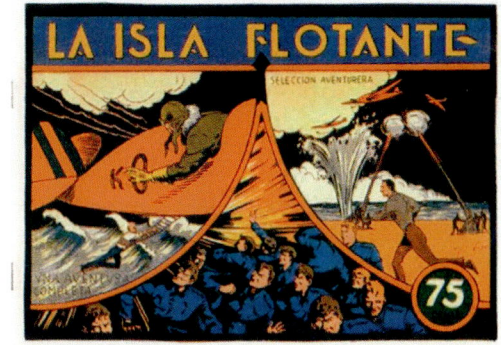
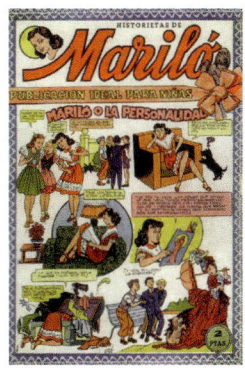

3. José Grau, Portada de *La isla flotante*. Editorial Valenciana, 28 de febrero de 1942.

4. José Grau, Portada de *Mariló*, n.º 1. Editorial Valenciana, 16 de diciembre de 1950.

en la que volvió a coincidir con su amigo Arizmendi.[9] En cambio, sí truncó sus deseos de estudiar Bellas Artes en la Escuela de San Carlos, donde se había matriculado en el curso 1940-41 –ya con 26 años– sin llegar a terminarlo.[10]

Su producción para Editorial Valenciana a lo largo de la década fue muy abundante, empezando por dibujar historietas autoconclusivas como *La isla flotante* o *La reina del Pacífico*, publicadas a partir de 1942 [fig. 3]. Sus creaciones más destacadas son, sin embargo, aquellos cuadernos de aventuras y seriales que adaptaban episodios del cine de jornadas y de los que se publicaron numerosos títulos, como *Los tambores de Fu-Manchú* o *El misterioso Dr. Satán*, ambas de 1943. En la misma línea también realizó para la colección de Editorial Valenciana «Grandes Películas y Aventuras» la adaptación de películas españolas del tipo de *¡Harka!* (1942) o *¡A mí la Legión!* (1943). Entonces intimará con uno de los más prolíficos autores de la casa, Arsenio Olcina (1909-1997), quien firmaba sus innumerables novelas del Oeste con el seudónimo de A. Rolcest para ocultar su pasado anarquista. En los años sucesivos ampliará sus colaboraciones con otros sellos, convirtiéndose en un pionero del tebeo de aventuras.

En la década de los cincuenta, ante la efervescencia de revistas ilustradas, José Grau empezó a dibujar para varias publicaciones periódicas, como *Mariló*, de Editorial Valenciana [fig. 4], y para suplementos infantiles de periódicos, entre los que tuvo especial difusión *La hora del recreo*, publicado por *Levante* y otros diarios regionales más, en el que aparecieron su *Sally* y *Viking, el hijo del mar*. Es también en esta década cuando comenzó a trabajar para el mercado exterior, concretamente para la editorial argentina Dante Quintero, para la cual creó el personaje de Curro Bravo, publicado en la revista infantil *Patoruzito*.[11]

Sin embargo, la industria de la edición de historietas atravesó una crisis local y nacional durante la década de los sesenta, que desembocó en la concentración del sector. Es en este momento cuando José Grau comienza a trabajar, en exclusiva, para la Editorial Bruguera, con sede en Barcelona y delegaciones en diferentes países hispanoamericanos, participando en varios de sus tebeos (*El Teniente Negro*, *El Capitán Trueno*...). No obstante, la falta de encargos regulares fuerza al dibujante a buscar, nuevamente, contactos en el exterior, que le mantendrán ocupado durante las décadas de los setenta y los ochenta. Estos trabajos le permiten evolucionar técnicamente, y el estilo de sus publicaciones españolas, en ocasiones hierático, deviene en unas técnicas y temáticas más libres debido a la ausencia de censura.[12] Estos cambios se aprecian, por ejemplo, en sus series para la publicación trimestral de historietas erótico-policiales para adultos *Hallucinations*, de la editorial francesa Aredit. Sus trabajos más continuados fuera de España fueron los que realizó para la agencia hispano-británica Bardon, que se dilataron desde los años sesenta hasta los ochenta. Para ella dibujó numerosas series de aventuras y cómics para chicas, entre las que destacó *Cathy* (1981). Precisamente, en relación con esta agencia, José Grau vivió una peculiar anécdota. Debido al contrato de exclusividad que tenía con Bruguera, firmaba las entregas a nombre de su hija, hasta que a finales de los ochenta se sinceró.[13] Por la carta de respuesta que se conserva, podemos apreciar la complicidad en el ardid de Barry Coker, el propietario británico de la agencia, pues comienza con las siguientes líneas:

> Estimado amigo José: Espero que, después de escribirte bajo pseudónimo, me permitas al fin llamarte por tu nombre correcto. Había adivinado hace años que no era tu hija la que dibujaba estas historias, sino que estaban realizadas por ti, el padre.[14]

La hija que figuraba en aquel contrato no era otra que María del Carmen Grau Bernardo. La primogénita del matrimonio entre José Grau y Carmen Bernardo nació el 21 de enero de 1948 en el domicilio de sus abuelos paternos en la avenida de Burjassot. Aunque todavía en una época de carestía, pocos días después se mudaron a una casa adquirida en la parte alta de la pedanía de Benimàmet, donde vivieron durante siete u ocho años, y en la que nacieron sus hermanos, los gemelos David (1952) y Antonio Miguel (1952-2008), algo que Carmen recuerda con cierta desazón: «Para un niño, un cambio tan drástico es malo y yo lo noté mucho. De estar solita y girar todo en torno a mí... No me gustó nada, incluso dejé de hablar». Pero reacciones infantiles aparte, no piensa que sus padres la educasen de un modo diferenciado por ser niña, todo lo contrario.

Uno de sus primeros recuerdos la sitúan en el patio de aquella casa de Benimàmet escribiendo su nombre con un yeso en el suelo, intentando hacer coincidir el bucle de la *e* con el círculo del sumidero. Aunque la relación de la pequeña Carmen con la pintura comenzó un poco antes en el estudio de su padre y, nunca mejor dicho, de forma accidental. Pues con dos o tres años, curioseando en los cajones, comenzó a comerse las barritas de pastel hasta que enfermó. Pese a esta travesura, a medida que fue creciendo, gozó del privilegio especial de ser la única de los hermanos en tener acceso al estudio y, según cuenta, no se recuerda de otra manera que dibujando allí junto a su padre.

> Yo era la que podía pasar al estudio, mientras que mis hermanos tenían casi prohibido el paso. Él dejaba la puerta abierta del estudio, en la entrada de la casa, entreabierta. Yo me asomaba y preguntaba: «¿Y si paso?» Y mi padre me decía: «Va, pasa». Yo, al principio, dibujaba en el suelo, pero, al tiempo, me puso una mesita a su lado. Empecé a dibujar muy pequeña, siempre me recuerdo dibujando. Era una ilusión, una sorpresa total ver lo que salía en relación a lo que quería hacer. Y, claro, observar lo que hacía mi padre.

El estudio paterno se convirtió en un verdadero mundo en el que tenía al alcance todo lo que necesitaba para saciar su curiosidad. Allí es donde recuerda haber aprendido las cosas más importantes de la vida, como, por ejemplo, a leer, con los cuentos de Hans Christian Andersen, ilustrados por Arthur Rackham o con las historietas de Flash Gordon, del dibujante norteamericano Alex Raymond. Hasta que, años después, sean las sesiones de cine de los sábados las que alimenten su imaginación infantil.

Por lo que respecta a su educación reglada, al nacer los gemelos, sus padres la inscribieron en el colegio El Ave María de Benimàmet, del que recuerda el frío que pasaba y el miedo que le inspiraban las monjas. Su expresión en un retrato escolar parece refrendarlo. Al mudarse a la calle del doctor Vila Barberá, muy próxima a la plaza de España, los hijos de la familia Grau Bernardo fueron matriculados en nuevos colegios y, según opina Carmen, su padre tuvo el gran acierto de no escolarizarla en un colegio religioso. «Mientras todas las niñas del barrio iban a las Dominicas, que estaban detrás de mi casa, yo fui a una acade-

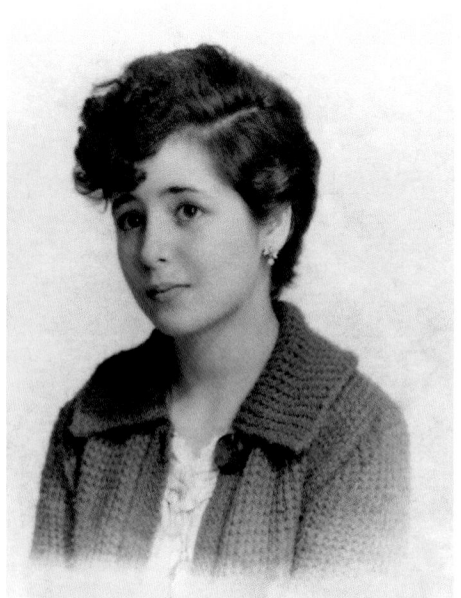

5. Carmen Grau a los 15 años.
Valencia, 1963.

mia mixta en la calle de Marvá. Un pequeño colegio privado, pero laico. Mis hermanos, en cambio, sí que fueron a un colegio religioso, a los Agustinos.» Tal y como ella cuenta, no era una niña a la que le gustase especialmente jugar en el colegio o salir por la calle con las amigas: «Recuerdo que, en el recreo, cuando salíamos al patio, yo me ponía en un rincón a dibujar. No me gustaba estar por ahí saltimbanqueando». Sin embargo, en los veranos de su infancia y adolescencia disfrutó de la libertad y de los increíbles paisajes de Montán, el pequeño pueblo del interior de Castellón en el que la familia veraneaba y en cuyos montes acostumbraba a caminar, recogiendo minerales de pirita, que años después incluiría en algunas de sus obras.

Desde pequeña supo que se quería dedicar al dibujo, siguiendo el ejemplo de su padre. «Al principio, yo imitaba lo que hacía mi padre y creía que iba a ser como él, dibujante de tebeos.» De hecho, despuntó en las asignaturas de dibujo en la Academia Marvá, aunque el dibujo técnico no le suscitaba demasiado interés. Pero su relación con el arte no se circunscribió únicamente al estudio de su padre ni a lo que aprendía en las clases de bachillerato. Convencida desde pequeña de sus aspiraciones, sus padres accedieron a que completara dicha formación con la asistencia a academias extraescolares. Cuando contaba diez u once años empezó a asistir por las tardes a Barreira donde tomaba lecciones de dibujo copiando láminas,[15] algo que, al final, terminó por aburrirle. Al año siguiente ocupó las tardes acudiendo a la Escuela de Artes y Oficios de la calle del Doctor Gil y Morte; y, años después, empezó a ir por las noches al Círculo de Bellas Artes, donde era la benjamina en las sesiones de dibujo de desnudo.

Aun cuando este aprendizaje, alentado paternalmente, encaminaba sus pasos a la profesionalización, para que entonces una chica se decidiera a emprender la carrera artística –como señaló por esos años Linda Nochlin en su renombrado artículo– «ha hecho falta un cierto grado de inconformismo, tanto en el pasado como en el presente. Tanto si se rebela contra la actitud de su familia o encuentra un apoyo moral en ella como si no, debe tener en cualquier caso una buena vena rebelde para abrirse paso en el mundo del arte».[16] Y más aún en aquella España franquista, aunque a la vista de la expresión dulce y tímida que muestra en sus retratos de juventud no intuyamos el carácter y determinación que demostrará a lo largo de su carrera [fig. 5].

Pero, además de rebeldía, tendrá también que demostrar cualidades para ser admitida en la Escuela de Bellas Artes, cuyo examen de ingreso constaba de una parte teórica de cultura general que los estudiantes de bachillerato tenían convalidada, y de otra práctica que consistía en dibujar una estatua. Nuestra joven aspirante se presentó en septiembre de 1964 y quedó satisfecha de cómo le había salido su Venus, por lo que se sorprendió enormemente al ver que su dibujo había recibido un suspenso. Enojada y convencida de que era un error, se lo contó a su padre, quien llamó a un amigo, el escultor y profesor en la Escuela Octavio Vicent Cortina (1913-1999). Lo que éste le contó –según recuerda Carmen– es que se había producido una equivocación con el ejercicio de otra chica del mismo nombre. Al parecer, el fallo no se podía impugnar, viendo así frustrado su primer intento de acceder a la Escuela.[17]

> Aquello me afectó mucho. Cogí tal berrinche, que mi madre se ablandó (porque no le hacía gracia que entrase en la Escuela) y me dijo: «Vamos a hablar con Alfons Roig». Él me recomendó que, aunque lo que había sucedido fuese un error, me apuntase a la Academia Fuster para que la próxima vez que me presentase lo hiciera el doble mejor.

Siguió su consejo y acudió al centro privado que, desde su fundación en 1910, se había convertido en la academia a la que acudían jóvenes que deseaban

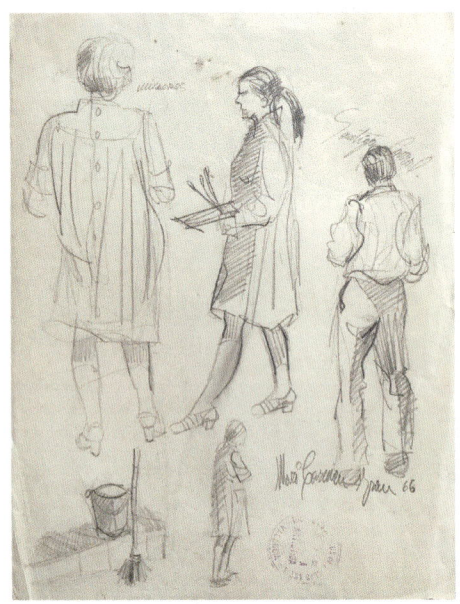

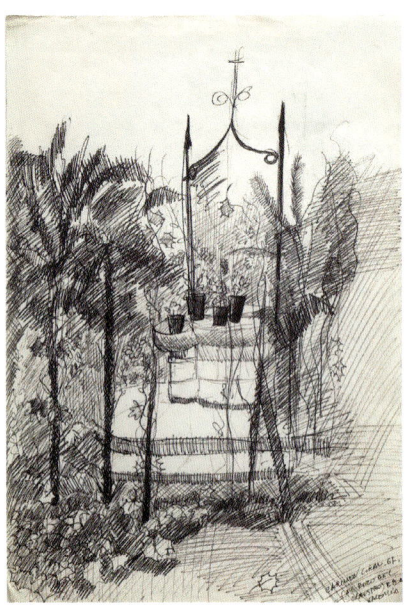

6. Apuntes de figuras para «Anatomía artística», Escuela de Bellas Artes. Valencia, 1966.

7. Dibujo del pozo del claustro de la Escuela de Bellas Artes. Valencia, 1967.

ingresar en la Escuela Superior de Bellas Artes.[18] Allí asistió a las clases de Benjamín Suria Borrás (1908-1995), que por aquel entonces era el director del centro, en las que coincidió con otros futuros artistas. Durante varios años, compatibilizó las clases de dibujo con los estudios de bachillerato e, incluso, encontró tiempo para tomar un primer trabajo remunerado confeccionando carteles y publicidad de prensa en los almacenes de moda masculina Waron's, situados en la calle de Moratín. «Me presenté a un anuncio que vi en el periódico porque quería ganar algo de dinero, ser independiente… Es que a mi madre era difícil sacarle una peseta [risas].» Todo hace pensar que aquella incipiente libertad la apartó un tanto de los estudios, porque no se volvió a presentar al examen de ingreso hasta junio de 1966 e, incomprensiblemente, volvió a suspender. A pesar de ello, empieza a asistir a las clases, hasta que en junio de 1967 logra finalmente ser admitida para matricularse como alumna libre y poder examinarse así de las asignaturas de primero.[19]

Aquel inesperado doble tropiezo con el dibujo de estatua hubiera frustrado a cualquier aspirante, y más aún a quien como ella quería seguir los pasos de su progenitor y hacerse dibujante; además de que sentía que se le daba bien y disfrutaba cuando su padre le pedía que le dibujase figuras de niñas en distintas posturas y movimientos para inspirarse en sus historietas de chicas. Y aunque ya en la Escuela se dio cuenta de que lo suyo era la pintura, a la vista del expediente académico, su paso por las aulas del antiguo convento del Carmen no fue muy memorable: muchos aprobados, más de uno logrado en convocatoria extraordinaria [figs. 6 y 7].[20]

En el curso preparatorio se reencontró con Alfons Roig en la asignatura «Liturgia y cultura cristiana», que el docente tenía la original costumbre de dedicar monográficamente a un artista moderno: ese año estudiaron la vida y obra de Le Corbusier.[21] También recibió las clases de Francisco Baños Martos (1928-2006) en la asignatura Dibujo del Antiguo y Ropajes, con quien no había tenido un buen comienzo pidiéndole explicaciones por la nota del examen de ingreso. Incluso acudió como oyente a las clases de Procedimientos Pictóricos, que José Ros Ferrandis (1901-1981) impartía en el primer curso de la modalidad de Pintura, donde aprendió un curioso truco que le proporcionó buenos resultados: «Nos enseñó a imprimar el cartón y el papel grueso arrastrando un diente de ajo en todos los sentidos posibles. Así, el material se quedaba impermeabilizado». Aplicó dicho consejo en la asignatura de Preparatorio de Colorido, en la que practicaban el bodegón. Aquella asignatura fue impartida entre Francisco Lozano (1912-2000) y Víctor Gimeno (1920-2012). Carmen piensa que la aprobó a la primera por Lozano, al que recuerda con cariño ya que valoraba el trabajo de los alumnos sin coartarles. En cambio, Víctor Gimeno era más severo y, según sustenta la artista, el ejemplo de que en la Escuela imperaba mucho el gusto personal de cada docente. Carmen también tuvo a dicho profesor en las asignaturas de Colorido, en el primer curso de Pintura, donde recibió más de una corrección por su inclinación a no matizar en la paleta; y de Dibujo del Natural en Movimiento, una asignatura del último curso, de la que guarda mejor recuerdo por la facilidad que ya tenía para el dibujo menos académico.

> Toda la enseñanza era bastante académica entonces, salvo Lozano. Con Lozano yo aprendí mucho, porque te valoraba y te decía por qué. Eso es lo que te hace progresar. Aun así, aprendes la técnica, aprendes a valorar el color, etc. Y el dibujo era más académico aún, por eso no me iba bien en dibujo, porque aquella corrección, tanto claroscuro…, eran cosas que yo no había practicado con mi padre. Sólo en Dibujo en Movimiento pude desarrollar lo que sabía.

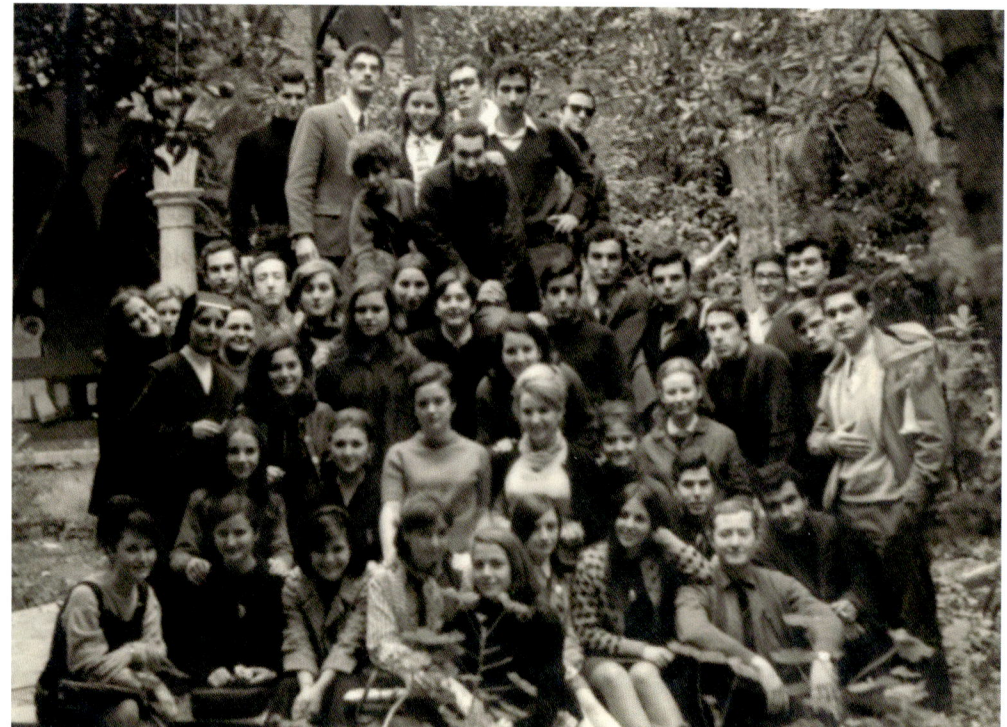

8. El curso de Carmen Grau en la Escuela de Bellas Artes. Valencia, 1967.

Con respecto al ambiente de la Escuela, le pareció estimulante a la vez que un tanto superficial, sobre todo entre las numerosas chicas que ya componían su alumnado, con las que no congenió mucho.[22] Y aunque los chicos le resultaron más interesantes –un sentimiento que debió de ser mutuo, a juzgar por los retratos que varios de ellos le hicieron–, a diferencia de otras antiguas alumnas que rememoran sus años en San Carlos «con mucho cariño y nostalgia»,[23] ella no guarda un recuerdo especialmente grato: «Desde que entré en la Escuela –nos dice– ha pasado algo entre ella y yo… no sé. O se equivocaron conmigo, o yo no encajé. Y no sé por qué». Aunque no percibimos esa sensación al observar su actitud en una fotografía junto a sus compañeros de curso [fig. 8].

En cambio, no duda ni un segundo en responder que lo mejor de su paso por Bellas Artes fue conocer a su marido, el también artista y profesor de Bellas Artes Mariano Maestro Moratinos (1946). Carmen lo conocía de vista, de cuando ambos acudían al taller nocturno del Círculo de Bellas Artes, pero donde

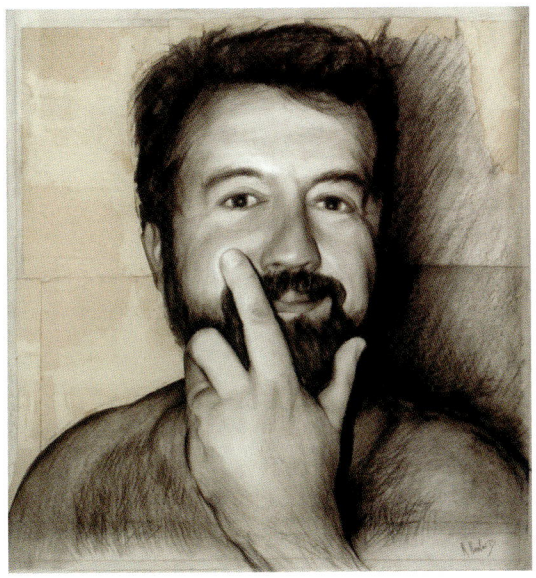

9. Mariano Maestro, *Autorretrato
con la mano en la boca*, 1990.
Dibujo sobre cartón, 102 x 96 cm.

entablaron relación fue ya en la Escuela. «El que de verdad me marcó en aquella etapa fue Mariano. Toda mi relación con él surgió a raíz de su obra. En un principio yo no tenía gran interés por estar con él, pero él me esperaba por el claustro…, y un día me preguntó si quería ver el examen de bodegón que estaba preparando; fui y me fijé cómo trabajaba y entonces le vi con otros ojos…» [fig. 9]. Al evocar aquel encuentro ahora, más de medio siglo después, se sonríe porque su madre le había prevenido contra los aprendices de artista que iba a conocer, diciéndole que con su padre ya tenían bastante. Desde entonces se hicieron inseparables, empezó a pintar a su lado en la buhardilla que él había alquilado cerca de la Beneficencia y a través suyo conoció a amigos algo mayores, como Francisco Ripoll, José Palomar o Maite Miralles, fundadora de la compañía de marionetas La Estrella, con quien entabló una buena amistad. Juntos salían también a pintar al aire libre, compartían su admiración por Chaim Soutine y otros expresionistas, iban al cinc o visitaban exposiciones, sobre todo de amigos y de artistas un poco mayores a los que admiraban; y, cómo no, tratándose de la segunda mitad de los años sesenta, acudían juntos a más de una manifestación. En cambio, no se interesaron por los pintores del realismo social agrupados en Estampa Popular y en la corriente Crónica de la Realidad, que han acabado protagonizando aquellos años en las historias del arte valenciano. De hecho, cuando los componentes del Equipo Crónica buscaron colaboradores entre los estudiantes de San Carlos, ni se lo plantearon, a diferencia de algunas compañeras que aceptaron la oferta y trabajaron para ellos durante años.

Pero aquella etapa juvenil de formación acabó antes de lo previsto cuando Carmen interrumpió sus estudios en el curso 1969-1970, dejando pendientes las dos asignaturas de Colorido y Composición, la primera impartida por José Amérigo Salazar (1915-1988), quien le suspendió en ambas convocatorias y es uno de los profesores de los que guarda peor recuerdo; y la segunda, por Genaro Lahuerta (1905-1985), un profesor con fama de muy exigente y sarcástico, especialmente con las alumnas.[24] Pero la causa que impidió la normal finalización de sus estudios en 1970 no fue académica, sino de índole personal. Pese a las reticencias de los padres de Carmen, por los jóvenes que eran y su carencia de ingresos, la pareja contrajo matrimonio en mayo de ese año, adentrándose de pronto en la vida adulta, lo que para una mujer significaba, casi siempre, postergar sus ambiciones profesionales. Pero, al menos en eso, el de Carmen y Mariano no será un matrimonio tradicional.

Al casarse, instalaron su hogar y sus estudios en la vieja casa familiar de los abuelos paternos de Carmen en Tavernes Blanques. Si bien, tan solo unos meses después, aceptaron la invitación de sus suegros para instalarse con ellos en Alicante, donde Mariano cumplirá el servicio militar obligatorio, deber que afortunadamente pudo compaginar con la enseñanza en el instituto de Sant Vicent del Raspeig, porque enseguida fueron padres de su primer hijo, José Julio, que también seguiría una carrera artística, pero en el mundo de la música. Dos años después regresaron a Valencia, instalándose en un piso de la calle Millares.

La figura de Mariano no solo será fundamental en la vida personal de Carmen, sino que, al compartir profesión, también lo será en su trayectoria artística. Mariano Maestro nació en Madrid en el seno de una familia castellana. Su padre, Julio Maestro Cuesta (1900-1988), había sido militar republicano, teniente del cuerpo de mecánicos de aviación en el aeródromo de Cuatro Vientos (Madrid). Tras la Guerra y su estadía en prisión, fue depurado del Ejército, consiguiendo un empleo en la empresa metalúrgica Autógena Martínez, ocupándose de montar talleres en diferentes ciudades: Madrid, León y, finalmente, Alicante, donde la familia se asentó. Allí el joven Mariano realizó su primera formación en la Escuela de Artes y Oficios. Después se trasladó a Valencia para estudiar en la Escuela de Bellas Artes, de la que será profesor desde 1980.[25] A lo largo de su trayectoria, ha desarrollado un estilo fluctuante, entre la tradición pictórica, a través de sus retratos y obras realistas, y el arte de vanguardia, con sus composiciones constructivistas o sus estructuras repetitivas.[26] Tanto en unas obras como en otras, desde el comienzo, el soporte principal ha sido la madera. Como veremos más adelante, no es solo la pasión por este material lo único que compartió en el aspecto artístico con Carmen, sino también la participación conjunta en un considerable número de exposiciones. Sus carreras han discurrido a la par, aunque por caminos distintos, sin subordinarse una a la otra. Apoyándose siempre con una disposición sincera y crítica para con el trabajo del otro, sin el menor atisbo de rivalidad. En palabras de ambos, compartir profesión no les ha supuesto ningún conflicto, todo lo contrario: «Lo hemos sobrellevado bastante bien porque, dedicándonos los dos a lo mismo, teníamos lo mismo en la cabeza».

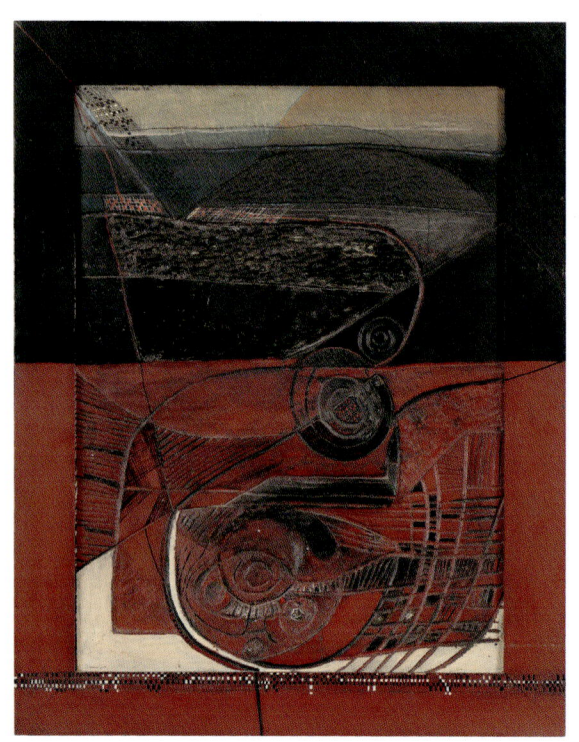

10. *Sin título*, 1976. *Collage* de madera
y barnices sobre tabla, 78 x 62,2 cm.

1.2. INGRESO EN EL ARTE: PRIMERAS EXPOSICIONES

George Kubler, en *La configuración del tiempo*, destaca lo decisivo que es, en la trayectoria de todo artista, su entrada individual en el arte y, por consiguiente, la importancia que debe dársele en los estudios biográficos a este momento clave, cuando se produce «la confluencia de la tradición con el momento biológico».[1] En las biografías de artistas contemporáneos este ingreso en el arte suele vincularse con la primera exposición individual. De aplicar esta propuesta metodológica a la trayectoria de Carmen Grau tendríamos que situarnos en el año 1973, cuando la joven artista de veinticinco años realizó su primera exposición individual en la Galería Estil, a raíz de haber obtenido el premio convocado por dicha galería en el otoño del año anterior, con un paisaje titulado *Tierras de Tabernes Blanques* [fig. 11];[2] convirtiéndose así en la primera mujer en ganar el premio que en ediciones anteriores había distinguido a Manuel Boix (1966) o a Horacio Silva (1967). Era una afortunada manera de ingresar en el pequeño mundo del arte valenciano, al que muy pocas de sus compañeras de San Carlos llegarán a acceder. Carmen guarda muy buen recuerdo de aquel primer éxito, entre otras cosas porque la dotación económica supuso un empujón para la joven familia: «Estaba muy contenta porque el premio conllevaba una exposición y, además, eran diez mil pesetas que nos vinieron muy bien. Ya teníamos un hijo y nos faltaba el dinero, porque vivíamos de la pintura».[3]

La exposición se celebró en mayo de 1973, y en ella Mari Carmen –como firmaba entonces– mostró treinta pinturas y tres dibujos en los que se alternaban diversos paisajes de alrededores de Valencia con composiciones figurativas de niños, muñecas, y otros juguetes, siendo estas creaciones infantiles las que más atención recibieron por parte de la crítica [fig. 12]. López-Chávarri escribió: «la colección de muñecos es muy graciosa, hay en ella algo más que un efectismo gratuito».[4] Una perspectiva que ya Manuel Real Alarcón había adelantado en el texto de presentación al subrayar su condición femenina:

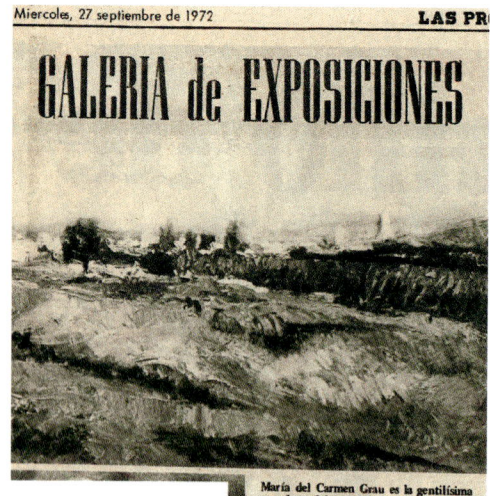

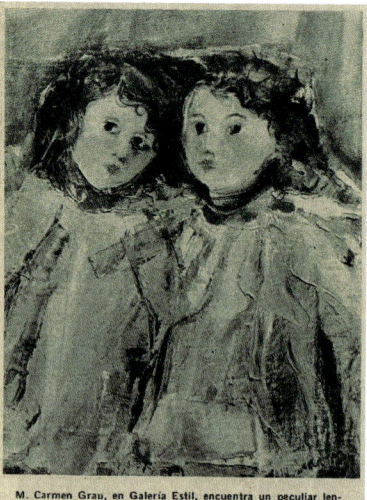

11. *Tierras de Tabernes Blanques*, 1972.
Óleo y acrílico sobre lienzo.
(Recorte prensa).

12. *Monaguillos*, 1972.
Óleo y acrílico sobre lienzo.
(Recorte prensa).

«La mano femenina y delicada de la autora se aprecia en la ternura del tema de estos cuadros, composición de muñecas, juguetes y retratos de niños». Y ella misma parecía respaldarla cuando decía al periodista Carlos Sentí que se consideraba, ante todo, pintora de composiciones y figura.[5] Pero esa variedad de temas y tratamientos evidenciaba que eran los tanteos de una artista aún en formación.

Aquella fue su primera exposición individual, pero Carmen Grau ya había dado sus primeros pasos en el mundo del arte varios años antes, siendo aún estudiante, presentando obra a varios concursos convocados por galerías valencianas, empezando por el citado de la Galería Estil, al que se presentó por primera vez en 1969; al de la Sala Noel de 1970, en el que consiguió un primer accésit;[6] o al de la Sala Braulio de 1971, donde le concedieron una mención de honor.[7] Al tiempo que se daba a conocer en otros certámenes de carácter más oficial, como el Salón de Marzo, organizado por la asociación Arte Actual con el patrocinio del Ayuntamiento, o el Salón de Otoño del Ateneo Mercantil. La presencia de Carmen en el primero se inicia en 1969, reiterándose en las ediciones de 1970 y 1973, continuando en las de 1974, 1975 y 1979, transformado ya en el Salón de Primavera organizado por la Caja de Ahorros de Valencia.[8] Hasta el II Salón de Primavera de marzo de 1975, en que presentó una pintura abstracta, todos sus envíos anteriores habían sido paisajes.[9] También envió un *Paisaje mediterráneo* al otro salón citado, al de Otoño de 1973,[10] que volvió a presentar un año después al otro salón del mismo nombre, pero convocado en Sagunto por la caja de ahorros local.[11]

La razón principal de que tanto Carmen como Mariano comenzasen su carrera en el mundo del arte mediante este tipo de certámenes, alejados de grupos y tendencias, se debe a que a la dificultad para cubrir el propio sustento mediante la dedicación al arte se sumaba, en su caso, la crianza de un hijo. Además de los ingresos de los premios en metálico y la venta directa de alguna obra, fueron saliendo adelante con ocasionales trabajos alimenticios que venían haciendo incluso antes de finalizar sus estudios. Por ejemplo, ambos recuerdan cuando pintaron, junto a otros compañeros, ceniceros de cerámica para una fábrica de Manises, y también los cuadros por encargo que realizaron gracias a la mediación altruista del ceramista Manuel Real Alarcón.[12] «Real Alarcón se preocupaba mucho por los jóvenes artistas. Algunos íbamos a su taller de cerámica y allí hacíamos esmaltes, pintábamos cerámica… En nuestros comienzos nos hacía encargos y nos facilitó algún comprador.»

La necesidad de unos ingresos regulares fue precisamente lo que impulsó a Mariano a buscar un puesto de profesor a través del Colegio Oficial de Profesores de Dibujo. Ya empezado el curso 1973-1974, únicamente restaban dos plazas vacantes, una en Éibar y otra en Lugo, a donde finalmente se trasladaron. «Nos fuimos porque estábamos fatal de dinero. Vivíamos en un pisito en la calle Millares en que, salvo nuestro dormitorio y la habitación del pequeño, todo era estudio-salón-cocina; y aunque éramos felices, llegó un punto en el que Mariano dijo que aquello no podía seguir así y que el niño no podía vivir como estábamos viviendo.» En Lugo, mientras Mariano daba clases en el instituto femenino Nuestra Señora de los Ojos Grandes, Carmen, inspirada por las tierras gallegas y los alrededores del municipio de Fonsagrada, pintó paisajes profusamente, algunos de los cuales lindaban con la abstracción, que en febrero de 1974 presentó en la Sala Cite durante un breve regreso a Valencia.[13]

El tránsito entre esta primera toma de contacto con la abstracción hasta convertirse en su estilo definitivo fue muy breve, porque un año después de la exposición en Cite, tuvo lugar su exposición individual en el Colegio de Arquitectos de Valencia, en la que los paisajes y las pinturas figurativas desaparecieron para dar paso a las primeras obras informalistas realizadas sobre un nuevo soporte: la tabla de madera. La crítica valoró positivamente esta nueva etapa que suponía el empleo de nuevos materiales y planteaba otros problemas técnicos, de colorido y de relieve. López-Chávarri recibió ese cambio de estilo como «una plausible depuración en su quehacer».[14] Y Carlos Sentí comenzaba su reseña presentándola como «Carmen Grau, la joven y muy celebrada pintora valenciana», afirmando que había logrado imprimir a sus nuevas pinturas aformales el sello de su personalidad, hasta el punto de que «no necesita ya firmar sus cuadros, para el espectador que ha visto uno solo de ellos»; y la concluía animándola a «seguir investigando con la pasión de quien está llamado a grandes empresas».[15] Carmen no duda en considerar esta exposición de 1975 como el verdadero comienzo de su carrera: «Quedé contentísima. Fue un inicio muy bueno, gustó a quienes tenía que gustar. Yo lo tuve claro porque estaba definida, porque ya veía mi camino: el de la abstracción matérica de un Tàpies, un Millares o un Feito, o de un Alberto Burri...». A contracorriente de la tendencia en boga desde finales de los sesenta, ella no pensó que la abstracción informalista estuviera agotada y hubiera que recuperar la figuración realista o pop para expresar las inquietudes del momento; y menos aún que la pintura hubiera quedado obsoleta por la aparición de los conceptualismos.

Si 1975 fue un año determinante en la consecución de un estilo propio, como veremos al estudiar su obra, lo sería aún más en la vida colectiva del país. El régimen franquista llegaba a su final, y Carmen y Mariano, tras el curso pasado en Lugo, estrechan relaciones con militantes y otros «compañeros de viaje» del PCE, acuden a reuniones y protestas contra detenciones, censuras y ejecuciones; o viajan a Lisboa, meses después de la Revolución de los Claveles, experimentando en persona la emoción de vivir en libertad [fig. 13]. De ahí la especial repulsa que le provocaron los fusilamientos de septiembre de ese año, hasta el punto de influir en su obra.

Con el fin de la Dictadura, al tiempo que el país comenzaba una nueva andadura histórica en un contexto económico muy desfavorable, Carmen desea avanzar profesionalmente y mostrar sus nuevas obras abstractas, lo que unido a las necesidades derivadas del nacimiento en 1976 de su hija Carolina (quien, siguiendo la estela de sus padres, se ha dedicado también a la pintura y la docencia),[16] la animan a ampliar sus aspiraciones y concurrir a certámenes artísticos de nivel nacional, en los que logrará varios premios. Ya en el verano de ese año

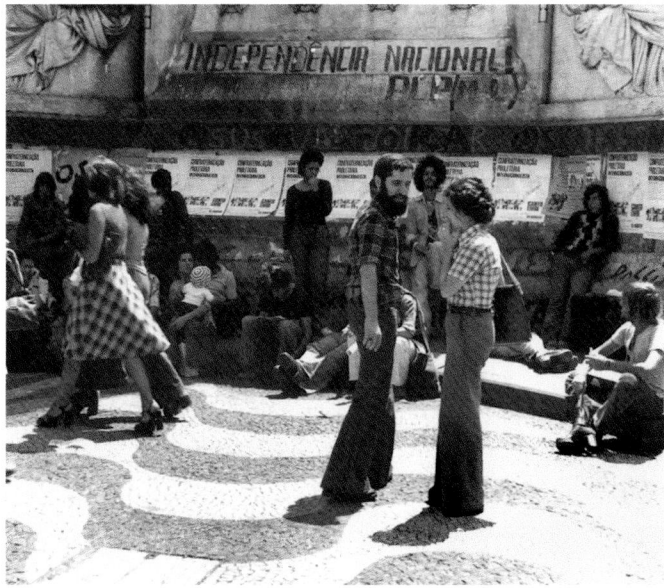

13. Carmen Grau
con su hermano David
en Lisboa, 1975.

envía dos cuadros a la I Bienal Ciudad de Oviedo que son seleccionados, entre más de mil obras, y adquiridos.[17] En abril de 1979 gana el primer premio en el certamen convocado por la Diputación de Palencia en el quinto centenario de la muerte del poeta Jorge Manrique, en el que los artistas debían presentar obras inspiradas en la poesía del poeta palentino, y en cuyo jurado actuó el poeta y crítico de *El País* Santiago Amón [fig. 14]. Y en septiembre, participa en la VII Bienal Internacional del Deporte en las Bellas Artes, un concurso convocado por el Consejo Superior de Deportes, que desde sus inicios en 1965 había logrado un crecimiento exponencial año tras año, expandiendo su fama fuera de España.[18] En esa ocasión, un jurado compuesto por figuras del panorama artístico nacional e internacional concede el primer premio de la categoría de pintura, dotado con 300.000 ptas., a la obra *Fair Play* de Carmen Grau [fig. 15].[19] A pesar de la alegría por la victoria, el recuerdo que ella conserva es agridulce:

> Cuando fui a recoger el premio nadie quería saber nada de mí, no me hicieron caso. Entonces, vino una señora con un acento extraño y me preguntó: «¿Usted ha hecho esto? ¡Creíamos que lo había hecho una señora mayor, es lo mejor que hay aquí!» Era Katarina Ambrozic, la conservadora del Museo Nacional de Belgrado, que había sido miembro del jurado. Me dijo que no me fiase de mis compatriotas porque no me

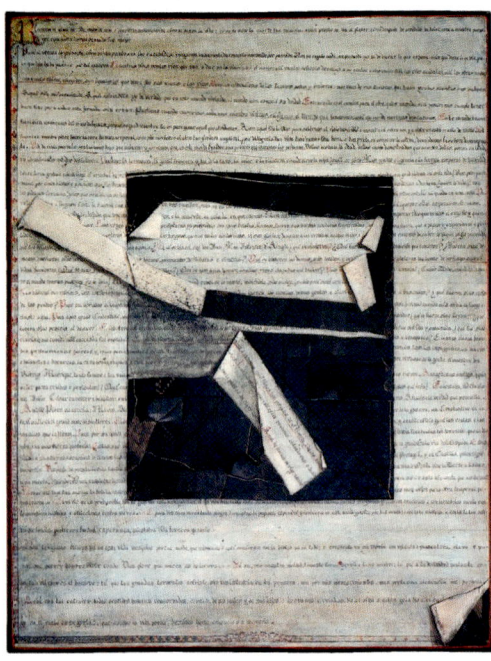

14. *Homenaje a Jorge Manrique*, 1979.
Técnica mixta sobre tabla.
Diputación de Palencia.

querían dar el premio, y que gané gracias a los jurados internacionales. Regresé bastante mal a Valencia.[20]

Esta anécdota sirvió para que la artista se cerciorase de lo injusto que era que las relaciones, de las que ella carecía, influyesen tanto en la decisión de los jurados. Pese a ello, no perdió la confianza y siguió enviando obra a la Bienal de Pintura Provincia de León (1979), en la que quedó finalista; al Salón Nacional de Pintura de la Caja de Ahorros de Alicante y Murcia (1980); al Certamen Nacional de Pintura Diputación Regional de Cantabria (1982), a la V Bienal Nacional de Pintura Ciudad de Huesca (1982); al Concurso Nacional de Pintura Ciudad de Burgos (1982 y 1983), en cuya primera ocasión obtuvo una mención honorífica y en la segunda, un accésit de 200.000 ptas. con *La metamorfosis*; al Premio Caja Rural de Sevilla (1983); al Concurso de Pintura del Congreso de los Diputados (1983); a la Bienal de Pintura de Murcia (1985); al Certamen Villa de Pego (1986), en el que obtiene el primer premio, dotado con 300.000 ptas., con el cuadro *Personaje ecológico*, etc., etc. Entre todas esas obras, tiene una significación especial la preparada para el concurso convocado por el Congreso de los

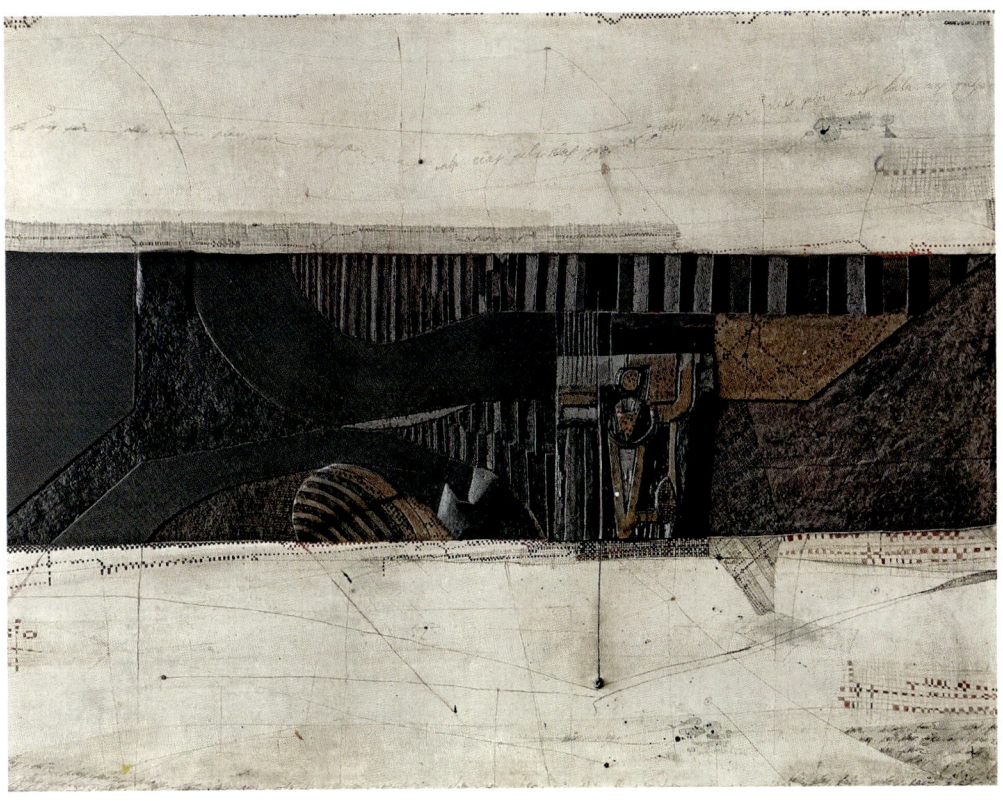

15. *Fair Play*, 1979.
Técnica mixta y
collage sobre tabla,
119 x 152 cm.
Consejo Superior de
Deportes, Madrid.

Diputados sobre «la Constitución española de 1978 y los valores del sistema democrático» [fig. 16].[21]

Con la misma convicción de que debían ampliar sus horizontes y darse a conocer fuera de Valencia con una muestra individual que les diera visibilidad, Mariano y Carmen visitaron Barcelona en 1976 con el objetivo de presentarse a René Metras, recomendados por el escultor Antonio Sacramento, quien había expuesto en su prestigiosa galería diez años antes. El galerista les ignoró, pero recorrieron otras, como la veterana Sala Gaspar, encontrando finalmente mejor acogida en la Galería Matisse, abierta cuatro años antes por Carme Espinet en la calle Balmes, donde expusieron ambos en febrero de 1977. A principios de los ochenta, entrada ya en la treintena, se hacía imperativo trascender el reducido mercado local. Los cambios políticos despiertan grandes expectativas, que no terminan de suceder. En 1981 declararía: «Los jóvenes artistas valencianos

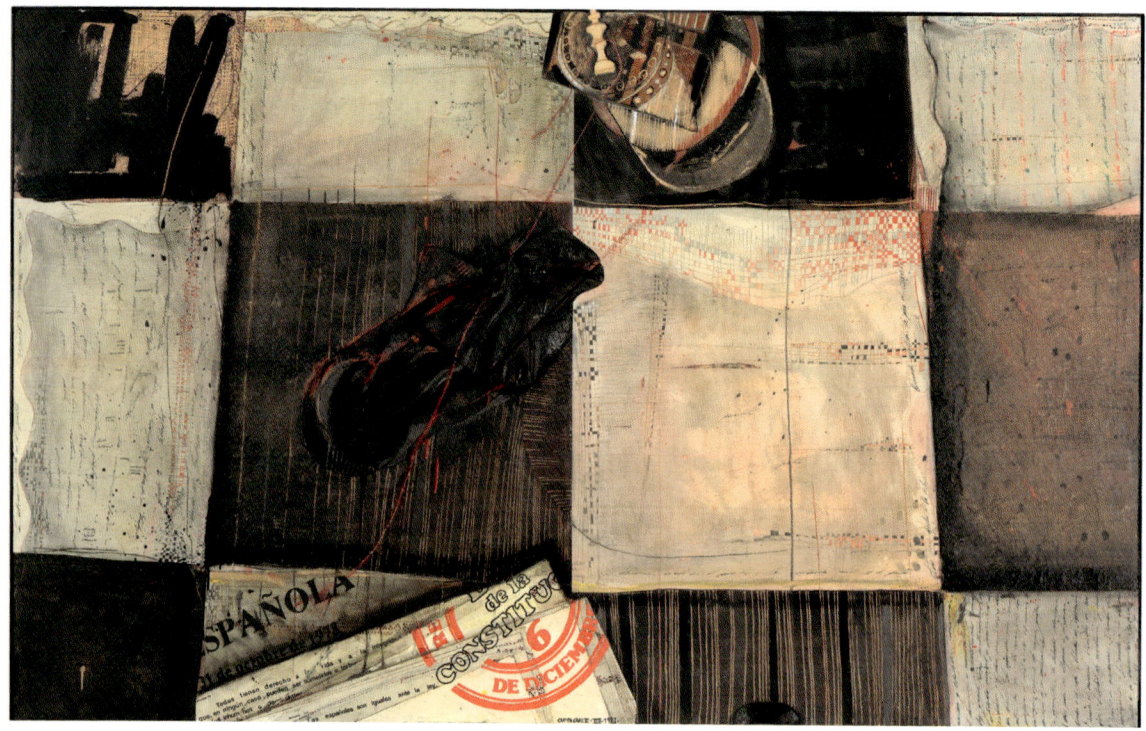

16. *Constitución*, 1983. Ensamblaje, *collage*, tela y acrílicos sobre tabla, 150 x 244 cm.

seguimos teniendo pocas oportunidades. En Valencia se ahoga uno».[22] Con esa intención realizaron varias incursiones poco exitosas en galerías madrileñas, hasta que finalmente, en abril de 1984, Carmen Grau logró exponer por primera vez en la capital de la mano de la Galería Aldaba, abierta dos años antes, donde presentó la serie *El tarot imaginario* (1983-1984) y el tríptico *The Waste Land* (1983-1984);[23] y con quienes se estrenaría en la primera edición de la feria valenciana Interarte de ese mismo año.

Con todo, el medio artístico valenciano continuó siendo el escaparate habitual en el que daba a conocer su pintura. Prueba de ello son las continuas exposiciones individuales realizadas entre finales de los años setenta y el primer lustro de los ochenta. En junio de 1977 expuso unas originales intervenciones sobre matrices xilográficas en la sala Bertrand Russell del Centro Nova Cultura,[25] que al año siguiente amplió en la Galería Viciana [fig. 10]. «Había tallado unas cuantas tablas para estampar xilografías. Y cuando las iba terminando, pensaba: "Con lo bonitas que están quedado las planchas, ¿las voy a destruir? Pues no". Y se me ocurrió presentarlas como cuadros, con alguna pincelada de pintura, junto a los monotipos retocados que había sacado de esas mismas planchas.»[25] En la exposición de la Galería Lucas de 1981 reunió una pequeña retrospectiva de su obra desde 1978 que le valió el favor de la crítica.[26] De hecho, varias coincidieron en que, a la vista de esta exposición, Carmen merecía ser tenida en cuenta en el panorama artístico que se vislumbraba al inicio de la nueva década. En palabras de Prats Rivelles, era «una artista que, por méritos propios, debe ocupar ya un lugar señalado en el contexto de la llamada "joven pintura valenciana"».[27] También Pablo Ramírez abordó su crítica de la exposición (que calificó de «una sorpresa») en la misma línea reivindicativa:

> Esperemos sinceramente que la exposición actual proporcione a Carmen Grau ese espaldarazo público que merece, porque no nos engañemos y aceptemos que la «joven pintura valenciana» de los años ochenta pasa inexcusablemente por buena parte de los setenta.[28]

Los cuadros informalistas, inspirados en la obra de escritores y poetisas en los que había comenzado a trabajar, ocupaban una parte significativa en esta exposición, así como en las del año siguiente en la Sala Municipal de Exposiciones de Torrent y en la Sala Braulio de Valencia, que reunían obras del último año dedicadas a la poetisa estadounidense Sylvia Plath. En 1985 presentó dos exposiciones retrospectivas más amplias. Una tuvo lugar en la Sala de Exposiciones del Ayuntamiento de Alginet y la otra en la Casa Municipal de Cultura de Sagunto. Esta última reunió cerca de cincuenta obras que hacían un recorrido desde que decidiera adoptar la madera como soporte en 1975; ofreciendo así, por primera vez, una evolución de su quehacer, pudiéndose apreciar la depuración que había experimentado con los años, a la vez que los rasgos comunes que compartían las obras tempranas y las más actuales, como la técnica procesual y los grafismos.[29] Román de la Calle concluía su crítica diciendo: «ante todo, vale la pena subrayar la coherencia evolutiva que se desprende globalmente de la totalidad –profundamente intimista– de su trayectoria».[30]

La revisión de las muestras individuales de Carmen Grau en este periodo nos permite perfilar las líneas de su trayectoria artística, pero ésta no estaría completa sin tener en cuenta las exposiciones colectivas, aquellas en las que la obra de un artista entabla diálogo con la de sus coetáneos en el contexto de su tiempo; máxime en un periodo como fueron los años ochenta en los que se vivió una efervescencia expositiva impulsada por la necesidad de recopilar y hacer balance artístico para la nueva etapa democrática, a la vez que la cultura servía para legitimar a las renovadas instituciones. La nueva corporación municipal de Valencia estrenó su política artística en 1980 con la multitudinaria exposición «Perspectiva 80. La darrera generació de la pintura valenciana», que reunió en tres sedes la amplia variedad del arte emergente, representado por medio centenar de jóvenes creadores cuyas edades estaban comprendidas entre los veinte y los treinta y cinco años.[31] Otra muestra significativa a la que fue invitada dos años después sería «New Painting from Valencia», un intento de internacionalización del arte local preparado por la Diputación para dar a conocer una selección de la pintura valenciana en la capital del arte moderno, Nueva York, a donde se enviaron obras de dieciséis artistas (Rafael Armengol, Manuel Boix, Javier Calvo, Artur Heras, José Morea, Horacio Silva...).[32] Representativa también del momento, aunque más numerosa y con un carácter de reivindicación nacionalista fue «Art valencià 84», presentada en el Centre Municipal de Cultura d'Alcoi.[33] Una ambición más histórica tuvo «Plástica valenciana contemporanea» que en 1986 reunió en la Lonja una muy extensa representación del arte valenciano de las últimas tres décadas, con algunas relevantes figuras anteriores, organizada por Promociones Culturales del País Valenciano, una empresa cultural en la órbita del PCE.[34]

En este contexto de entusiasmo artístico manifestado por la sociedad y las nuevas administraciones democráticas nacieron muy variadas iniciativas que impulsaron la trayectoria de los creadores valencianos. Así, en 1981, Carmen Grau resultó beneficiada con el primer premio del I Certamen de Pintura de Alfafar creado por el Ayuntamiento de la localidad, al igual que la galería Edgard Neville donde se celebraba.[35] Un jurado formado por figuras de la talla de Vicente Aguilera Cerni, José Esteve Edo, Andrés Cillero, Luis Arcas Brauner y José Garnería decidió que su cuadro *A Baudelaire (por sus Flores del mal)* se impusiese al resto de obras presentadas [fig. 17].[36] Al año siguiente participó junto a su marido en los renovados Premios Senyera, en la categoría de grabado que habían empezado ambos a practicar desde hacía poco.[37] Y vuelve a intentarlo al año si-

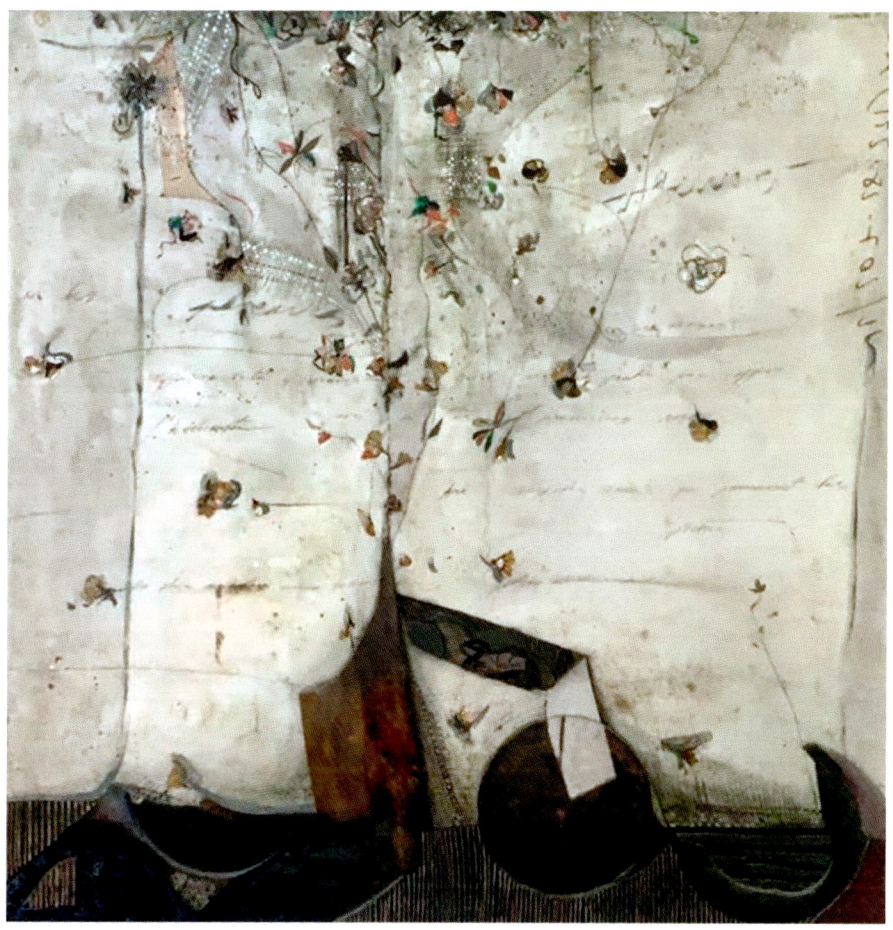

17. *A Baudelaire (por sus flores del mal)*, 1981. Técnica mixta sobre tabla, 140 x 140 cm. Ajuntament d'Alfafar.

guiente, quedando finalista con la pintura *Cementiri de Sinera*, en referencia al poemario de Salvador Espriu.[38] Pero mucha mayor relevancia tendrá la obtención en 1984 de la Beca Alfons Roig, otorgado por la Diputación de Valencia.[39] Un célebre jurado formado por Valeriano Bozal, Daniel Giralt-Miracle, Carmen Gracia, Tomàs Llorens y Trinidad Simó la consideró merecedora del premio junto a otras dos mujeres de su misma generación: la también pintora Elena del Rivero (1949) y la escultora Ángeles Marco (1947-2008). En la exposición de las tres becadas, que tuvo lugar en la Sala Parpalló entre abril y mayo de 1986, mostró ya obras de su serie «Personajes» y varias de las tablas que conforman su *Tarot imaginario*.[40]

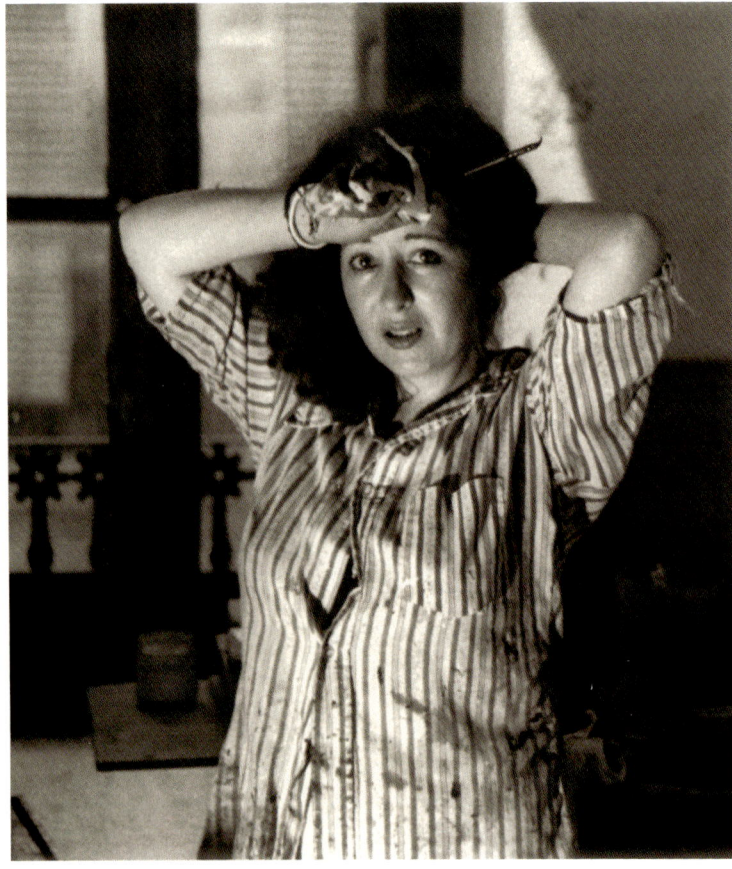

18. Carmen Grau en el estudio de la calle Orihuela. Valencia, principios de los años ochenta.

Esta mayor atención a las mujeres artistas fue uno de los signos del cambio en el panorama artístico de la Transición, que se concretó en unas cuantas exposiciones. Nuestra artista estuvo representada en varias de las que se organizaron en el ámbito valenciano, desde la pionera «12 pintoras»,[41] organizada por el Ateneo Mercantil en noviembre 1975, hasta las ya celebradas en la nueva etapa, como «Onze pintores del País Valencià», abierta en el Teatro Principal en octubre de 1980, o «Cinc pintores valencianes», que, compuesta por obras de Ana García Pan, María Montes, Aurora Valero, Cristina Navarro y Carmen Grau, inició en 1985 una itinerancia por municipios de la Comunidad Valenciana, sumando así otro signo del cambio en el panorama artístico: la descentralización de la oferta cultural.

Pero en la trayectoria personal de Carmen Grau, el cambio más significativo se produce en 1985 al iniciar su relación profesional con la que entonces era la galería más importante de Valencia: la Galería Punto, dirigida por el matrimonio de Miguel Agrait y Amparo Zaragozá, y que aún contaba con el asesoramiento de Vicente Aguilera Cerni. Asistente regular a las más importantes ferias (Basilea, Colonia, Fiac y, por supuesto, Arco, de cuyo comité organizador era miembro Agrait). En ella habían expuesto, solo en los dos años anteriores, artistas de la talla de Salvador Dalí, Joan Miró, David Hockney, Wolf Vostell, Luis Feito o Darío Villalba; y ese año de 1985 lo harían Pierre Alechinsky, Lucio Muñoz, Juan Genovés y Victor Vasarely.[42] Carmen Grau se incorporó a esa nómina en enero con una exposición individual (lo que solo habían merecido, en trece años, una decena de mujeres) de su obra reciente, acompañada por la insólita presencia en la galería de una echadora de cartas, llevando así a la vida real las imágenes de su *Tarot imaginario* que colgaban de las paredes. Además de público y ventas, la exposición fue un éxito de crítica. Román de la Calle se refirió a la «flexibilidad, fluencia y originalidad» de las obras presentadas, afirmando que «no necesitarían ni siquiera ir firmadas para reconocerlas como suyas».[43] Se iniciaba así una prometedora colaboración que se afianzará en los años siguientes con la presentación en varias ediciones de las ferias Arco e Interarte, lo que supondrá un considerable salto en la recepción de su obra, como se detallará en el siguiente capítulo. Aunque también provocó una inesperada complicación en su relación conyugal, porque si bien en un principio la invitación para entrar en la galería había sido para ambos, poco después le comunicaron que no estaban interesados en seguir trabajando con su esposo.

> Miguel Agrait me llamó un día y me dijo: «No puedo tener dos genios de la misma casa. Te hemos elegido a ti». Para mí fue un tremendo disgusto porque no me cuadraba el razonamiento. Se lo dije a Mariano y me dijo que adelante, que sin problema. La verdad es que cada vez que ha habido parejas de artistas, todo se confabula para que sobresalga uno sobre otro. Por ejemplo, Lucio Muñoz y Amalia Avia, Antonio López y María Moreno; o aquí en Valencia, Manolo Gil y Jacinta Gil, Eva Mus y Martí Quinto...

Un ejemplo más que parece corroborar el patrón por el cual, en las parejas de artistas, la preferencia o la atención mediática suele centrarse en uno de los dos miembros, como afirman desde otro contexto los artistas Caroll Dunham y Laurie Simmons: «Es raro que marido y mujer tengan el mismo estatus en los matrimonios de artistas. Muchas parejas de este tipo se rigen por el acuerdo tácito de que la carrera de uno de los dos es más importante que la del otro».[44] Así parece haber ocurrido entre Carmen y Mariano; solo que, a diferencia de lo que es habitual, en su caso no fue la carrera de ella la que quedó postergada frente a la de él, sino al contrario, pues Mariano fue desde el principio su más fiel apoyo, tanto en la carrera artística como en la docente, que estaba a punto de iniciar.

Mariano había empezado a impartir clases durante el curso 1979-1980 en la recién convertida de Escuela a Facultad de Bellas Artes, y, junto al catedrático Luis Arcas Brauner, persuadió a Carmen para que terminase las dos asignaturas que tenía pendientes y pudiera aprovechar la ampliación de la plantilla docente que se esperaba con la incorporación a la Universidad. En septiembre de 1980 aprobó ambas, iniciando a continuación el curso de Profesorado de Dibujo, del que recuerda lo útiles que le resultaron las clases impartidas por Rosario García Gómez en Pedagogía del Dibujo para realizar las prácticas en el Colegio Cervantes de la capital y que culminaría con la redacción al año siguiente de la tesina titulada *Texto y pretexto de la función plástica*, obteniendo con ello el título de licenciada en Bellas Artes.[45]

Reunía así los requisitos para aprovechar la primera oportunidad, que llegó en 1985 con la convocatoria de un contrato de profesor encargado de curso para la asignatura Concepto y Técnica del Color, que finalmente ganaría tras impugnar una primera adjudicación a la candidata preferida por el Departamento. «Que el Rectorado me diera la razón molestó a algunos de quienes iban a ser mis compañeros. Por ejemplo, Ramón de Soto, escandalizado, me dijo que nadie había puesto una impugnación antes. Estaba en mi derecho, pero me supo mal porque tomaron represalias contra Mariano.» Al parecer, tampoco en el ámbito académico las parejas de artistas están libres de pruebas.

1.3. MADUREZ ARTÍSTICA Y DOCENTE

Cuestiones como si el artista nace o se hace, o si se puede enseñar el arte sobrevuelan de forma generalizada las controversias sobre educación artística, pero resultan especialmente interesantes cuando nos encontramos ante la figura del artista-docente, pues en ella convergen todas las respuestas. Donde más interés ha despertado este rol del *artist-teacher* como objeto de reflexión pedagógica ha sido en el Reino Unido, donde, ya a mediados del siglo XX, se empezó a plantear el tema en la prensa especializada. Por ejemplo, Vincent Lanier resaltó el descuido y falta de atención prestado a esta doble ocupación en el ámbito de la pedagogía artística, pues las identidades del artista y el profesor son distintas. Willard McCracken ahondó un poco más en estas diferencias señalando que la figura del *artist-teacher* brotaba, antes que nada, de la actividad artística y que sus aportaciones a la docencia resultaban sustancialmente positivas, reflejándose en la actividad creativa del docente.[1]

Alguien que, como Carmen Grau, ha conciliado ambas identidades durante muchos años nos confirma lo positivo y enriquecedor que resulta para los alumnos tener a creadores en activo como profesores: «Creo que un profesor que no pinta, que va y da la clase sólo, no puede ser igual que uno que anda manchado de pintura todo el día. Cuando empecé, me di cuenta de los conocimientos que había adquirido durante tanto tiempo de trabajo en el estudio, y que podía enseñarlos».[2] A pesar de estas afirmaciones, ella misma es consciente de que sus lecciones no bastaban para formar artistas, pues el verdadero artista debe poseer una inclinación innata para la creación, por más que el aprendizaje técnico pueda perfeccionarla.

> Los que hemos dado clases sabemos que hay gente que puede pintar muy bien, o escribir muy bien o componer música muy bien, pero se requiere de algo más para destacar. Es decir, puedes aprender las técnicas, pero eso no te convierte en un artista. Tener

la capacidad de crear es algo más innato, y ser artista es algo muy personal en lo que influyen demasiados factores. Hay gente que no soporta la soledad de los días de encierro en un estudio o que no tiene la constancia y la fuerza de voluntad para plasmar lo que tienes en la cabeza sin importarle el medio o las circunstancias, luchando de verdad por ello.

Retomando su currículum docente, hay que recordar que empezó en el curso 1985-1986 impartiendo la asignatura de primero Concepto y Técnica del Color, bajo la inquisitiva supervisión de su titular, el profesor Ramón Puig Benlloch. Fue un reto muy gratificante en lo que se refiere al desempeño de las clases y la relación con los estudiantes, seguramente por su carácter cercano y por las iniciativas fuera del aula que pronto empezó a organizar, como una exposición de final de curso en el bar de la Facultad. Sin embargo, nunca encajó plenamente en la institución, donde adoptó un perfil bajo, alejándose de banderías departamentales y conflictos entre profesores, mezcla de motivos académicos e ideológicos, que en aquella época de cambios enrarecían el ambiente de la Facultad. El curso siguiente, comenzó a impartir, ya en solitario, la asignatura de cuarto curso Pintura II, que mantuvo durante diez años y en la que se sintió muy cómoda, al prestarse más a la creatividad.

A final de ese curso, el 17 de junio de 1987, su recién iniciada carrera docente dio un importante paso con la defensa de la tesis doctoral titulada *7 obras. Posibilidades expresivas del soporte rígido en la pintura. (Análisis en torno a la propia investigación plástica, 1977-1986)*, en la que analizaba la evolución de su quehacer artístico desde que encontró su estilo en la abstracción a través de siete obras; en concreto, se iniciaba con *Banderas* (1977) hasta *La máscara herida* (1986). «Un trabajo de pintor, para pintores», según anunciaba la autora en el resumen.[3] No obstante, su proyecto inicial era de corte más convencional, pero no por eso menos ambicioso e innovador: se proponía recuperar la figura de la escultora francesa Camille Claudel (1864-1943). «Empecé a interesarme por ella cuando, en un viaje a París en 1984 o 1985, vi casualmente un libro muy pequeñito sobre ella. Empecé a investigar y me puse en contacto con su familia. Fui a verlos, pero no pusieron de su parte, no querían saber nada de ella ni de estudios…». Las circunstancias –y seguramente también la conciencia sobre las dificultades de la tarea– la forzaron a cambiar de tema, decidiéndose por lo que mejor conocía: su propia obra. «Entre bucear en profundidades teóricas e históricas ajenas, y la posibilidad de estudiar desde la raíz el propio quehacer, elegí lo segundo», anunciaba en la introducción.[4] El razonamiento era tan lógico como polémico en el género académico de la tesis doctoral; por eso debió esforzarse en reivindicar el conocimiento del artista para hablar de su propia obra «como si de una obra ajena se tratara».[5] Y más en Valencia, donde no se había defendido aún ninguna tesis de ese tipo,[6] aunque ejemplos de creadores a los que seguir ya no le faltaban, empezando por su director, el pintor valenciano Andrés Cillero, quien un año antes se había doctorado con una tesis del mismo corte en la Universidad Complutense, a la que se acababa de incorporar como profesor titular. Pero fueron Román de la Calle y el polifacético paleontólogo, poeta y pintor Miquel de Renzi de la Fuente sus dos más cercanos apoyos, y quienes formaron parte del tribunal junto con los profesores de la Facultad Francisco Baños Martos, José María Yturralde y Roberto Giménez Morell. Carmen recuerda cómo convirtió el gran salón de actos en una suerte de sala de exposiciones al llevar todas las obras que se analizaban en la tesis; así como los nervios iniciales por lo impresionante del espacio y por la presencia de muchos de sus alumnos que fueron a apoyarla. El carácter atípico de la tesis convenció y obtuvo el *Cum Laude*.

Finalmente, en junio de 1989 logró la estabilidad como profesora titular del Departamento de Pintura,[7] y tanto en ese curso como en el siguiente, además de la asignatura de Pintura II impartió la de Paisaje, género con el que empezó su camino en el arte. Sus recuerdos la llevan al Jardín Botánico. «Allí era donde daba las clases, porque el paisaje me gusta pintarlo en vivo. Nos cedieron una caseta para dejar el material. Muchas veces, camino al Jardín, cuando pasábamos por la Casa de la Caridad, la gente que iba allí nos acompañaba e incluso alguno se sentaba a dibujar.» El curso anterior había organizado otra actividad singular, que implicó a sus alumnos en una obra colectiva: la ejecución del *Homenaje a Gaudí* (1988), un mural sobre madera de 1,50 x 12,20 metros, en el que se aprecia la experiencia de la profesora con este soporte [fig. 19]. Originalmente iba a ser un encargo personal con el que la artista pensaba recordar al arquitecto modernista, pero decidió convertirlo en un trabajo de fin de curso realizado junto a sus estudiantes. «Decidí arriesgarme a involucrar por primera vez a los alumnos en las técnicas que yo empleo. Por aquel entonces estaba trabajando en dípticos, por lo que dividimos la obra en varios paneles, que ellos elaborarían

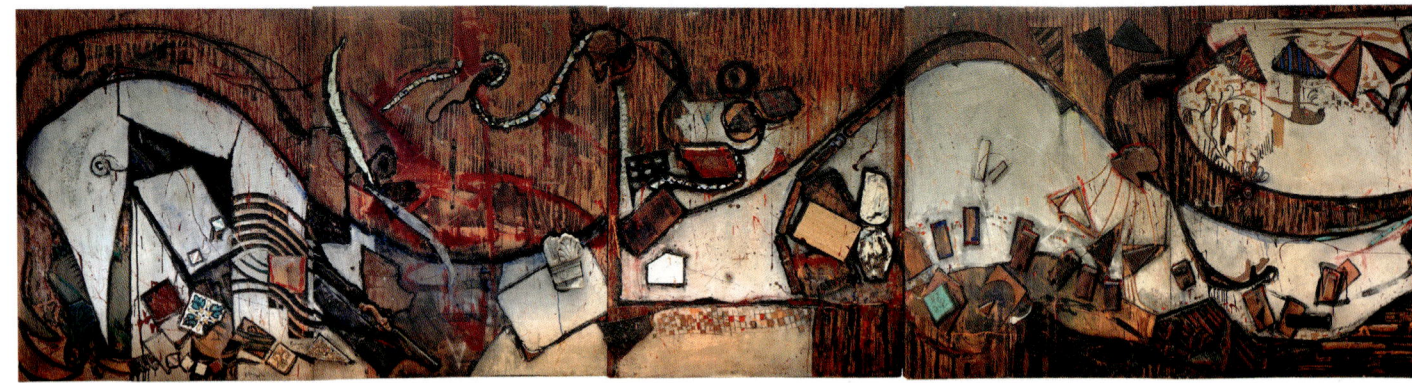

19. Mural *Homenaje a Gaudí*, 1988. Talla, *collage*, ensamblaje, acrílico y barnices sobre tabla, 1,50 x 12,20 m. Edificio Decanatos, Campus de Burjassot, Universitat de València.

solos o en parejas. Yo creo que me encargué del último.» Román de la Calle se hizo eco de la iniciativa y destacó la perfecta integración de las distintas partes: «Sens dubte, el mural resulta –a pesar de les dificultats lògiques de coordinació que envolten aquesta classe de treballs col·lectius– una obra sòbria i coherent, i ben resolta des del punt de vista estètic. És evident l'empremta de Carmen Grau –amb el seu característic llenguatge artístic– que, sens dubte, ha ajudat també a la unitat final».[8] El mural se presentó en el campus de la Universitat de València en Burjassot y, aunque inicialmente se había pensado exhibirlo en varias facultades, finalmente la Universitat lo adquirió por un millón de pesetas para instalarlo permanentemente en el edificio de decanatos de dicho campus, debido a la aceptación que tuvo en aquel primer emplazamiento. Algo que además de beneficiar a los dieciséis estudiantes que habían intervenido, resultó un alivio logístico por lo complicado que hubiera resultado trasladar y engarzar los diez pesados paneles. Otra experiencia de colaboración artística con sus estudiantes sucedió en 1999, cuando Carmen y Mariano aceptaron el reto de pintar, junto a siete alumnos de ambos, una gran lona de tres por ocho metros a propuesta de la Coordinadora Salvem el Botànic en su lucha por evitar que se construyera junto al Jardín Botánico de la Universitat de València. Seis equipos liderados por compañeros de la Facultad respondieron al llamamiento de ocupar con grandes pinturas reivindicativas seis vallas publicitarias situadas en el solar del antiguo patio

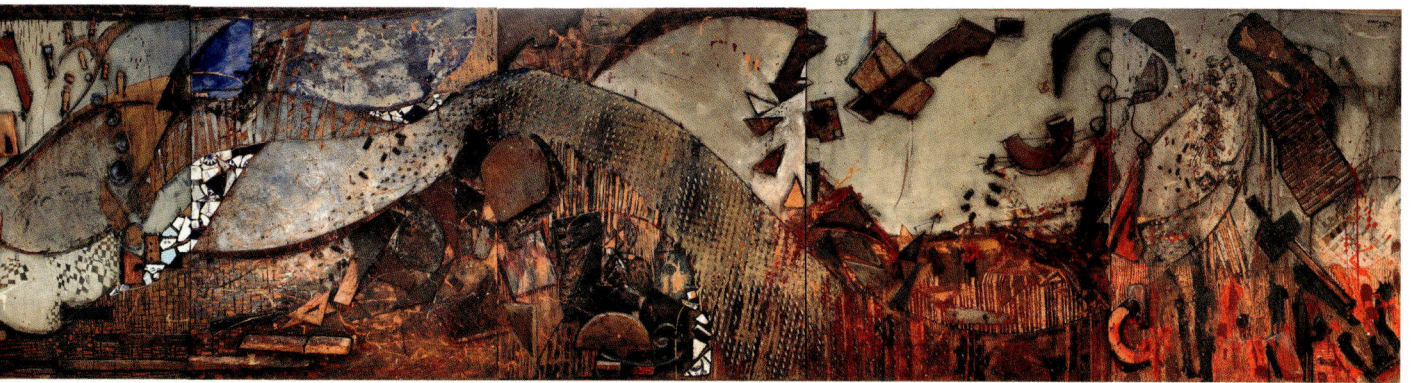

del colegio de los Jesuitas, en la esquina entre el paseo de la Pechina y la Gran Vía de Fernando el Católico, donde se pretendía levantar un hotel de once plantas. Una protesta tan ostensible no fue bien recibida por la propiedad, que a los tres días «descolgó» por las bravas las pinturas, cortando los soportes; aunque pudieron recuperarse y reunirse unos meses después en el campus de la Universitat Politècnica de València, para formar la exposición «Un jardí d'art».[9]

En los cursos siguientes, las actividades con los alumnos se incrementaron, encaminadas siempre a fomentar su creatividad, con un especial énfasis en la reivindicación del valor de la pintura, en un contexto en el que la escultura y la performance habían cobrado tal auge dentro de la Facultad de Bellas Artes que llegó a considerársela epicentro de una nueva escuela valenciana de escultura. Con esa voluntad de promocionar la pintura entre el alumnado, organizó una exposición colectiva centrada en lo que la singulariza, el color, titulada «Rojo, azul, amarillo». Llegaron a celebrarse tres ediciones entre 2001 y 2003, las dos primeras, en Ca Revolta y la última, en la propia Universitat Politècnica, de la que se editó un catálogo con textos de Rafa Prats, Juan Peiró, Román de la Calle, Carolina Maestro y Carmen Grau [fig. 20].[10] Participaron más de medio centenar de estudiantes en cada una, encontrando muchos de ellos un estímulo para dar sus primeros pasos en el mundo del arte. Otra exposición posescolar que organizó con una treintena de estudiantes fue la titulada «Desde el arte a la

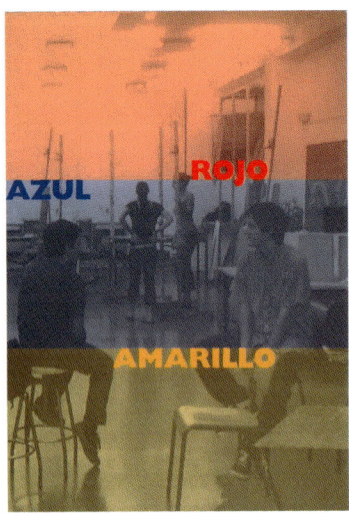

20. Portada del catálogo *Rojo, azul, amarillo*.
Sala de Exposiciones de la Universitat
Politècnica de Valencia, 2003.

diversidad», presentada en Ca Revolta en octubre de 2007, muy en sintonía con un centro cívico que, tal como vimos, conjugaba la cultura con la reivindicación social. A ella, esta dedicación extra a sus discípulos le resultaba muy estimulante, lo que hizo más fácil compaginar el trabajo docente con la dedicación a la pintura, además de con sus obligaciones familiares como esposa y madre de dos hijos. Y no cabe duda de que, al igual que a otras mujeres de su generación, la enseñanza favoreció su definitiva profesionalización artística.

En su faceta como pintora, recordemos que se había vinculado a la Galería Punto en 1985, con la que comenzó una intensa actividad expositiva. Con ellos acudió en 1987 por primera vez a la feria madrileña Arco, repitiendo de nuevo al año siguiente con inesperado éxito, siendo en ambas ocasiones la única pintora representada en el estand, junto a destacados artistas de la casa (Equipo Realidad, Genovés, Pina, Quero y Tàpies, en la primera ocasión; y Barceló, Canogar, Equipo Realidad, Feito, Picasso, Pina, Seguí y Tàpies, en la segunda). Aunque estas no fueron sus primeras experiencias en una feria de arte, pues ya en 1984 y 1985 se había estrenado en las dos primeras ediciones de la feria valenciana Interarte con la Galería Aldaba, a la que volvería en 1987 y 1988 ya con la Punto. Y siempre con un buen balance de ventas.

Carmen recuerda con nostalgia la experiencia de ambas citas anuales. «Exponer en Arco fue un encanto y era tremendo, pero Interarte no estaba nada mal. Los primeros años de Interarte fueron interesantísimos y estuvieron casi a la par que Arco.» La prensa también coincidió en la importancia y el alto nivel de Interarte en aquellas primeras ediciones (ya olvidadas) donde se citaban importantes galerías nacionales y europeas, se celebraban salones específicos como el Salón de la Crítica y se organizaban ciclos de conferencias. El corresponsal de *El País* afirmaba en 1986: «La tercera edición de la Feria Internacional Interarte [...] ha sorprendido a los observadores por el alto nivel de participación de las galerías especializadas en el arte contemporáneo. Ante la crisis que atraviesa Arco [...], Interarte aparece como un punto de encuentro de expositores y compradores que se consolida y crece».[11]

Con todo, era la feria madrileña la que más posibilidades de proyección internacional brindaba, como la misma Grau pudo comprobar cuando a raíz de su presencia en Arco 87 fue seleccionada para participar en la «Manifestation d'Art Contemporain 2000» celebrada en el Grand Palais de París del 12 al 29 de noviembre. MAC 2000 no era una colectiva al uso, sino más bien un conjunto selecto de exposiciones individuales en un mismo edificio. Allí la artista mostró veinticinco de sus obras, entre las que se encontraban algunos de sus «cuadros-poema» y de sus series «Personajes» y «Máscaras». De hecho, expuso también una de sus obras de gran formato, *La máscara trágica*, de 244 x 560 cm.[12] A raíz de la muestra del Grand Palais, la organización la tuvo en cuenta para la Biennale des Femmes del año siguiente, convocada por la Unesco en el mismo espacio.

Por entonces ya no era tan asidua de los premios, pero en octubre de 1987 aún decidió presentar una obra importante a la I Bienal de Pintura Jaume Guasch: el díptico *The Waste Land* (1984), que fue galardonado con el segundo premio (dotado con 600.000 pesetas) por un jurado integrado por Javier Cuenca, Cristóbal Gabarrón, Juan Genovés, Jaume Guasch, Francesc Noguero y Jorge Pombo. Muy distinto fue el Premio Crítica Serra d'Or en la categoría de literatura infantil y juvenil que recibió en 1989 por un trabajo suyo de ilustración. Estos galardones, que otorga la revista de la Abadía de Montserrat, se convirtieron poco a poco, desde su fundación en 1967, en un certamen de prestigio en las letras catalanas. En esa ocasión distinguió el libro de la escritora valenciana Empar de Lanuza *Abecedari de diumenge*, un poemario considerado por Francesc Gisbert i Muñoz «l'obra pionera de la poesia infantil valenciana»,[13] que en 1986 había sido premio Tirant lo Blanch de la Diputación de Valencia, y cuya edición

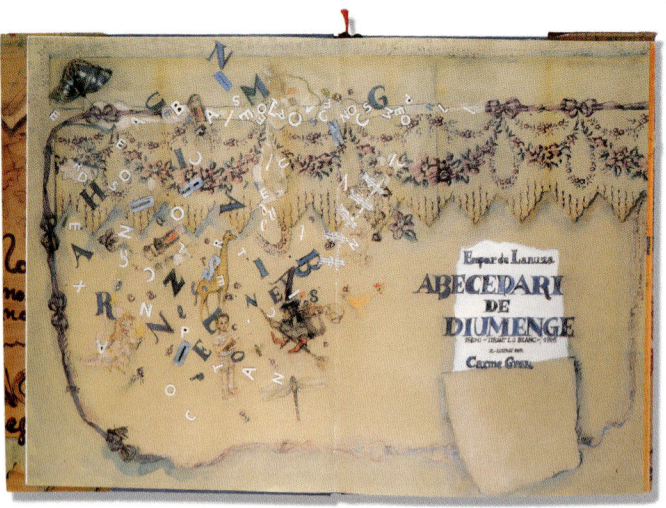

de dos años después le fue encomendada, a propuesta del director de la Sala Parpalló, perteneciente a la corporación provincial. Carmen lo recuerda así:

> Artur Heras pensó en mí porque yo tenía experiencia en convertir la poesía en plástica. Pero, cuando vi el poemario, me di cuenta de la complejidad que tenía el encargo, por lo breve de los versos. Entonces se me ocurrió inspirarme en los libros infantiles ingleses, esos en los que se levantan y se mueven pestañas... También fue difícil por el plazo, porque lo tuve que hacer en un verano. Pero yo estoy muy contenta del resultado.

Esa satisfacción se vio confirmada con la concesión del premio catalán, pero no así por la opinión de la escritora, quien se quejó de que la parte gráfica tuviera tanto protagonismo en detrimento de la brevedad de sus poemas [fig. 21].

Mayor consecuencia tendrá la desavenencia con la Galería Punto, que marcó el final de la década. En mayo de 1988 había presentado su segunda exposición individual en esta galería, en la que mostró las pinturas de máscaras en las que trabajaba por aquel entonces. López-Chávarri Andújar se refirió a la muestra en los siguientes términos: «Es claro que Carmen Grau logra con sus "máscaras" un mundo peculiar y muy sugestivo en el que el barniz, signos, etc., se alían con esas criaturas desveladas y con mensajes literarios, pues no en balde, la pintora conecta con extrema sensibilidad con el mundo literario».[14] En octubre de ese año, buena parte de esas obras viajaron a la Galería Ynguanzo de Madrid, en la que sería su segunda exposición en la capital. Se trataba de una galería veterana, abierta en 1972 por la aristócrata Pilar Rodríguez-Porrero, con un catálogo de firmas nacionales e internacionales, y de la que se había hablado en la prensa unos meses antes por una pionera exposición sobre grafitis. Otras piezas se mostraron en la histórica Sala Libros de Zaragoza.

En líneas generales, las relaciones entre artista y galería son complejas. Pablo Helguera (director de programas educativos del MoMA) las compara con una relación sentimental que comienza con un intento de seducción y promesas específicas que llevan a alcanzar el deseado «acuerdo matrimonial», susceptible de atravesar momentos incómodos e inestables; pero que suele terminar en ruptura cuando se presenta una mejor oportunidad, fatalidad que debe ser aceptada por ambas partes.[15] Eso ocurrió en 1990, cuando Carmen dio por terminada su relación con Punto, erosionada por lo que ella percibía como una falta de atención y un cúmulo de detalles como el que nunca le hubiesen publicado un catálogo. Porque en lo estrictamente económico no tenía queja, las dos individuales habían ido bien y mejor aún las ferias, le liquidaban las ventas... Pero otra galería más joven entró en escena con nuevas promesas: Arte Xerea.[16] Promesas que parecieron empezar a materializarse en marzo de 1990 con una primera exposición, a medio camino entre retrospectiva y presentación de los trabajos de los últimos años, en la que dio a conocer nuevas series, como «Caminos de fuego», inspirada en la tierra arrasada por los incendios forestales de aquellos años [fig. 22]. Y ahora sí, acompañada por el consiguiente catálogo, el más extenso hasta entonces, con textos de Aguilera Cerni, Román de la Calle, Prats Rivelles y Ballester Añón.[17] Además, gracias a un intercambio entre galerías, la exposición pudo verse en marzo del año siguiente en una de las históricas de Madrid, la Galería Egam, dirigida por Enrique Gómez-Acebo.[18] La nueva relación parecía responder a las expectativas; y con Xerea volvió a la feria Arco 92 y 93, junto a los artistas de la galería Rafael Armengol, Joan Cardells, Willy Ramos..., vendiendo numerosas obras.

Además, en 1993, el IVAM adquirió las veintidós piezas que conforman el *Tarot imaginario*, una de las obras más icónicas de la artista [fig. 53].[19] Carmen recuerda que la compra la decidieron la directora-gerente del museo, Carmen Alborch, y el director artístico, Vicent Todolí. «Fueron a la galería y de allí a mi estudio. Se tomaron interés, lo miraron todo y al final dudaron entre el *Autorretrato barroco* y el *Tarot imaginario*, por el que finalmente se decantaron. Yo me

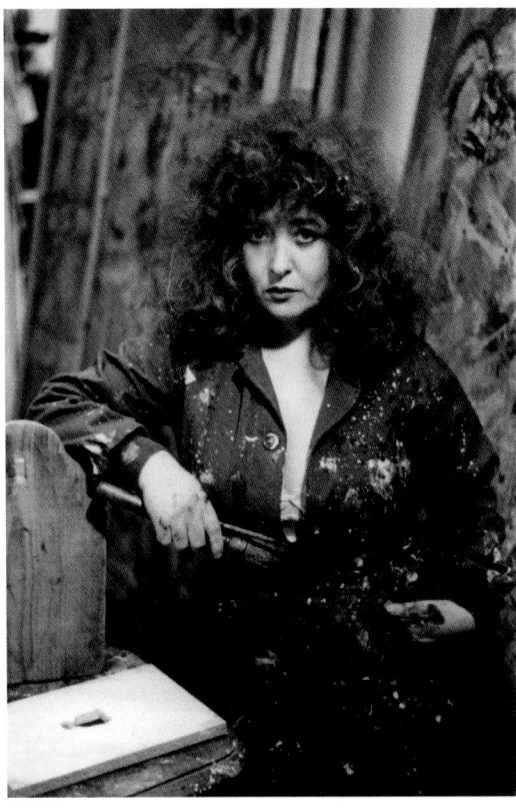

22. Retrato delante de una de las obras
presentadas en la exposición
de la Galería Arte Xerea, Valencia, 1990.

alegré de la elección, porque así se evitaba la dispersión de la serie». También recuerda que Carmen Alborch le prometió una exposición retrospectiva en el
IVAM. «Me lo dijo, pero unas semanas después se fue al Ministerio de Cultura
y… nada de nada.» De hecho, la noticia de la compra se hizo eco del proyecto,
destinado al Centro del Carmen «en un futuro próximo».[20] Pero si aquella an-
siada individual en el IVAM no ha tenido lugar hasta la fecha, al año siguiente sí
estuvo representada en «Un siglo de pintura valenciana, 1880-1980», una importante exposición del museo que Carmen apenas recuerda, tal vez porque tuvo
un interés más histórico que actual, aunque su inclusión en la misma significaba
un indudable reconocimiento, pues era una oportuna revisión de la pintura valenciana contemporánea que, aún abarcando un amplio periodo cronológico,
era muy selectiva y cada apartado estaba representado por muy pocos nombres,
siendo el suyo el que cerraba la muestra.

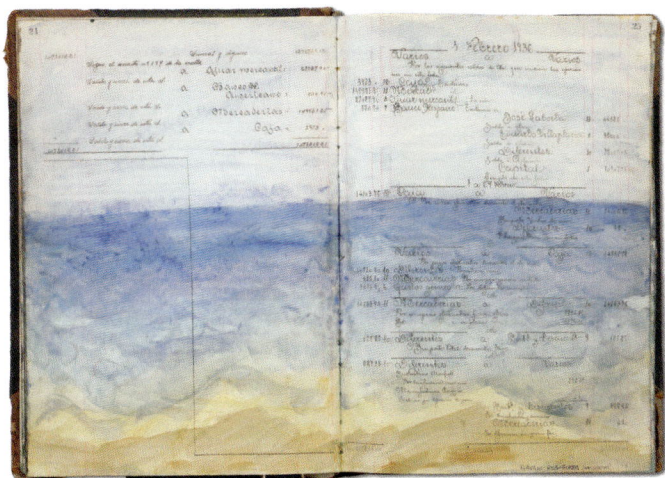

23. *La playa de Nea Fokea.*
Libro mayor. 1994.
Acuarela, 46 x 65 cm.

En el verano de 1994 tanto ella como Mariano viajaron a Grecia con una beca gestionada por la Diputación de Valencia para participar en el festival internacional «Art Village» convocado en la localidad de Nea Fokea, situada en la península de Casandra [fig. 23]. Durante aquella estancia de un mes, en un ambiente muy cosmopolita, pintaron varias obras que se exhibieron en las galerías de Tesalónica Art Forum y Sotos Zachariadis; y, finalmente, uno de los cuadros fue adquirido por la asociación greco-española García Lorca de Tesalónica.

En mayo de 1996 presentó su tercera individual en la Galería Arte Xerea, que confió en ella para inaugurar su nuevo y más amplio espacio expositivo en la calle de Samaniego.[21] En esta muestra exhibió la nueva serie inspirada en el mundo del abanico en la que llevaba tres años trabajando y que había surgido, como series anteriores, a partir de las intuiciones sugeridas por un objeto encontrado: unos antiguos abanicos comprados en el Rastro, a los que sumó una colección de herencia familiar.[22] La artista recuerda con satisfacción la exposición en la que mostró parte del más de medio centenar de piezas que componían la serie, desde tablas a dibujos que repensaban el abanico, sus distintas partes e incluso homenajeaban a figuras históricas muy vinculadas con él [fig. 24].[23] «Me gusta cuidar mucho cómo va a funcionar mi obra en los diferentes espacios en los que va a ser mostrada y, si el galerista tiene gusto, sale una exposición preciosa y redonda como lo fue aquella.» Además, la exposición fue un éxito de

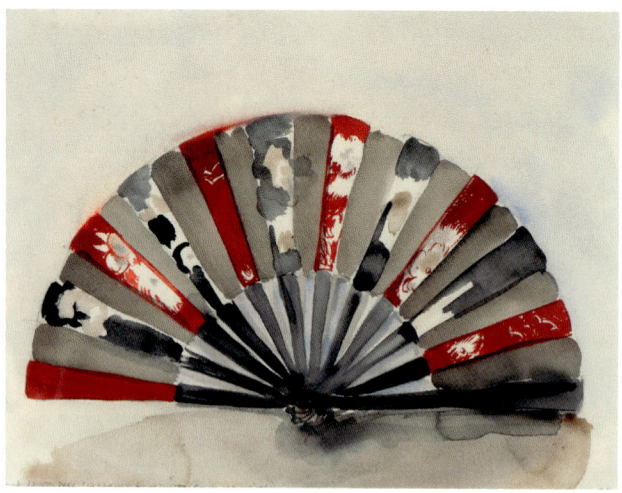

24. *Apunte de Abanico
de Madame Bobary*, 1995.
Acuarela, 37 x 46 cm.

ventas, suscitó el interés del Ayuntamiento de Alzira por su obra para mostrarla en su Casa de Cultura al año siguiente,[24] y originó el importante encargo de un centenar de monotipos para el hotel Eurostars Acteón de Valencia. Sin embargo, contra todo pronóstico, será su última exposición en la galería. En los años siguientes fue decayendo el interés mutuo por mantener la relación, al tiempo que su propietario se centraba en el negocio hotelero.

Las críticas de estos años inciden en el cariz literario de la producción de la artista, que, como se explicará en la segunda parte dedicada a la obra, obedece a una pulsión por transcender la pura forma para compartir ideas, sensaciones, relatos con el contemplador. Por eso muchas de sus pinturas revelan sus inquietudes políticas y, por supuesto, su feminismo. Y por eso mismo, nunca ha declinado colaborar en cuantas exposiciones de carácter cívico o solidario ha sido invitada, no hay más que ojear su currículum para constatarlo. Sin duda, es el reflejo en su actividad profesional de una ideología personal que en los últimos años de la Dictadura le aproximó al Partido Comunista de España, y que en los ochenta evolucionó hacia iniciativas artísticas como la carpeta de serigrafías editada en 1985 por Esquerra Unida, *Ariadnes*, que reunía estampas de María Montes, Ángeles Marco, Cristina Navarro, Anna García Pan, Fuencisla Francés, Neus Sanfèlix y de ella misma.[25] Así como a las numerosas exposiciones para la que ha prestado o donado obra, desde una «Exposición Anti-imperialista» en

1979, seguida por «Art per la Pau» (1986), «Exposició homenatge a les víctimes del franquisme» (1988), «Arte por Uruguay» (1988), «Museo de la Solidaridad Salvador Allende» (1992), «Solidaritat Balkans» (1994), «Salvem el Botànic» (1996), «Ajuda a Sierra Leone» (1998), «Artistes pels drets humans» (2000), «Per la causa palestina» (2003), etc. Si añadimos las periódicas colaboraciones con las subastas de Unicef, parece una enumeración de los conflictos y causas humanitarias del periodo. Y, cómo no, también ha seguido participando en muestras de mujeres: «7 imatges de dona» (1986), «Hommage à Iris Clert» (1988), «Nosotras por nosotras» (1998), «Mujer múltiple» (1999), «A Frida Kahlo» (2001)... Como en otros miembros de su generación, la militancia política antifranquista devino pronto en un compromiso social más amplio con el feminismo, los derechos humanos, la solidaridad internacional...

Esa sensibilidad social, junto a un paralelo interés de no enclaustrarse en el estudio, la llevó a participar en la fundación de Ca Revolta, un centro cultural alternativo que abrió sus puertas el año 2000 en un edificio rehabilitado del barrio de Velluters, en pleno casco histórico de Valencia, impulsado por una agrupación de antiguos militantes del Moviment Comunista del País Valencià (MCPV) muy activos en los movimientos sociales urbanos, entre quienes estaban figuras tan significativas como Cristina Piris, Carles Dolç o Neus Sanfèlix; con el objetivo de promover iniciativas sociales y culturales, acoger a otros colectivos de izquierdas con similares proyectos de dinamización ciudadana, y, por supuesto, desarrollar todo tipo de actividades culturales y de ocio: debates y charlas, presentaciones de libros, cursos, proyecciones cinematográficas, conciertos, representaciones teatrales, exposiciones, etc.[26] Carmen conocía al arquitecto Carles Dolç y a su esposa, Neus Sanfèlix, a Cristina Piris, Lola Pérez Pomer,[27] Maite Beguiristain..., y se involucró en el proyecto desde su inicio, formando parte de la comisión de artes plásticas junto a los artistas y compañeros de Facultad, Miquel Guillem y Miguel Molina, asumiendo durante años la organización de numerosas exposiciones comprometidas con diversas causas, para mantener económicamente la fundación y, sobre todo, de jóvenes artistas. Fue una experiencia que le proporcionó otra visión social de la ciudad, vivencias muy enriquecedoras, además de muchas relaciones de amistad, pero cuya dedicación fue pesándole, sobre todo por los desplazamientos, desde que en 2002 se mudaron de la cercana plaza del Negrito al municipio de L'Eliana. Su hija Carolina tomó el testigo.

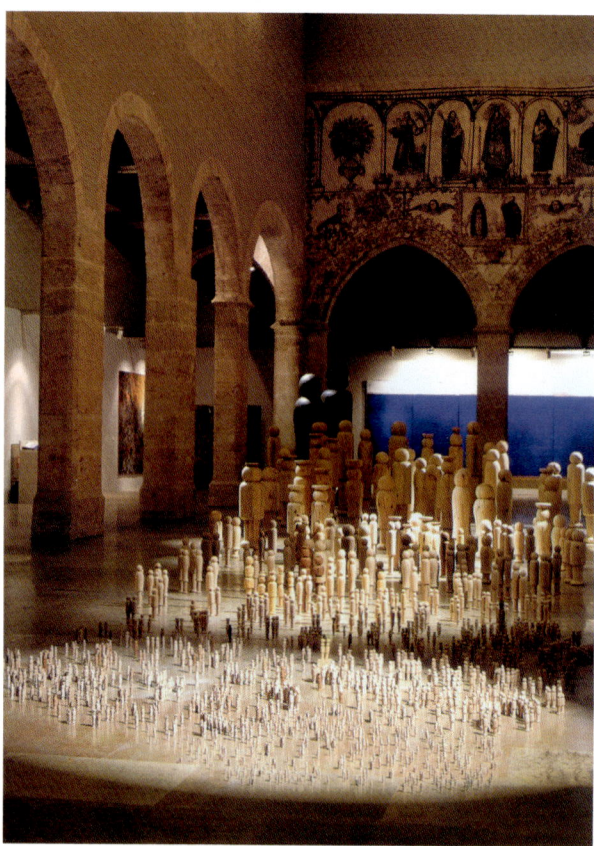

25. Exposición en el Almudín de Valencia, 9 de abril al 6 de mayo de 2001.

En el plano profesional, el nuevo siglo empezó con la mayor exposición reunida hasta la fecha sobre la obra de Carmen Grau. Del 9 de abril al 6 de mayo del año 2001 tuvo lugar en la Sala Municipal d'Exposicions de l'Almodí «Taller narrativo», una gran retrospectiva de su obra [figs. 25 y 27]. La muestra fue comisariada por Maite Beguiristain, profesora de Estética de la Universitat de València, y amiga desde que años atrás les presentase Román de la Calle. La organización corrió a cargo del Consorcio de Museos de la Comunitat Valenciana y de la Subsecretaría de Promoción Cultural. Carmen recuerda el proceso hasta la inauguración como caótico: «Consuelo Ciscar, que era la subsecretaria de Promoción Cultural, provocó un caos, con cambios en las fechas y demás. Los meses fueron pasando y un buen día nos llamó para que fuese ya de ya. Menos mal que yo siempre estoy preparada. A pesar de eso, creo que ha sido una

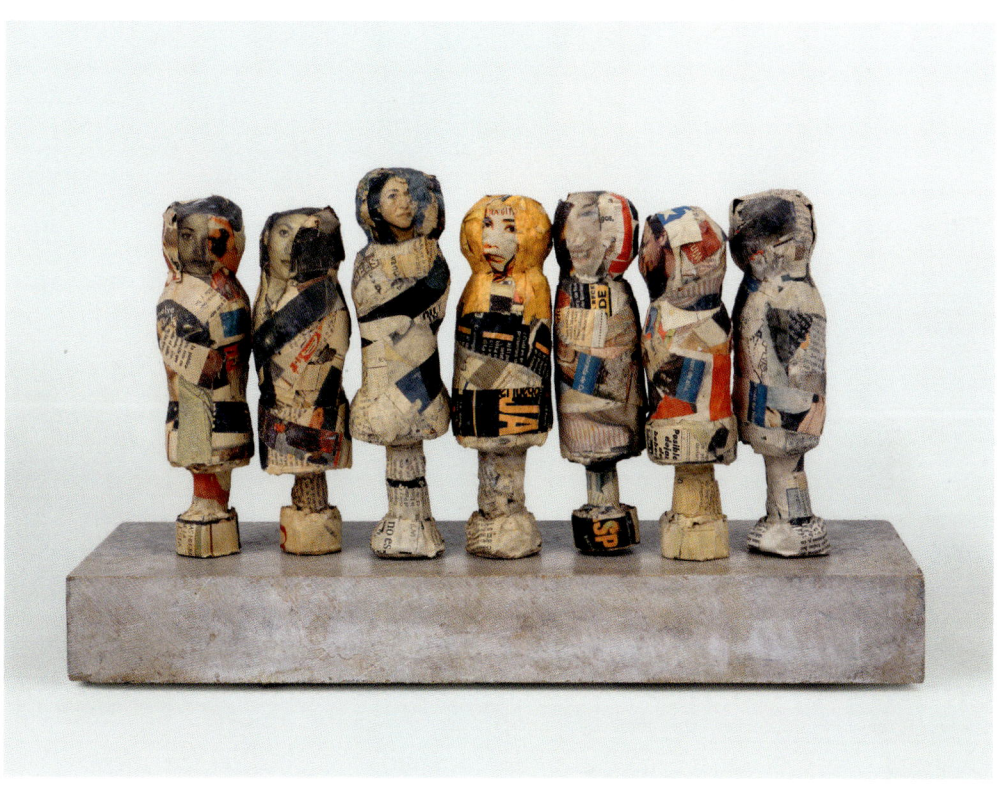

26. *Informados II*, 1998. Papel y madera, 29 x 50 x 17 cm.

de mis mejores exposiciones, sobre todo en cuanto al montaje, que no era nada fácil en aquel espacio». La exposición, aunque representaba las diferentes etapas y estilos de la artista, se centraba en la figura del Personaje, el motivo que se había convertido, desde los años 80, en el sello más reconocido de la artista. Con esta figura, como se desarrollará más adelante, la artista vivió dos grandes etapas: la de los ochenta, en la que con la figura repetida creaba el todo, y la serie de los noventa, en la que aparecía como ente individual al que le ocurrían cosas [fig. 26]. En la muestra, las esculturas del Personaje se multiplicaron por toda la nave central, rodeadas por las obras pictóricas sobre tabla, protagonizadas también por su figura, que colgaban de los muros. Además, la comisaria decidió no exponer las obras de modo aislado, sino manifestando la vinculación con el espacio de su creación: el taller de la artista, recreado en un lateral mediante la mesa

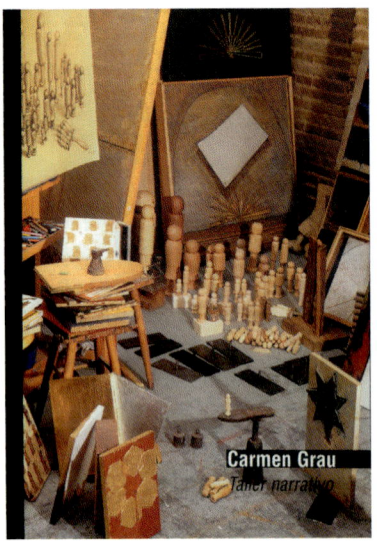

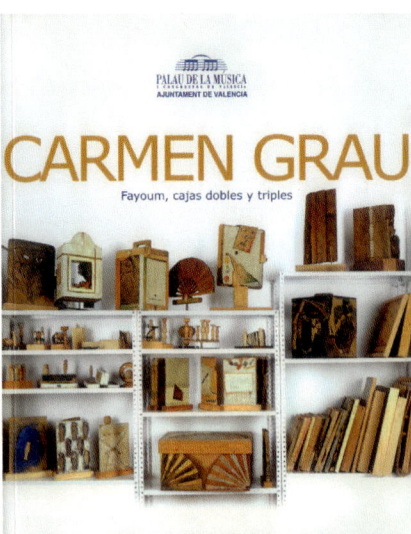

de dibujo heredada de su padre, algunos bocetos, libros y otros bártulos de pintor. Incluso, para reforzar el contenido narrativo de la muestra, la propia artista, junto a la actriz Isabel Requena,[28] estuvieron todas las tardes a disposición de los visitantes para actuar a modo de cuentacuentos y explicarles las obras.[29]

Dos años después, entre marzo y abril de 2003, tuvo lugar en el Palau de la Música la exposición «Fayoum, cajas dobles y triples» [fig. 28]. El hilo conductor fue una personal interpretación de la técnica de la pintura sobre tabla usada en el Egipto grecorromano para realizar los famosos retratos funerarios propios de la región del Fayum. Carmen recuerda su encuentro con una de esas efigies en una visita al Museo Británico. «Me fascinó el sarcófago de un joven de la región del Fayum en el que habían escritas unas palabras en griego. Un amigo que conocía lenguas clásicas me lo tradujo. Decía: "Artemidoro, adiós". A partir de ahí empecé a investigar estos retratos y me di cuenta de que técnicamente se parecían mucho al procedimiento empleado por mí, sobre todo cuando empleo telas: eran *collages* de tela sobre tabla.» Tomando esa deducción como *leitmotiv*, la exposición reunió una selección retrospectiva de obras en las que se habían encolado tejidos sobre la tabla –algo recurrente en su producción desde finales de los años setenta– presentándolas como una actualización de aquella antigua técnica.[30] Según el crítico Juan Bautista Peiró, el conjunto ofrecía una buena

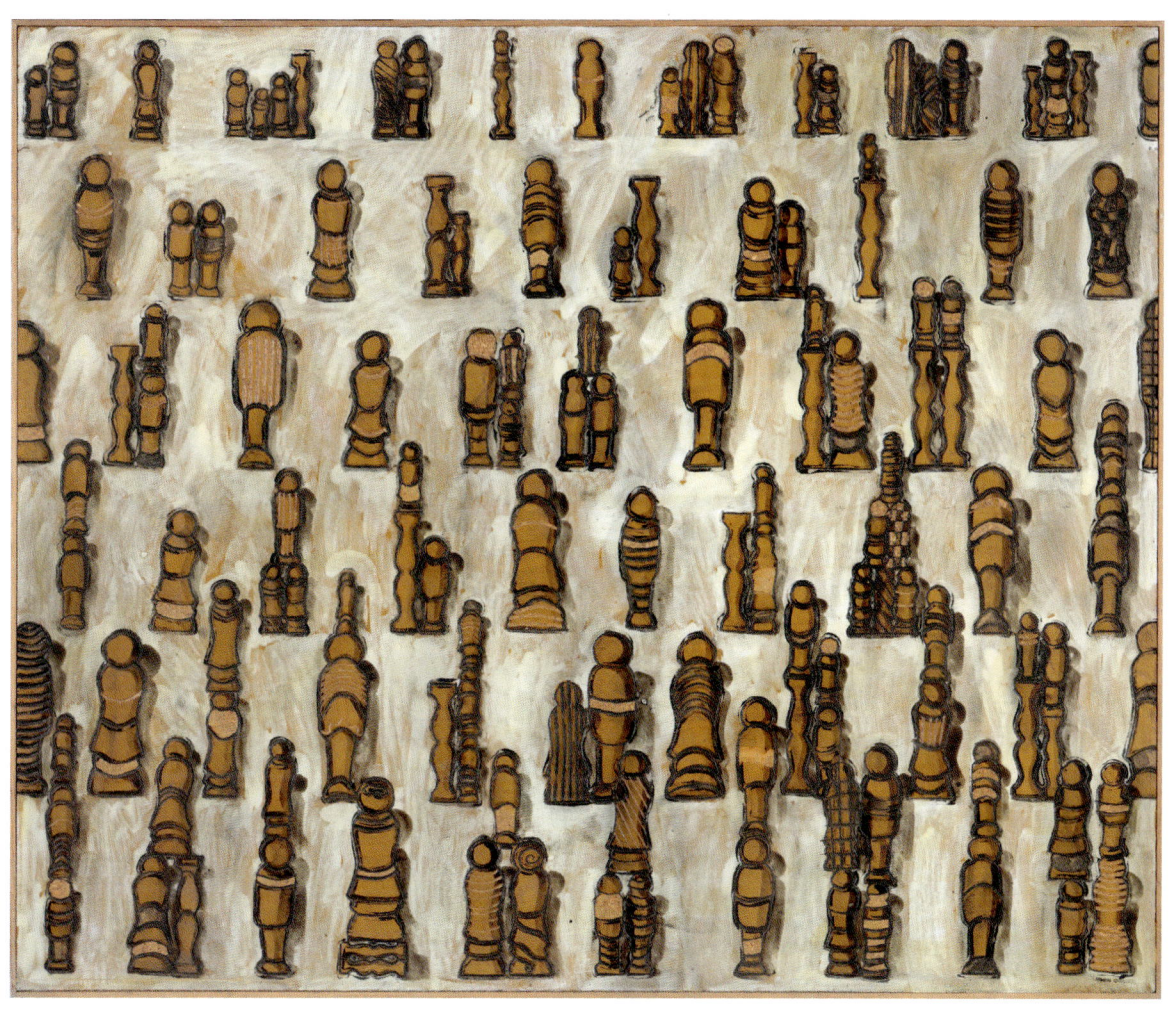

29. *Personajes en equilibrio*, 2003. Talla y acrílico sobre tabla, 100 x 121,5 cm.

oportunidad para comprobar las posibilidades expresivas y cualidades texturales del procedimiento, pero también suscitaba reflexiones sobre «el paso del tiempo y el poso de la historia vivida, autobiográfica, de la memoria individual que ocasionalmente se funde, o concluye, con la colectiva».[31]

Esta de 2003 sería, durante mucho tiempo, su última exposición individual en Valencia. Y la del año siguiente en la Galería Carme Espinet de Barcelona, la última que celebrará en una galería comercial hasta la fecha. Bajo el título «Complementarios» se exhibieron pinturas muy coloristas y algunas pequeñas esculturas de la serie del «Personaje», con un buen balance de ventas, contándose entre los compradores uno de los coleccionistas corporativos más importantes del país, La Caixa, y una figura emergente de la política nacional, Carme Chacón [fig. 29]. Sin embargo, aquella exposición marcaría un punto de inflexión en su trayectoria artística, pues tardaría casi una década en regresar al circuito artístico, y cuando lo hizo –como veremos en el siguiente capítulo– será para exponer en espacios alternativos. Con todo, esa ausencia pública no era reflejo, en absoluto, de un cese en su producción artística. Al contrario, en esos años de retiro, Carmen Grau no dejó de trabajar diariamente en su tallar, creando nuevas obras que dan buena fe de su compromiso inquebrantable con el arte.

1.4. BALANCE Y NUEVAS EXPECTATIVAS

A diferencia de otras profesiones, el arte ha sido históricamente un campo donde la vocación debe enfrentarse a desafíos constantes: precariedad, feroz competencia y las caprichosas reglas no escritas del mercado. Como acertadamente define Francisco Calvo Serraller, dedicarse al arte puede equiparse a «vivir del aire», al carecer de una fórmula estable que garantice una trayectoria profesional duradera y rentable, y en la que los altos niveles de creatividad a menudo se pagan con muchas más posibilidades de estrellarse.[1] Y no solo afecta al sustento económico, sino que también condiciona la trayectoria de quienes se entregan plenamente a la creación. Los artistas se ven inmersos en un mundo regido por modas efímeras, intrincadas redes de influencia y expectativas externas en constante evolución, lo que añade capas adicionales de complejidad a su ya desafiante camino profesional.

Una artista valenciana de la misma generación, Carmen Calvo (1950), lo resumía con crudeza: «Yo continúo porque esta es mi vida y no sabría hacer otra cosa. No es nada fácil, hay que moverse en ese mundo de las modas, las tendencias, las galerías de arte, los potenciales coleccionistas. [...] Es una lucha, y resulta muy complicado estar ahí».[2] Estas palabras describen un entorno donde el talento, aunque esencial, no siempre garantiza un lugar estable en el mundo del arte. En este contexto general, la carrera de Carmen Grau no ha sido una excepción; sin embargo, gracias a su perseverancia y a una dedicación incansable, ha logrado sobreponerse y mantener una constante productividad hasta hoy, si bien las circunstancias actuales no están siendo tan favorables para la difusión de su obra.

Desde sus últimas exposiciones en el Almudín y el Palau de la Música de Valencia en 2001 y 2003, y en la Galería Carme Espinet de Barcelona en 2004, experimentó, de forma más dura y definitiva, las dificultades de vivir del arte. El reconocimiento que había logrado en esas exposiciones pronto dio paso a un inesperado desierto expositivo, un vacío que caracterizó su carrera en los años siguientes y que la ha mantenido apartada hasta ahora del circuito comercial. A diferencia de muchos artistas emergentes, Carmen no encontró el respaldo constante de galerías, instituciones o mecenas que impulsaran su obra en el mercado, lo que la forzó a depender cada vez más de su segunda profesión: la enseñanza universitaria. De modo que, ante la falta de oportunidades en el ámbito artístico, dirigió sus esfuerzos hacia la docencia, no tanto por genuina ambición en este campo, sino por la necesidad de encontrar una estabilidad económica que le permitiera seguir dedicándose con libertad a su verdadera vocación: la pintura.

Esta experiencia, en la que se enfrentan el arte y el mercado, tan habitual en el mundo del arte, fue bien planteada por Lewis Hyde como un conflicto irreconciliable: si el arte es «un don», ¿cómo puede un artista sobrevivir en una sociedad dominada por el mercado? Según Hyde, los artistas contemporáneos resuelven esta dicotomía de tres maneras: consiguiendo un segundo empleo, obteniendo el apoyo de mecenas o vendiendo su obra.[3] Carmen ejemplifica la primera de estas soluciones al iniciar una carrera docente, como ella misma reconoce: «La facultad es algo accidental, en principio fue transitorio y se ha convertido en continuo. Necesitaba asegurar el futuro, la inestabilidad del artista no se puede compaginar con una familia».[4] En este sentido, pese a los claroscuros que recuerda, la trayectoria de Carmen Grau ejemplifica tanto los desafíos como los logros que pueden alcanzarse en la compatibilidad entre el arte y la academia, pues finalmente alcanzó el escalafón más alto en la carrera docente en el año 2003, cuando fue nombrada catedrática de Pintura de la Universidad Politécnica de Valencia, éxito que, sin duda, debió de ser una recompensa vital.[5] Sin embargo, este logro no fue la culminación de un camino sencillo, pues recuerda que tuvo que postularse ella misma para la plaza, ante la falta de apoyo de sus colegas. Desde su perspectiva, no siempre se reconocieron sus méritos, y en más de una ocasión se vio obligada a superar obstáculos que no debían habérsele interpuesto. Con todo, perseveró al frente de sus clases hasta 2018, cuando se jubiló al cumplir los setenta años, edad máxima de jubilación del profesorado universitario. Lo que le ha permitido, desde entonces, dedicarse plenamente a la pintura.

Pero sus ganas de acometer la última etapa de su obra se enfrentan a una falta de visibilidad, a una escasa proyección pública. Siente que está siendo ignorada por el mundo del arte, en gran medida porque el foco mediático se centra en los artistas más jóvenes, lo cual, a su parecer, provoca un desdén hacia los más veteranos. «Cuando los artistas de mi generación empezábamos, los que nos precedían eran nuestros ídolos. Ahora ya no es así, y eso está perjudicando a artistas como yo», comenta.[6] Y es que Carmen Grau pertenecería a lo que Maite Beguiristain ha llamado la «generación perdida» de mujeres artistas, porque parecen haber nacido a destiempo. Lo argumenta así:

> Son mujeres que cuando eran jóvenes luchaban en un mundo donde además de ser masculino, la experiencia era un valor ineludible y que, por tanto, debían esperar a que pasara el tiempo para ser tomadas en consideración. Pero el tiempo empieza a acelerarse a partir de la década de los setenta y cuando llegan a su madurez se encuentran con que el valor principal está en la juventud, prejuicio que todavía sostenemos socialmente. Todo lo valioso ha de ser joven, ágil, bello, y ellas son mujeres maduras con un quehacer muy consolidado que las deja fuera de las modas imperantes, independientes del valor objetivo de sus obras.[7]

En concreto, Carmen atribuye su ausencia del circuito artístico a la falta de una galería que la represente. «A partir del 2000, cuando dejé de tener una galería fija, fue cuando empezó a torcerse la cosa. De hecho, el trabajo que conlleva es de las cosas que más añoro... El trasiego de obras, los plazos, las inauguraciones, las ferias... eso es lo que la obra quiere y necesita». Así, a pesar de que la universidad le proporcionó la estabilidad económica y la libertad para dedicarse a su arte sin presiones comerciales, Carmen añora el circuito artístico y las oportunidades de exponer su obra. Sin embargo, su compromiso con el arte permanece inquebrantable, incluso sin el respaldo del reconocimiento público. Pese a la falta de apoyo de una galería y a las escasas oportunidades de exponer su obra, factores habituales que estimulan el trabajo de un artista y le animan a proseguir, Carmen Grau no afloja, persevera en el camino emprendido tres décadas atrás, y todo el tiempo que las clases le dejan lo pasa en el estudio, produciendo nuevas obras. Hace poco, ya jubilada, nos confesaba: «Tengo ilusión por seguir pintando, por redondear series que tengo empezadas... Considero que el arte se practica a diario, y que cuando esa continuidad se rompe es que algo va mal. Aunque solo sea para observar y pensar, pero tienes que ir al estudio si quieres seguir siendo artista» [fig. 30].

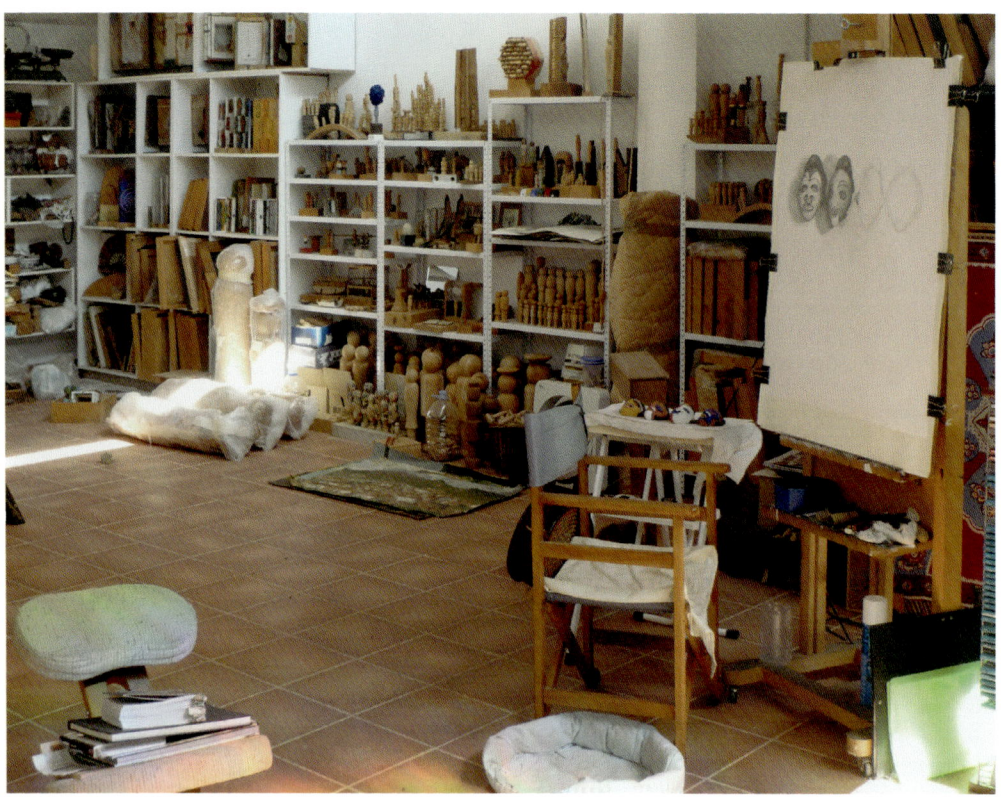

30. Rincón de trabajo. Estudio de Carmen Grau en L'Eliana, 23 diciembre de 2008.

Después de su última exposición en una galería comercial, la ya mencionada en la Galería Carme Espinet de Barcelona en 2004, la trayectoria expositiva de Carmen Grau entró en un periodo marcado por la ausencia de exposiciones individuales durante casi una década y la pérdida de visibilidad en los espacios habituales del arte contemporáneo, hallando en el circuito alternativo una vía para mostrar su obra, aunque en condiciones muy distintas a las de etapas anteriores.

Habrá que esperar a octubre de 2013 para ver una exposición individual, y tuvo lugar en una sala alternativa recientemente abierta en el barrio de Ruzafa por la editorial Obrapropia, ya desaparecida. El título de esta muestra, «8 dípticos y 1 políptico», describía puntualmente su contenido: nueve obras de gran formato realizadas desde 1985, entre las cuales se encontraba *El entierro de los muertos*, inspirado en la primera parte del poema *The Waste Land* de T. S. Eliot, y el políptico *Mujeres*. En un artículo que anunciaba esta exposición como el retorno de la artista, ella misma se preguntaba por la razón de tan prolongado intervalo sin exponer: «Yo he seguido pintando en mi estudio, y no he dejado de preguntármelo. ¿Por qué los responsables de los museos públicos no me hacen caso? Soy de aquí, vivo aquí, no tengo nada contra nadie... Entonces, ¿qué pasa? No lo sé, pero lo cierto es que tengo tres exposiciones terminadas que aún no he podido sacar».[8]

La oportunidad surgió gracias a la mediación de su hija Carolina, quien por entonces organizaba exposiciones en otro local de Ruzafa, anexo al estudio de arquitectos Arquitécnica, en el que presentó, al año siguiente, una singular exposición titulada «Solo dibujo», que reunía una selección de dibujos realizados en diferentes épocas. La muestra reflejaba el vínculo de Carmen con el dibujo, considerado por ella una tradición familiar heredada de su padre. En esta ocasión, la artista mostró trabajos raramente exhibidos, destacando apuntes y dibujos que en muchas ocasiones sirvieron de base para sus series pictóricas o que en otros momentos le servían para abstraerse de la pintura. La muestra abarcaba desde íntimos cuadernos de bocetos hasta grandes paneles, como *Personas que me gustan* (de 129 x 150 cm) y *Panel Jazz* (135 x 140 cm) en el que retrató a figuras icónicas del género. «Todo empezó al encontrar unas antiguas [fotos] familiares», nos cuenta la artista. «Empecé a dibujar a mis padres, a mis abuelos... como un desafío personal, para probar si conservaba la técnica que aprendí de mi padre. Luego, me puse con retratos de personas que admiro, con músicos de jazz que escucho mientras trabajo...» [fig. 31].

Su última exposición individual hasta la fecha, «No sólo mujeres», se celebró en otro espacio al margen del circuito artístico convencional, en el centro cultural La Rambleta entre enero y marzo de 2020, una fecha cada vez más lejana en el tiempo. Centrada en el políptico *Mujeres*, compuesto por 169 piezas, exploró la representación femenina en la sociedad. Además de esta obra principal, incluyó también piezas de la serie «Personaje» y de «Abanicos», ampliando así la reflexión sobre la temática femenina. La iniciativa contó con el apoyo de su yerno Juanma Artigot, coordinador de programación de música, teatro y arte del centro, y de Reyes Martínez, de la Galería Set, quien se encargó de la instala-

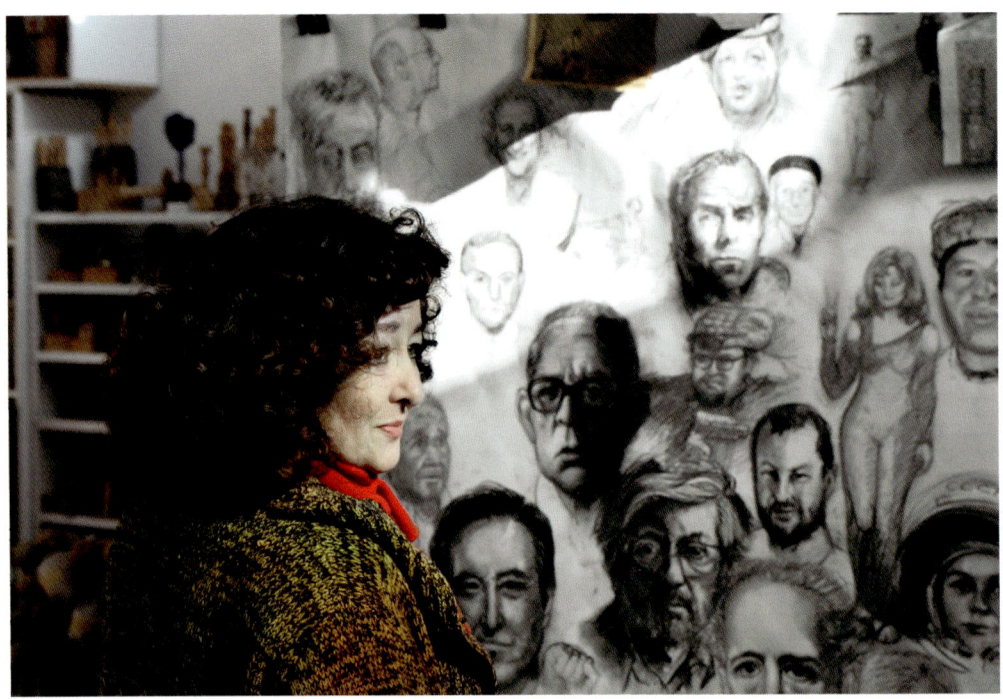

31. Retrato de Carmen Grau delante del panel *Personas que me gustan I*.
L'Eliana, 23 de diciembre de 2013.

ción. Esta exposición subraya el apoyo que Carmen encontró en círculos culturales, en los que sus exploraciones sobre la figura de la mujer y su simbolismo social encontraron resonancia en un ámbito ajeno del mercado artístico.

En estas dos últimas décadas, han sido las exposiciones colectivas las que más regularmente han mantenido la conexión de Carmen Grau con el público. Estas han abarcado una amplia gama de temáticas y propósitos, desde iniciativas culturales, como las que ella misma comisarió en Ca Revolta, hasta muestras de un cariz conmemorativo como «Imágenes para el XXV Aniversario de la Constitución» (2004) y «25 anys: Becats Alfons Roig» (2006) o reivindicativo, entre las que destacaron «Femenino plural» (2011) y «Mujeres, arte y universidad» (2013), ambas en las Reales Atarazanas de Valencia. Pero la mayoría respondían a causas humanitarias o de cooperación internacional a las que la artista decidió seguir apoyando mediante la donación de obra, por

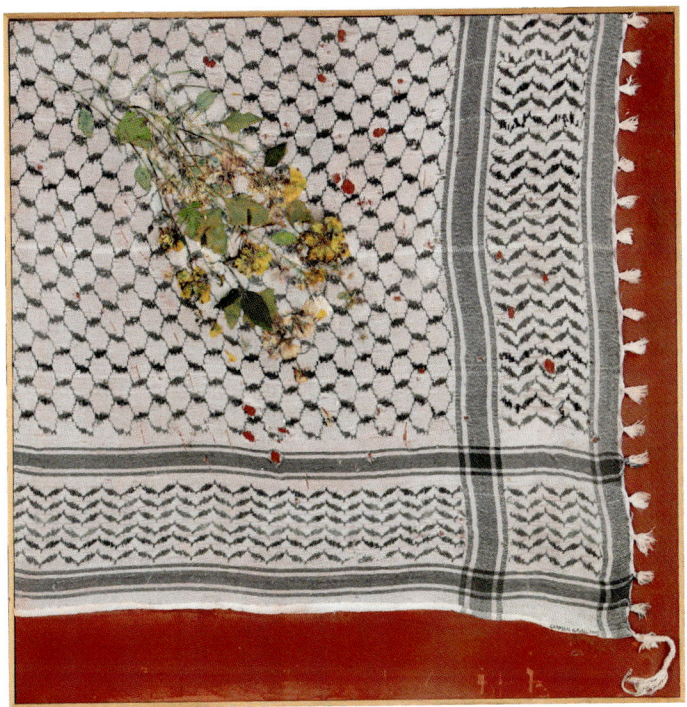

32. *Flores para Palestina*, 2003. *Collage* y acrílico sobre tabla, 60,5 x 60,5 cm.

ejemplo «Creadores solidàries amb Rudraksha» (2006) y «Artistes amb el Sàhara» (2008), ambas en el Centre Cultural La Nau de la Universitat de València; o «Unicef por la supervivencia infantil» (2008 y 2010) en el Palau de la Música; la «Subasta internacional de obras de arte» (2010), para recaudar fondos tras el terremoto de Chile; y la exposición organizada por la ONG Abay «Artistes per Etiòpia» (2013). Aunque tampoco faltaron las muestras de mayor ambición artística, como «Mesogeios Thalassa - Mar entre tierras» (2018), concebida por Maite Beguiristain para La Rambleta, que reunió a una amplia representación de artistas y disciplinas en torno al tema del mar Mediterráneo. Así como «Capital», la culminación de un proyecto que congregó a investigadores-artistas de las facultades de Bellas Artes de Lisboa, Porto, Beira Interior, Valencia y Murcia, con el objetivo de reflexionar sobre el tema del capital y su impacto en la creación artística contemporánea, que se presentó en la Faculdade de Ciências e Tecnologia da Universidade Nova de Lisboa entre noviembre y diciembre de 2021.

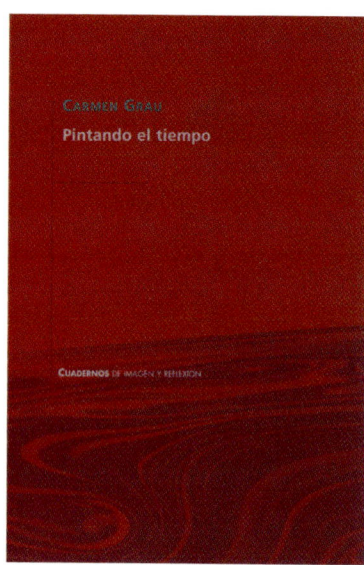
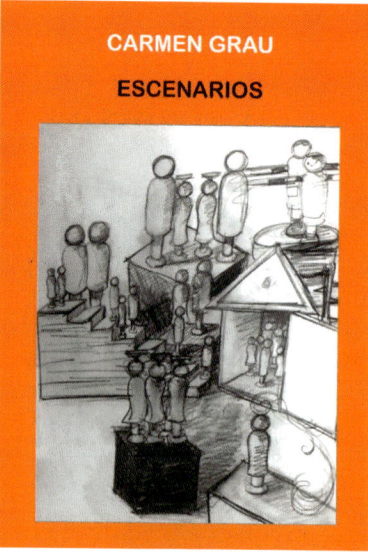
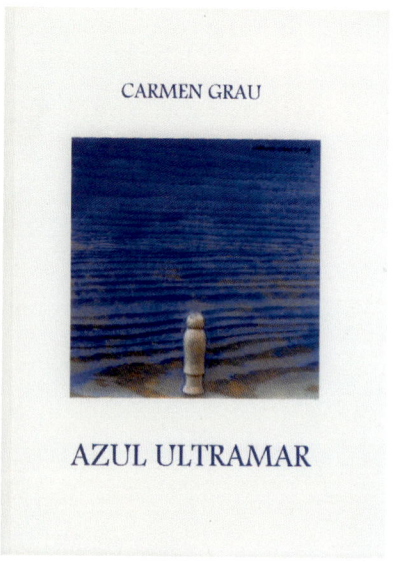

33. Portada del libro *Pintando el tiempo*. Valencia: Universitat Politècnica de València, 2007.
34. Portada del libro *Escenarios*. Valencia: Grama, 2011.
35. Portada del libro *Azul ultramar*. Valencia: Grama, 2013.

En estos últimos años, además del dibujo, Carmen decidió sacar a la luz otra afición que había cultivado durante décadas: la escritura. Su atracción por la literatura se remonta a la juventud, cuando desarrolló una profunda pasión por la lectura, especialmente de poesía. Y esa inclinación poética, que fue una fuente de inspiración clave en su obra pictórica desde los años ochenta, la impulsó ahora a escribir sus propios poemas. Ya en 1990, Vicente Aguilera Cerni, conocedor de esa faceta, la destacaba en el catálogo de la primera exposición de la artista en Arte Xerea: «Esta criatura interesante, hija de una época interesante, además de pintar interesantemente –de un modo maldito, siempre inesperado y antiescolástico–, por añadidura sabe escribir. Además de su insufrible laboriosidad y su odiosa perseverancia, es cómplice de las premoniciones a las que dan forma los poetas y algunos otros literatos».[9]

Esta capacidad para combinar los lenguajes de la pintura y la escritura, percibida tempranamente por Aguilera Cerni, reflejaba una disposición que trascendía la mera técnica. La escritura siempre formó una parte importante en la construcción de su pintura: «Igual que hago apuntes dibujados, también he escrito siempre las ideas sobre las que quería trabajar; lo aprendí de mi padre». Su primer texto publicado apareció bajo pseudónimo en una pequeña monografía colectiva del año 1992 sobre su obra, bajo el pseudónimo de Beatriz Cenci.[10] Elige el nombre de la joven noble romana del siglo XVI ejecutada a los veintidós años por participar en el asesinato de su padre, quien la había sometido a años de abuso físico y sexual, y cuya trágica historia se convirtió en símbolo de resistencia contra la opresión patriarcal. El texto de Carmen consistía, en realidad, en una composición de prosa poética a varias voces. Cuatro años después, publicó un segundo escrito más extenso y, esta vez sí, centrado en la descripción de su obra, concretamente de la serie «Abanicos».[11]

La actividad académica seguro que incentivó la predisposición de Carmen Grau a la escritura. Precisamente en el seno de la universidad fue donde dio a conocer su trabajo más extenso: una adaptación de su tesis doctoral, bajo el título *Pintando el tiempo* (2007).[12] El profesor David Pérez Rodrigo le propuso realizar una reflexión acerca de su trabajo artístico para la colección «Cuadernos de imagen y reflexión» que él mismo dirigió entre 2006 y 2017, editada con el respaldo del Departamento de Pintura [fig. 32]. La colección compilaba ensayos de pequeño formato en los que profesores del Departamento explicaban su creación artística. Carmen decidió adaptar partes de su tesis inédita: «Pensé en usar algunas partes en las que explicaba determinadas obras. Y para ilustrar el texto recurrí a los apuntes que usé para construirlas». Así, *Pintando el tiempo* consiste en una compilación de «relatos, no descripciones» de diferentes obras o series de la artista, desde el *Bandera* hasta *La máscara herida*. Como la tesis de la que partía, en las páginas centrales de este ensayo Carmen reflexiona sobre su propia pintura, confrontando sus ideas con las de otros artistas a los que siente próximos (Millares, Tàpies, Joan Ponç, Motherwell, Mompó, Ensor, Camille Claudel, Frida Kahlo, Van Gogh, Chagall, Miró...); añadiendo ahora otras en las que hilvana líricamente experiencias, recuerdos, apuntes de lectura... en un diálogo zigzagueante con otros escritores (Wilde, Eliot, Zambrano, Borges, Saramago, Baudelaire, Sábato, Wittgenstein, Bioy Casares, Lobo Antunes, Virginia Woolf, Rimbaud, Simone de Beauvoir...). *Pintando el tiempo* es, además de una evidencia de la imbricación que hay entre la producción pictórica y la literaria de Carmen Grau, una muestra más de su voluntad de contar su propio arte. En cada línea, la artista se narra a sí misma, no como objeto de análisis externo, sino como voz legítima de su propia obra. Sin lugar a duda, es una fuente clave para el estudio de su obra entre los años setenta y los ochenta.

En 2011, entregó a la imprenta *Escenarios*, un segundo libro que vio la luz gracias al ánimo y al esfuerzo de su hija Carolina, quien recopiló poemas de distintas épocas y redactó un prólogo [fig. 34].[13] Esta antología poética suponía un cambio de registro respecto al más académico *Pintando el tiempo*, revelando una faceta más íntima y lírica de su creatividad. Como ella misma expresó en una entrevista: «Soy muy lectora de poesía, porque encuentro en la poesía imágenes de mucha fuerza. Encuentro asociaciones que me atraen y me sugieren otras que me inspiran». Los versos, anárquicos como la fuerza creadora de Carmen, no se ajustan a reglas de métrica ni de rima, y están acompañados de dibujos y bocetos de distintas épocas. Fue una autopublicación sufragada por la familia.

Dos años después, en 2013, igualmente publicó *Azul ultramar*, un libro que, a diferencia del anterior, compila breves textos en prosa que, según la autora, «no pretendían contar historias, eran más bien ideas, pensamientos y reflexiones» [fig. 35]. En esta ocasión, para las ilustraciones, optó por reproducir un buen número de las piezas que componían el políptico *Mujeres*. Esta faceta de escritora, al igual que su pintura, refleja el indomable espíritu creador de Grau y su necesidad de «estar comenzando constantemente», al margen de ataduras y doctrinas establecidas. En su obra, tanto escrita como pintada, Carmen Grau se manifiesta libre de imposiciones, fiel solo a su impulso creativo.

Esta idiosincrasia particular de Carmen Grau supo verla con una incisiva perspicacia Aguilera Cerni cuando, tras describirla como «un artista interesante, infiltrado en el cónclave conformista», se preguntaba retóricamente: «¿Y qué hace un artista interesante, aparte de intranquilizar e incordiar?», ofreciendo en su respuesta una visión penetrante de la posición de nuestra artista en el panorama artístico del momento:

> Concita el silencio o el odio sobre su persona, porque está sin estar en el reducto de las mediocridades a la vez sumisas y novedosas, respaldadas por los funcionarios de la crítica y los críticos funcionarios. Acepta –a la fuerza ahorcan– las reglas del juego, a la vez que rechaza la esencia de la partida. Tampoco se suma a ninguna cofradía doctrinaria. Vive su propia aventura. Va por libre. Dulcifica con el humor la amargura de sus desprecios. Se define por la indefinición, recorriendo caminos siempre distintos.

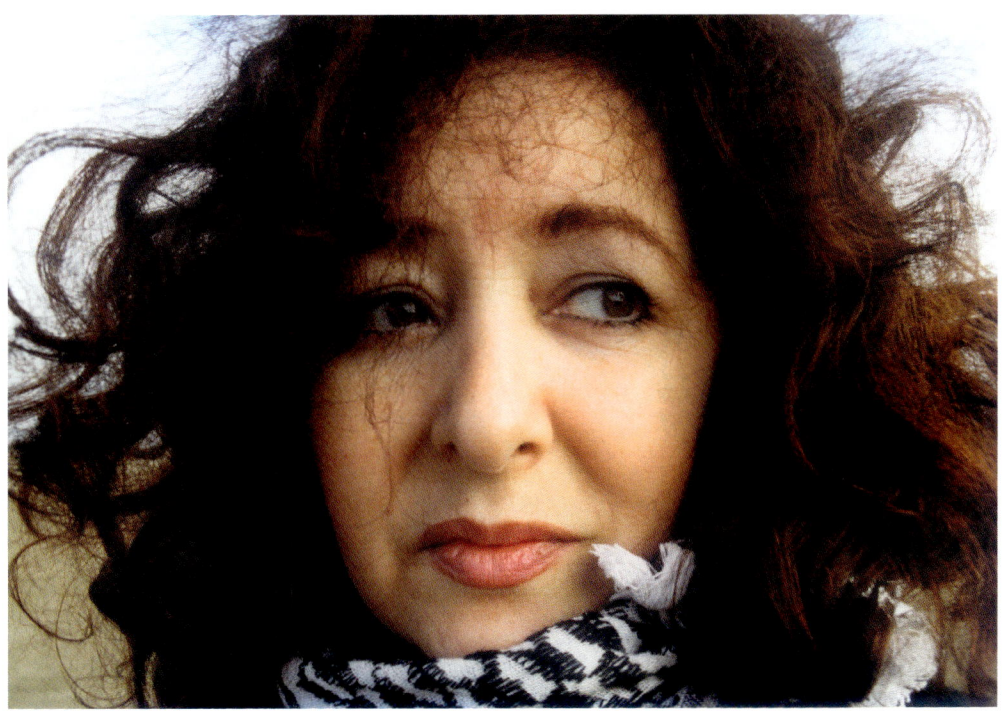

36. Retrato de Carmen Grau.

Renuncia a explorar los logros por el placer de estar comenzando constantemente. Cuando vislumbra algo explorable, cierra la ventana propicia y abre otra desconocida, enigmática, peligrosa.

Y aún prosigue Aguilera su descripción señalando las reacciones que despierta ser un artista libre e independiente como Carmen Grau —«desconfianza, rencor, rechazo, aborrecimiento»—, para acabar con una imagen impactante, por dramática, con la que destaca la naturaleza desafiante de su arte: «Así, antaño, hubiéramos contribuido, ocultos en el anonimato de la turba enfurecida, a incinerarla en la hoguera destinada a brujas y herejes, por muy angelical que fuera su aspecto».[14]

A lo largo de esta primera parte, hemos desandado las huellas dejadas por la vida y trabajos de una artista que, a pesar de los desafíos que conlleva vivir del arte, continúa acudiendo diariamente al estudio. La razón última que ha impulsado a Carmen Grau a perseverar en la práctica artística es su inquebrantable voluntad creadora. Una vocación profunda que le ha permitido afrontar las dificultades de conciliar su vida familiar con la dedicación a la pintura y la enseñanza, así como las innumerables vicisitudes que implica abrirse paso en el mundo del arte.

Al echar la vista atrás y hacer un balance de su trayectoria, Carmen se siente satisfecha, en líneas generales, con su carrera artística. Considera que ha hecho casi todo lo que pudo en el ámbito artístico valenciano, y lo único que lamenta es no haberse movido más en Madrid y Barcelona. Se siente orgullosa de haber mantenido un espíritu libre e independiente, al margen de modas, corrientes dominantes o círculos artísticos.

En lo que respecta a la valoración de su obra, como a cualquier creador, le resulta difícil decantarse por un solo trabajo. Es más, nos dice que no tiene una obra o serie preferida. Aunque si tiene que nombrar alguna obra concreta, está especialmente satisfecha con las inspiradas en el poema de Eliot *The Waste Land*, y con *Autorretrato barroco* y *Tarot imaginario*. Y cuando le preguntamos, de manera más general, sobre la fortuna artística del conjunto de su obra, nos confiesa que cree en ella y confía en que perdure, pues no ha perdido la ilusión de ser finalmente valorada. «Me encantaría que sucediese. No por mí, porque yo soy poco ambiciosa, sino por mi obra. Aunque…, tal como están las cosas, empiezo a pensar que las tres últimas series que tengo en el estudio no se mostrarán nunca».

Lo que se desprende de esta última afirmación es la dura realidad de que la dificultad no reside solo en alcanzar el reconocimiento, sino en lograr conservarlo. Aunque en su momento tuvo una presencia significativa en el ámbito artístico, el paso del tiempo ha demostrado que la visibilidad es efímera, y aún más en una época en la que la publicidad y la autopromoción son esenciales para permanecer en el foco del público. Alcanzar cierto nivel de notoriedad es solo el primer paso; lo realmente complejo es sostener esa presencia en un sistema que demanda constantemente novedades. Como refiere Angela Vetesse, «el mecanismo de los medios de información necesita, para funcionar, masticar continuamente nuevas noticias», relegando rápidamente a un segundo plano lo que ayer se celebró como memorable.[15]

No queremos concluir con un presagio tan pesimista, pues tanto la artista como nosotros compartimos la esperanza de que esta monografía contribuya a revisar su obra y a propiciar la valoración que creemos merece. La historia del arte está llena de reconocimientos tardíos, de artistas cuya labor, callada pero constante, finalmente logra encontrar su lugar en el tiempo. Tal vez, al igual que otras creadoras que recibieron el reconocimiento que merecían en etapas avanzadas de su vida, el trabajo de Carmen pueda despertar esa misma admiración.[16] Al fin y al cabo, no se trata de un olvido definitivo, sino de un sueño que aún aguarda paciente, como las series que descansan en su estudio, esperando su momento. Este ha sido el objetivo tácito de la colaboración mutua que hemos mantenido a lo largo de estos años.

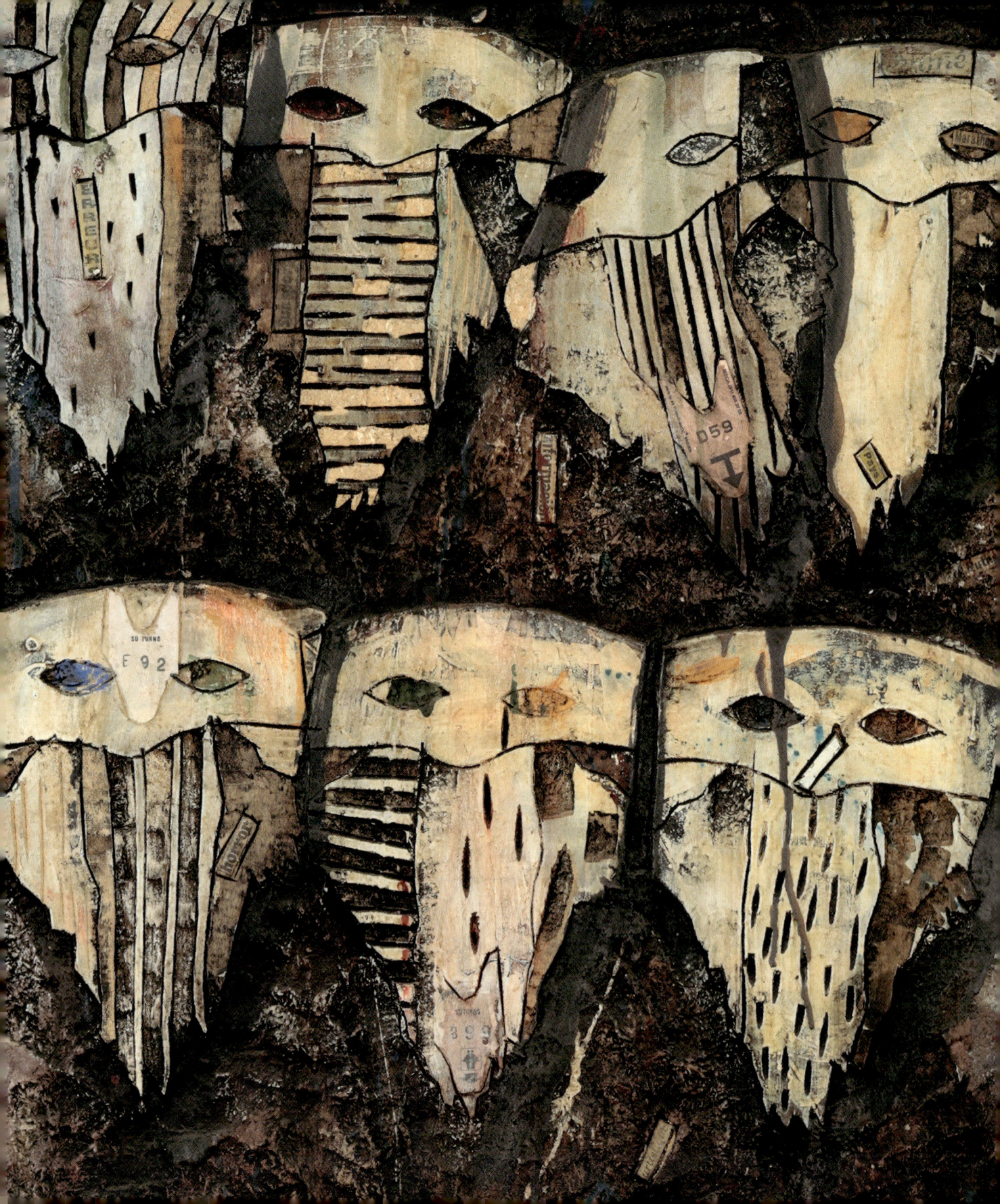

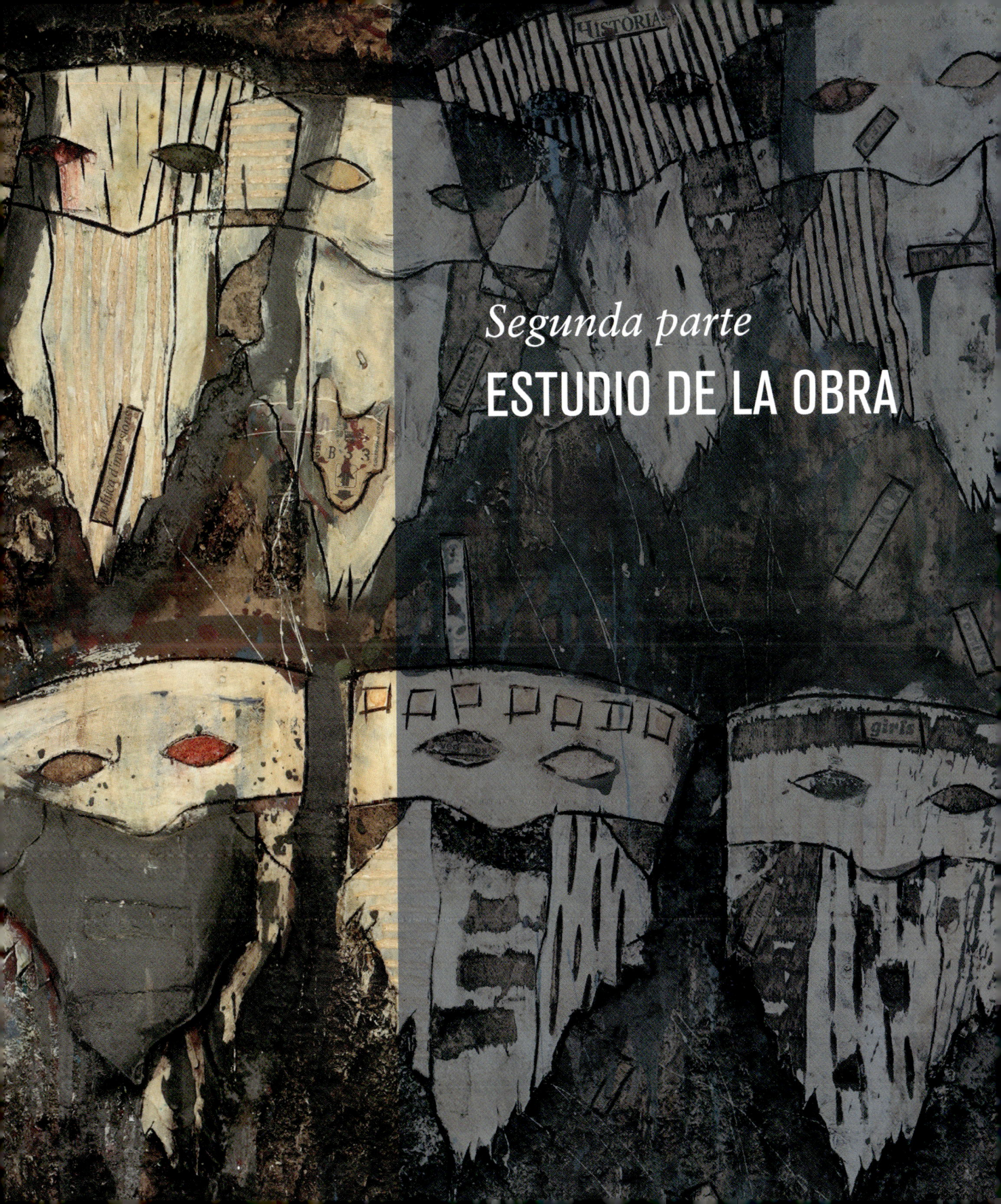

Segunda parte

ESTUDIO DE LA OBRA

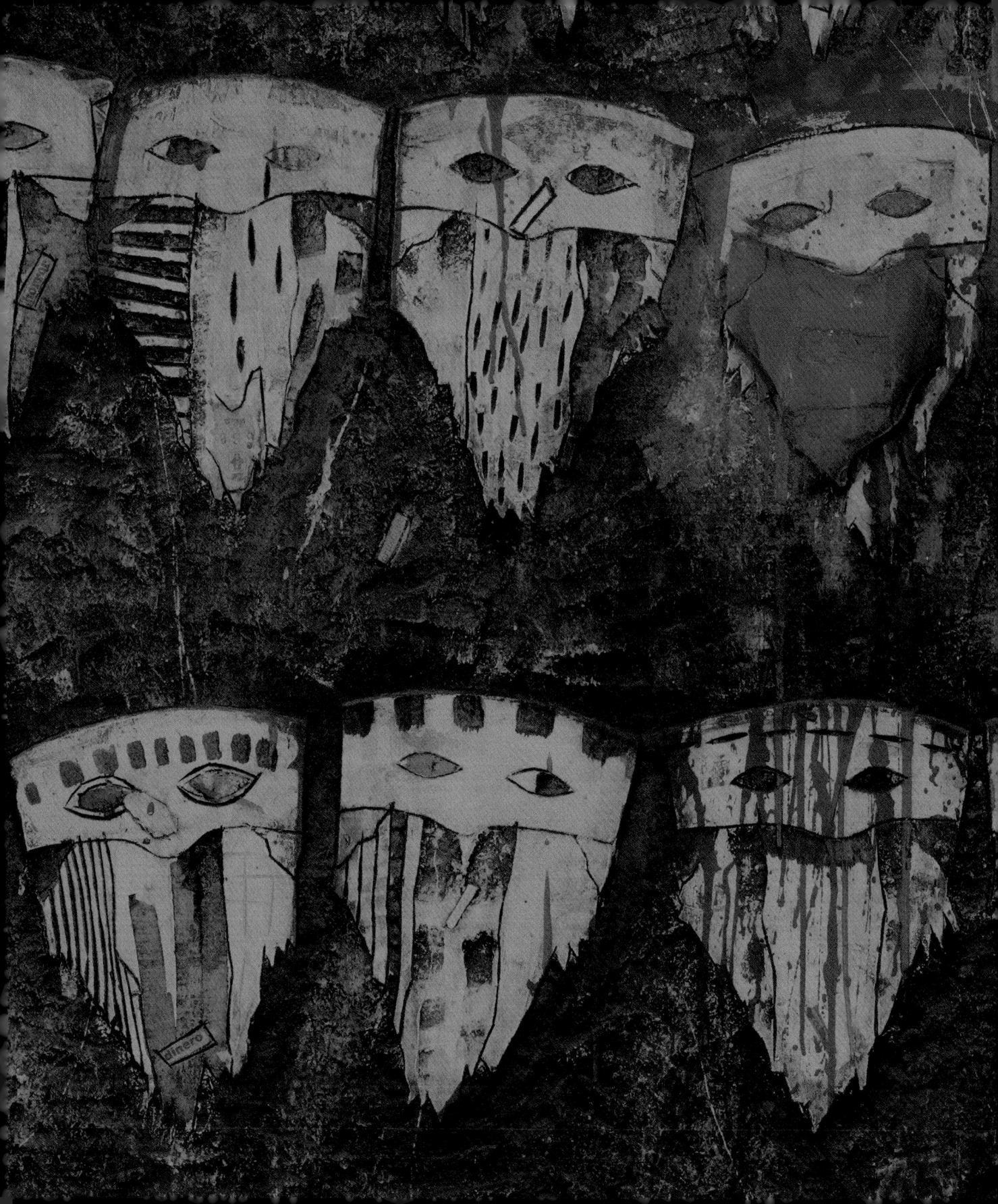

2.1. LAS PRIMERAS BÚSQUEDAS

La exploración de distintos géneros y estilos hasta encontrar un estilo propio es un procedimiento común al inicio de la trayectoria de numerosos artistas. Así sucede también en el caso de Carmen Grau, que, antes de su encuentro con el informalismo, orientó su obra principalmente a la pintura de paisajes. La elección de este motivo como género de iniciación en el arte se encuentra lejos de ser un caso arbitrario o aislado. De hecho, en el ámbito valenciano sin ir más lejos, se puede incardinar con una tendencia que comenzó a producirse en los primeros trabajos de los artistas que comenzaron a despuntar en los años cincuenta. En un periodo en el que imperaba el conservadurismo y en el que muchos artistas seguían apostando por géneros carentes de conflictividad política –como el paisaje o el bodegón–, estos artistas, lejos de ser paisajistas al uso, se caracterizaron por tomar el paisaje como un campo de investigación artística que les permitió confluir en la no figuración desde una posición segura por diversas razones. En primer lugar, el paisaje, al ser un género tratado con cierta condescendencia por la crítica, era el más propicio para aventurarse en la innovación sin correr el riesgo de ser duramente juzgado. En segundo, al ser una materia fundamental en los planes de enseñanzas de las academias, era «una vía lógica de iniciación a la pintura» a partir de la cual experimentar técnicamente alejándose paulatinamente de los tópicos académicos.[1]

Para comprender por qué el caso de Carmen Grau puede entenderse como un ejemplo de la «continuación histórica» de este fenómeno, resulta conveniente aludir a la influencia de la figura de Francisco Lozano (1912-2000), cuya pintura, al abordar el paisaje desde una posición alejada del tan arraigado postsorollismo, está claramente vinculada a la renovación del paisajismo en la segunda mitad del siglo XX.[2] En 1955 fue nombrado catedrático de Preparación de Colorido en la Escuela Superior de Bellas Artes de San Carlos,[3] por lo que su impronta y su hacer –al igual que la de otros profesores como Genaro Lahuerta–, debieron

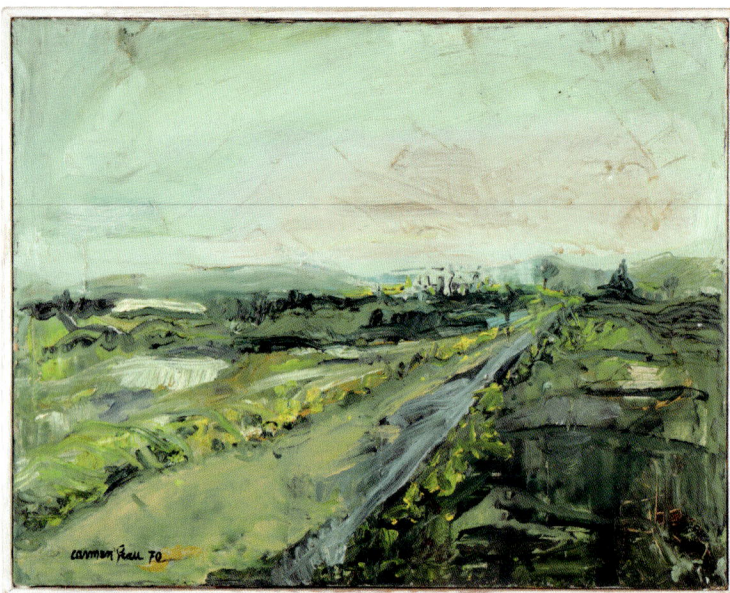

37. *Camino a Carpesa*, 1970. Óleo sobre lienzo, 50 x 65 cm.

influenciar, en mayor o menor medida, a sucesivas generaciones de alumnos; y, en cierto modo, así fue en el caso de Carmen Grau. Precisamente, uno de sus primeros paisajes, titulado *Tierras de Tabernes Blanques*, galardonado en 1972 con el premio de la galería Estil, fue muy del gusto de su antiguo profesor, quien había formado parte del jurado. «Recuerdo que Francisco Lozano me trató como si yo fuera a seguir sus pasos; y pensé: "Uf, por ahí ya no paso; no voy a estar pintando paisajes toda mi vida".»

La complacencia del pintor por aquella obra puede explicarse porque, probablemente, viese en ella reflejadas algunas características comunes a su estilo pictórico. En primer lugar, una pincelada suelta, rápida, pastosa… Además, la pintura de Lozano –desde finales de los cincuenta– comenzó a centrarse concienzudamente en el colorido y en la densidad material de los motivos representados,[4] algo que también se puede observar en los paisajes de la artista. La combinación de pintura acrílica y óleo, el empleo de mucho pigmento o el uso de colores muy puros matizados directamente sobre el lienzo, son otras características que definirían sus paisajes. A pesar de encontrar similitudes con el paisaje de Lozano, hay también evidentes diferencias. Cambia el encuadre, pues los de Carmen se abren a la lejanía del horizonte; también el colorido, que no tiende tanto al fauvismo; y respecto a la luz, mientras él se aparta de los efectos lumínicos «de la hora solar»,[5] los paisajes de ella permiten intuir cierta preocupación por estos aspectos: «Captar las atmósferas diferentes y la luz era mi objetivo primordial porque de ello depende el color».[6] Un ejemplo lo encontramos en el paisaje de un horizonte brumoso y nublo titulado *Camino de Carpesa* [fig. 37]. El comentario de Pascual Patuel sobre el I Salón de Primavera (1974), en el que Carmen Grau participó con el paisaje *Lejanía*, constata estas afirmaciones:

> En pintura, la tónica dominante fue el paisaje –tanto natural como urbano–, representado por la tercera parte de todas las obras pictóricas. El hecho hay que relacionarlo con el notorio protagonismo de este género artístico en los estudios de Bellas Artes del momento y la influencia de pintores valencianos ya consagrados, como Genaro Lahuerta y Francisco Lozano. Las formulaciones a este respecto son amplias, aunque se observa una huida bastante generalizada del paisaje típico sorollista, donde la única preocupación es el tratamiento de la luz según el momento y situación del día, postura que, no obstante, encontramos en algunos autores como Juan Díaz o Mari Carmen Grau.[7]

La pintora recuerda que trabajaba el paisaje de una forma muy instintiva, basada en las sensaciones que le despertaba. «Lo veía y enseguida sentía cómo tenía que plasmarlo.» Era, precisamente, aquella inmediatez a la hora de tener que comprender el color y las distancias lo que le motivaba a pintar horizontes lejanos e ir aproximándose. «Me llamaba la atención porque, por la dificultad, me lo tomaba como un reto.» Pascual Patuel dirá al respecto: «Nuestra artista se percata de todos los elementos constitutivos de la naturaleza y los convierte en detalles cercanos a nuestros sentidos».[8] En cuanto a sus preferencias, los paisajes que solía pintar eran vistas de los alrededores de Valencia: Tavernes Blanques, L'Eliana, El Puig, Alboraia…, y siempre con mucha vegetación y ninguna presencia humana. «Siempre he tendido a pintar paisajes muy verdes, frondosos, y libres, sin casas, sin nada artificial que no les corresponda.»[9]

El paisaje no sería el único de los géneros cultivados en sus inicios, pues también realizó composiciones figurativas de niños, muñecas y otros juguetes infantiles, que, junto con los paisajes, constituyeron el grueso de la primera individual en Estil (1973). El crítico Carlos Sentí Esteve percibió esta diversidad de temáticas como algo propio de los pintores jóvenes: «Este matiz es característico y obedece a una inquietud de búsquedas de caminos y formas de hacer».[10]

El interés de la pintora por la figura resulta fácilmente comprensible si se recuerda el bagaje dibujístico que adquirió de su padre y que desarrolló en Bellas Artes en asignaturas como Dibujo del Natural en Movimiento. En cuanto al porqué de la temática infantil, hay que tener en cuenta la pronta maternidad de la artista y comprender que el mundo que rodeaba la crianza de su hijo Julio fuera un elemento de inspiración. Por aquel entonces ella misma explicaba: «Me encanta hacer composiciones con todo lo que encuentro por cualquier rincón. Creo que el remedo humano es lo que me ha movido a pintar los muñecos, prefiriéndolos a otro tipo de objetos humildes».[11] Esta declaración resulta interesante porque demuestra un temprano interés por el *objet trouvé*, algo que se acentuará en décadas posteriores cuando construirá muchas de sus series a partir del encuentro casual con un determinado objeto. Respecto al carácter exploratorio de aquellas obras, la misma artista reconoce hoy: «Los retratos de mi hijo y los muñecos eran principalmente pruebas, porque, cuando no sabes aún cómo encaminarte, haces lo que se te ocurre. No estaba muy contenta con aquello, y pronto lo dejé». No obstante, encontraron comprador en las primeras exposiciones, por lo que no conserva ninguna. A juzgar por las reproducciones, son de un lirismo expresionista, con algún toque surreal, en los que puede apreciarse una pincelada y un uso del color similares a los de los paisajes. Sugerentes, pero poco más que tentativas posacadémicas. Así lo debió apreciar el crítico Carlos Sentí Esteve en la mencionada entrevista cuando le pregunta: «¿Se aproxima a la vanguardia en algún momento de su quehacer?». A lo que ella responde: «Ahí quiero llegar tranquilamente. No deseo forzar la marcha ni poner ningún *doping* en la vocación. Según me vaya cansando de hacer cosas, me meteré en investigaciones».[12]

Pese a hablar de no tener prisa, al año siguiente en Sala Cite (1974) mostró algunos paisajes que se adentraban en la abstracción. Carmen recuerda que los realizó a modo de prueba y de forma intuitiva, con el propósito de encontrar nuevos estímulos en los montes gallegos para no repetirse. La crítica se hizo eco de este giro pictórico. Salvador Barber preguntó a la pintora por este nuevo rumbo:

— Veo también unas cuantas abstracciones...

— La abstracción total a mí personalmente me satisface menos, la hago en una labor continuada de investigación; y entendidos que lo han visto le dan un gran valor. Para mí, tienen el valor de la técnica.[13]

Pero aquellas evocaciones paisajísticas que apuntaban hacia la poética del informalismo no le dejaron satisfecha: sentía que debía seguir buscando su camino; y a eso dedicó el otoño de 1974, hasta que una tarde, tras una jornada preparando xilografías con Mariano en el piso/estudio de la calle Millares en el que se habían instalado al regresar de Lugo, vivió una suerte de epifanía:

Un día estaba barriendo los trozos de madera rotos que habían sobrado de las xilografías, recogí los más grandes y me di cuenta de que esas maderas, que habían sido talladas y tenían color por las ranuras, me decían algo... Vi en el suelo lo que esos deshechos podían llegar a ser. Junté varias piezas, las fui situando sobre una chapa... y dije: "¡Ya está, esto es lo que quiero hacer!"

Los siguientes meses fueron de una intensa actividad exploratoria del nuevo material que caracterizaría toda su obra posterior, de la que envió un avance ya en marzo de 1975 al II Salón de Primavera. Pascual Patuel califica retrospectivamente aquella *Pintura* de típicamente informalista:

En una tónica de mayor modernidad y dentro del contexto perteneciente a las últimas tendencias [...]. En primer lugar cabe referirse al informalismo, bien representado por Carmen Grau cuya *Pintura* es modélica en cuanto a la aplicación de los procedimientos característicos del movimiento. Es una obra rica en matices texturales, bien agredidos por *grattage*, pero en el fondo subyace un planteamiento geometrizante al dividir la superficie en un conjunto de placas tectónicas de límites precisos que buscan un equilibrio composicional entre sí.[14]

Finalmente, en junio de ese año presentó el resultado de su decisivo encuentro con la madera de aglomerado en la individual del Colegio de Arquitectos de Valencia. Los paisajes del natural quedaron atrás para dejar pleno protagonismo a unos ensamblajes en madera tallada y policromada plenamente abstractos. Aunque algunas tablas coetáneas de pequeño formato evocan aún, sin buscarlo conscientemente, el recuerdo de los paisajes pintados el año anterior en Lugo, más que nada por su estructura compositiva [figs. 38 y 39]. Pascual Patuel apunta con acierto que «las primeras obras no figurativas todavía mantienen un contenido espacial íntimamente ligado al sistema compositivo que había utilizado en los paisajes figurativos: la horizontalidad, la vertebración del espacio en dos grandes zonas mediante la línea horizontal».[15]

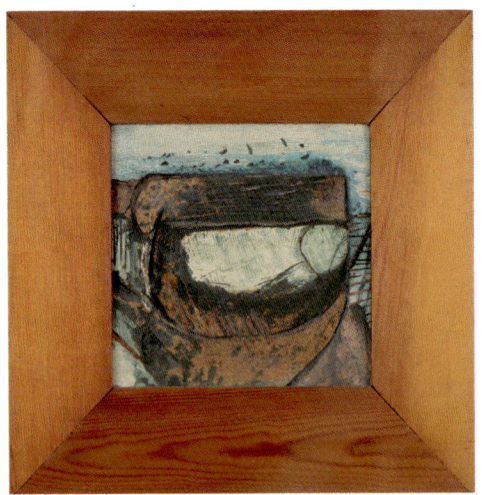 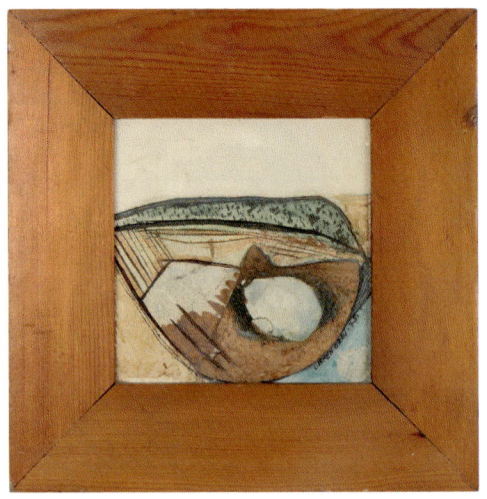

38. *Paisaje*, 1975. Talla, ensamblaje y barnices sobre tabla, 18 x 18 cm.

39. *Paisaje*, 1975. Talla, ensamblaje y barnices sobre tabla, 18 x 18 cm.

El descubrimiento del conglomerado transformará radicalmente su pintura, al convertir todo el soporte en material pictórico, para trabajarlo como si de simples pigmentos se tratara. Unos años después explicará la trascendencia de aquella revelación con estas elocuentes palabras:

Finalmente, tropezar con el conglomerado y utilizarlo como soporte básico para mi experimentación, fue empezar a utilizar el soporte como un elemento vivo, como un soporte activo y sugerente por sí mismo. [...] Sintiendo casi inconscientemente el mundo de texturas que contiene el interior de la tabla de conglomerado, llega un momento ineludible en que la acción de situar el color sobre él no es suficiente, se presiente ese interior lleno, repleto de sorpresas y posibilidades que se brindan, tal vez erizado de accidentes. Y en la imaginación se acumulan imágenes aún supuestas, imprecisas, y casuales texturas y colores, que empujan hacia otros lindes. Y no queda más remedio que romper con las normas, leyes y dogmas de la expresión pictórica.[16]

Así nació, como un impulso inevitable, «el deseo de alterar, romper la monotonía inerte y plana de la superficie, destruirla, rayarla, adentrarse en ella y conseguir doblegarla, quebrar su tirantez».[17] Al principio, usaba buriles para grabar en linóleo y lijas para madera, pero el trabajo se hacía costosísimo y conllevaba muchas dificultades. Por lo que, más tarde, recurrió a gubias de

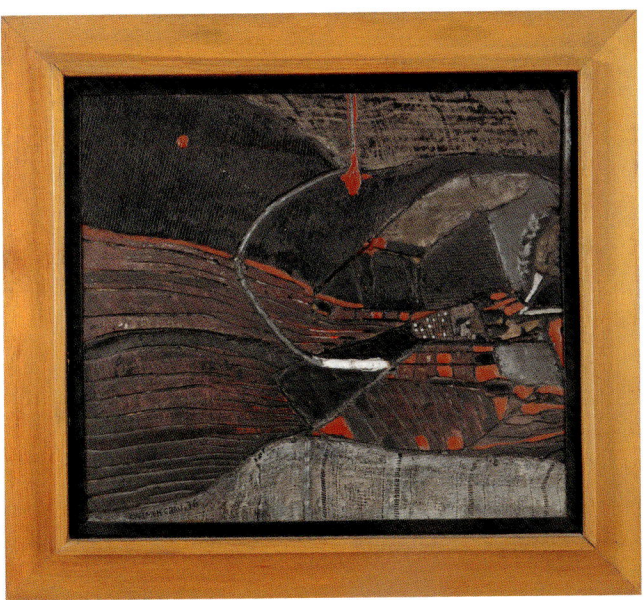

40. *Composición*, 1976.
Talla, barnices y grafito
sobre tabla, 27 x 30,5 cm.

grabador y formones y mazas de escultor, que le permitieron ejecutar procesos técnicos más complejos. Y pronto añadió nuevas herramientas usadas por Mariano en sus obras, como cepillos, sierras, caladoras, lijadoras o taladros, que le facilitaban considerablemente el trabajo en los formatos cada vez mayores de sus cuadros. La talla del conglomerado exige mucho más esfuerzo que la pintura, pero le seduce su calidez y las continuas sorpresas que le regala. Disfruta en la espera de ver cómo adsorbe los tintes y colores que ella misma prepara, las tonalidades finales que resultan sobre las distintas texturas de la madera. Ya nunca sentirá nostalgia por la pintura sobre lienzo [fig. 40].

Si ya la poética del informalismo –y no digamos la del expresionismo abstracto, con su gestualidad dinámica, sus brochazos violentos, sus acabados ásperos...– se ha interpretado como la expresión plástica de ímpetu y genialidad masculina, imaginar a la artista –menuda y de frágil complexión– en el acto enérgico, casi brutal, de tallar la madera, asiendo con firmeza el formón para golpearlo con la maza, contraviene radicalmente los estereotipos tradicionales asociados al arte femenino. Pero cuando le hemos mencionado a Carmen la supuesta paradoja, nos ha contestado que no cree que el arte tenga género. Eso mismo respondió la artista brasileña Lygia Clark (que también prefería pintar

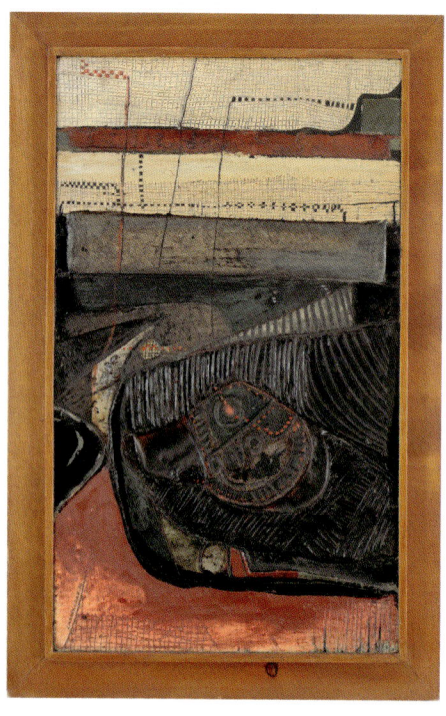

41. *Sin título*, 1976. Plancha xilográfica intervenida con barnices, 46 x 30 cm.

sobre conglomerado con técnicas industriales) cuando le preguntaron si el arte hecho por mujeres era distinto.[18]

Aquellas primeras obras matéricas de 1975, en las que la artista aprendió a tallar la tabla, presentaban soluciones técnicas, de relieve, textura y colorido que el crítico Carlos Sentí encuadró «dentro de un aformalismo en el que resulta muy difícil conservar una personalidad definida y no mezclarse con los seguidores de los modos y las modas al uso».[19] Y tenía razón porque, para sorpresa posterior de la artista, guardaban claras similitudes con las del pintor Lucio Muñoz.

> Una amiga nos trajo revistas de arquitectura que iban a tirar, y en una de ellas vimos una obra de Lucio Muñoz. La vi y le dije a Mariano «¡Se parece a lo que estoy haciendo!» Y él me dijo: «No, perdona, lo que tú estás haciendo se parece a eso». Luego me animó a que siguiera, pues mi técnica era distinta. Pero para mí fue un disgusto, porque yo no quería que mi obra se pareciese a la de otro.

Y Lucio Muñoz (1929-1998) no era *otro* cualquiera, pues ya se había labrado un nombre dentro de los informalistas españoles, alcanzando un notable

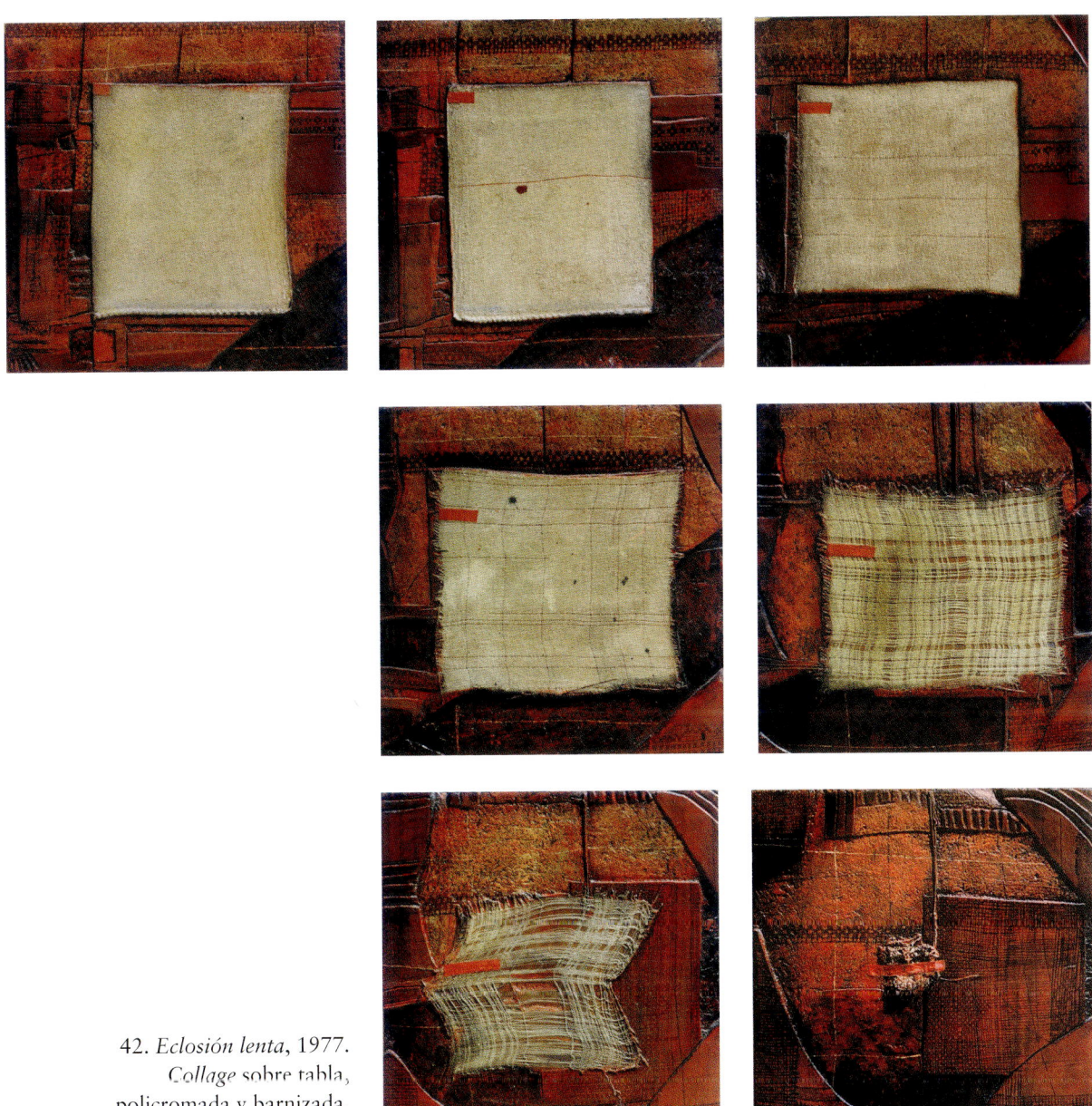

42. *Eclosión lenta*, 1977.
Collage sobre tabla,
policromada y barnizada,
43 x 42 cm c.u.

reconocimiento crítico. Desde finales de los años cincuenta venía empleando la madera como soporte, un soporte que había cobrado un paulatino protagonismo hasta convertirse en materia pictórica en sí mismo.[20] Y, especialmente las obras sobre tablero contrachapado de los años sesenta, con sus cortes, desgarros, incisiones, quemaduras... y sus tonalidades oscuras, tenían un evidente parecido con los primeros hallazgos informalistas de la valenciana. Cuando Carmen constató esa incómoda coincidencia técnica, decidió distanciarse gradualmente del estilo del artista madrileño, buscando composiciones menos abigarradas y dramáticas, y pegando a la superficie elementos reconocibles, a modo de *collage*. «Empecé con tela de sábana y después vinieron otros materiales. Poco a poco, mi obra ya no tuvo nada que ver con la suya». Un ejemplo ya muy claro de cómo la artista explota las posibilidades expresivas de la tela sobre la tabla se puede ver en *Eclosión lenta* (1977), un grupo de siete piezas en la que, sobre los fondos tallados, adhirió un pedazo de sábana. En cada una de ellas, el tejido presenta un grado progresivo de deshilachamiento, hasta que finalmente, termina por desaparecer [fig. 42]. El proceso de creación de esta obra en particular, además de explorar diferentes opciones a nivel técnico y plástico, sugiere un significado que resulta bastante evidente: el paso del tiempo, la caducidad de todas las cosas. De hecho, la propia autora explica: «Para mí, el fondo es el tiempo que transcurre, la tela es una metáfora de la tierra, desgastada por un mundo tan absurdo y abusivo como el nuestro».

Porque la abstracción no está reñida con el significado. Aunque se exprese con un código muy sutil basado en la capacidad de sugestión de la materia, en su propia presencia física y en las huellas de su ejecución; más que en el color, pues una característica de estas primeras obras informalistas es el empleo de una paleta cromática muy austera, en la que predominan el negro, el blanco, los marrones y algún rojo. Esta paleta tan reducida tiene dos explicaciones. En primer lugar, la artista considera que cuando se trabaja sobre madera y se añaden diversos materiales, el empleo del color debe ser sobrio y comedido porque los juegos de volúmenes, luces y texturas que posibilitan la talla y el ensamblaje de materiales ya dotan, por sí mismos, de gran fuerza visual. «Creo que cuando la materia tiene tanta presencia, si empleas mucho color no funciona bien. Es como que se produce una pugna entre dos grandes fuerzas.» La segunda explicación del empleo de estos tonos tiene un significado simbólico y es que Carmen consideraba

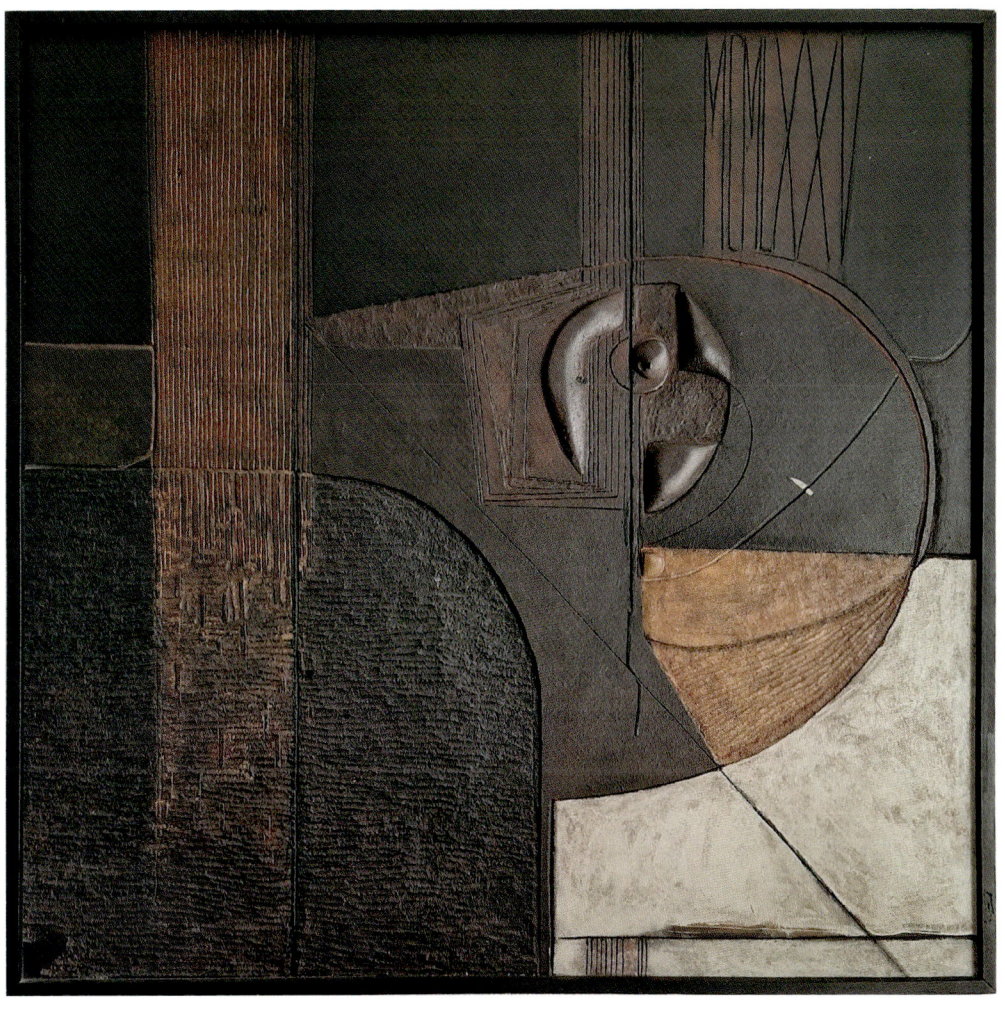

43. *Homenaje*, 1976. Técnica mixta, madera tallada y policromada, *collage* de tela y papel sobre tabla, 100 x 100 cm. Aurora Valero, Alboraya (Valencia).

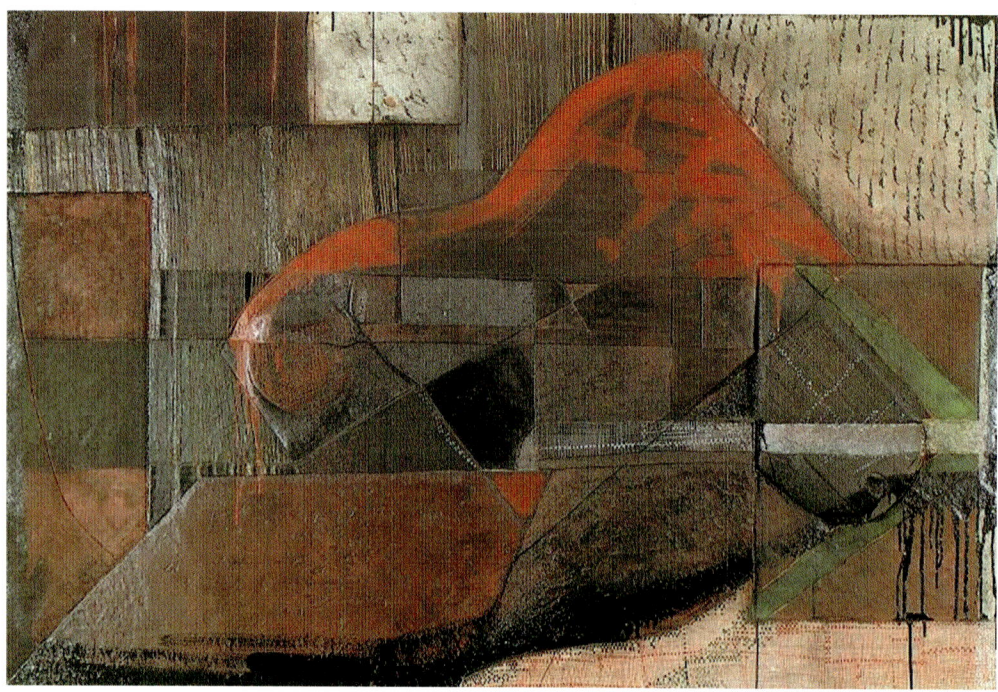

44. *Bandera*, 1977. Técnica mixta sobre tabla, 122 x 182 cm.

que aquella sobriedad cromática representaba muy bien la grisura del periodo en que se gestan, el final del franquismo y el inicio de la Transición. Un convulso periodo sociopolítico que influyó en su trabajo, tanto en esos aspectos formales, como en el contenido:

> La reflexión sobre los terribles acontecimientos ocurridos durante aquellos días, unida al peso de la larga y feroz Dictadura, fue el detonador que, irresistiblemente, hizo traspasar toda la emoción, la angustia y la impotencia contenida sobre mi pintura. Expresar mediante la plástica el propio sentir ha sido desde entonces el motivo central de toda mi trayectoria.[21]

Uno de esos acontecimientos que la motivaron a crear varias obras fueron las últimas ejecuciones del franquismo, el fusilamiento de dos miembros de ETA y tres del FRAP el 27 de septiembre de 1975, que tantas protestas provocaron, dentro y fuera del país.

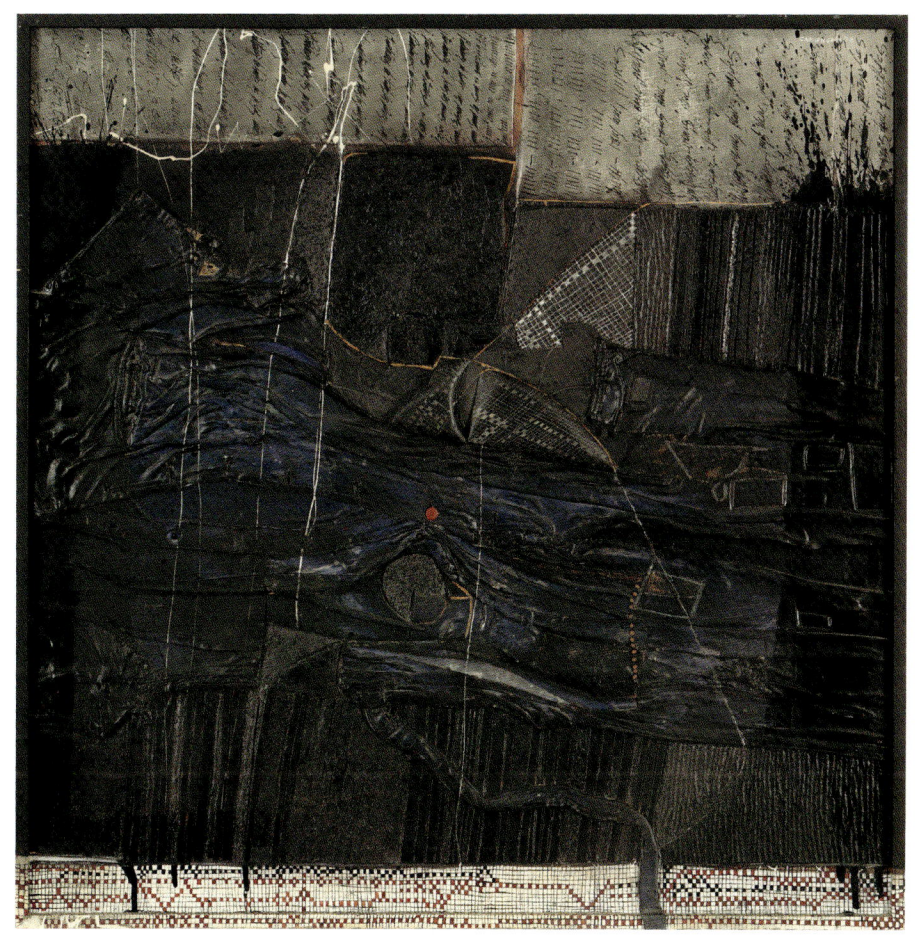

45. *Mono azul con botón rojo*, 1978.
Collage, ensamblaje, talla y acrílico sobre tabla, 100,5 x 100 cm.

Aquellas condenas de muerte me afectaron, así que decidí hacer una obra. Sobre la madera de una xilografía de un gato negro pegué un trozo de pana que agujereé cinco veces. La obra hablaba de los fusilamientos, pero no de una forma panfletaria o sensacionalista. Después hice cinco obras tituladas *Homenaje* [1976] a cada uno de los cinco chicos [fig. 43].

A la capacidad de sugestión de la materia, la pana en este caso, se unen esos signos, los agujeros con los que ha sido perforada, para dotar a la obra de un significado metafórico. A primera vista no parece más que un *collage*, materiales y texturas. Pero si lo contemplamos con una mirada menos pragmática, más reflexiva y poética, podríamos intuir en esa tela y esas perforaciones el sentimiento de rechazo y conmoción personal ante aquel acto de violencia contra la vida humana. Es cierto que de un modo más ambiguo y subjetivo, menos explícito que el lenguaje realista empleado por Juan Genovés en *Seis jóvenes* (1975), una pintura que representa –en este caso sí– a los jóvenes maniatados y con los ojos vendados. Tan explícito que decidió incluir seis y no cinco figuras para conferirle un significado más abierto y evitar así que la obra quedase reducida al cartel-denuncia de un hecho concreto.[22] La pintura matérica de Carmen Grau estaría más cercana a la del estadounidense Bruce Conner motivada por la ejecución de Caryl Chessman en 1960, convertido en símbolo contra la pena de muerte en EE.UU.

De modo que los materiales y sus técnicas, la parte artesanal, el oficio, son ya muy importantes en esas primeras obras; pero no lo son todo: hay también una voluntad de comunicación. «Yo sentía que agrediendo de esa manera la tabla estaba expresando mi oposición a la violencia, a la injusticia…, mi protesta.»[23] Lo advirtió Rafael Prats Rivelles al presentar la producción de estos años: «En un contexto de disconformidad, de rebeldía, el lirismo abstracto de la autora nos comunica sensaciones de soledad, temor e impotencia. Partiendo de lo particular alcanza proporciones universales: el trabajo de Carmen Grau parece hablarnos de toda una complejidad social».[24] A semejanza de los maestros del informalismo, de Tàpies, Millares, Saura o Canogar, tampoco su pintura es pura forma, pues no rehúye la experiencia de lo real; aunque no sea reconocible, las huellas del ser humano están ahí, en la madera cortada, tallada, lacerada…, en la tela rasgada, desgastada…, y, más aún, en las líneas y signos caligráficos que inesperadamente van apareciendo, reforzando así las cualidades expresivas de la

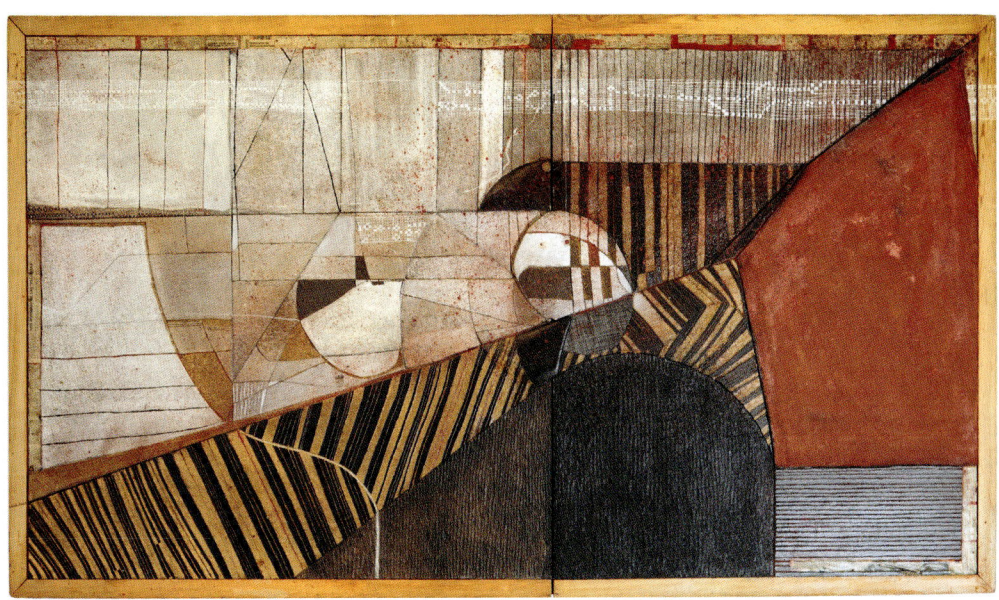

46. *Sin título*, 1979. Técnica mixta sobre tabla, 107 x 190 cm. Museo de Villafamés.

materia. No por casualidad la artista eligió para encabezar el comentario de las siete obras que constituyeron su tesis doctoral la siguiente cita de Oscar Wilde en su epístola *De profundis*: «Para el artista, la expresión es la única forma por la cual le es dado comprender la vida. Para él, lo que no habla está muerto».[25]

Una obra que sintetiza los logros alcanzados y marca el fin de este periodo, con el uso exclusivo del conglomerado como soporte, al que se añaden papeles, telas y otros materiales, y sobre los que aparecen los primeros grafismos, es *Bandera*, de 1977 [fig. 44]. Es la más ambiciosa de las obras realizadas, a partir de los *Homenajes* de 1976 antes mencionados, en la que plasmó sus inquietudes durante aquellos inciertos y crispados años del inicio de la Transición. Prueba de su importancia es que la autora le dedica el primero de los siete análisis que conforman su tesis doctoral;[26] indicándonos implícitamente dónde sitúa ella el primer hito de su trayectoria.

Técnicamente, está realizada, al igual que las obras de los dos últimos años, a partir de un tablero aglomerado contrachapado de dos centímetros de grosor, que había encontrado tirada en un contenedor, pero de un tamaño

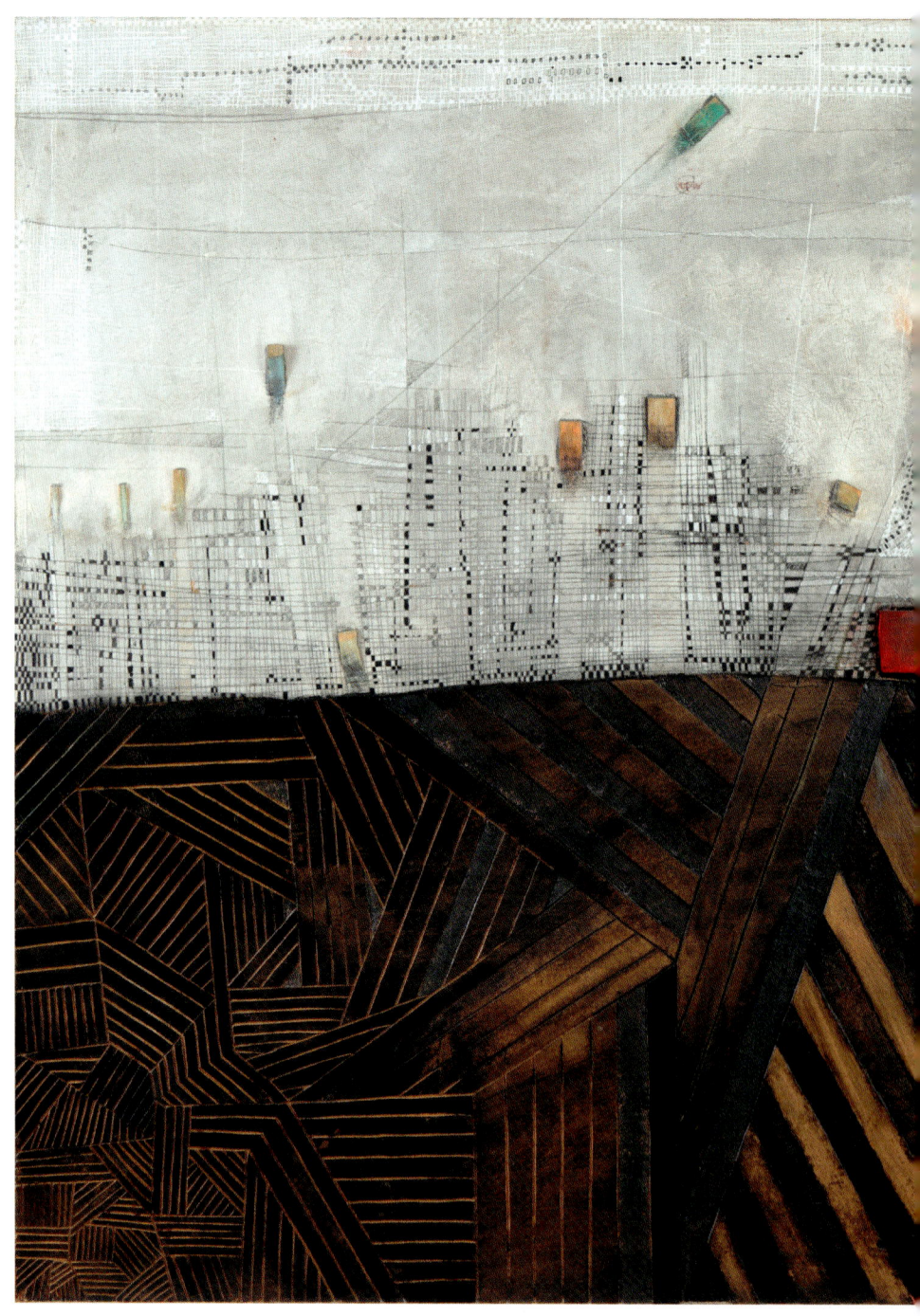

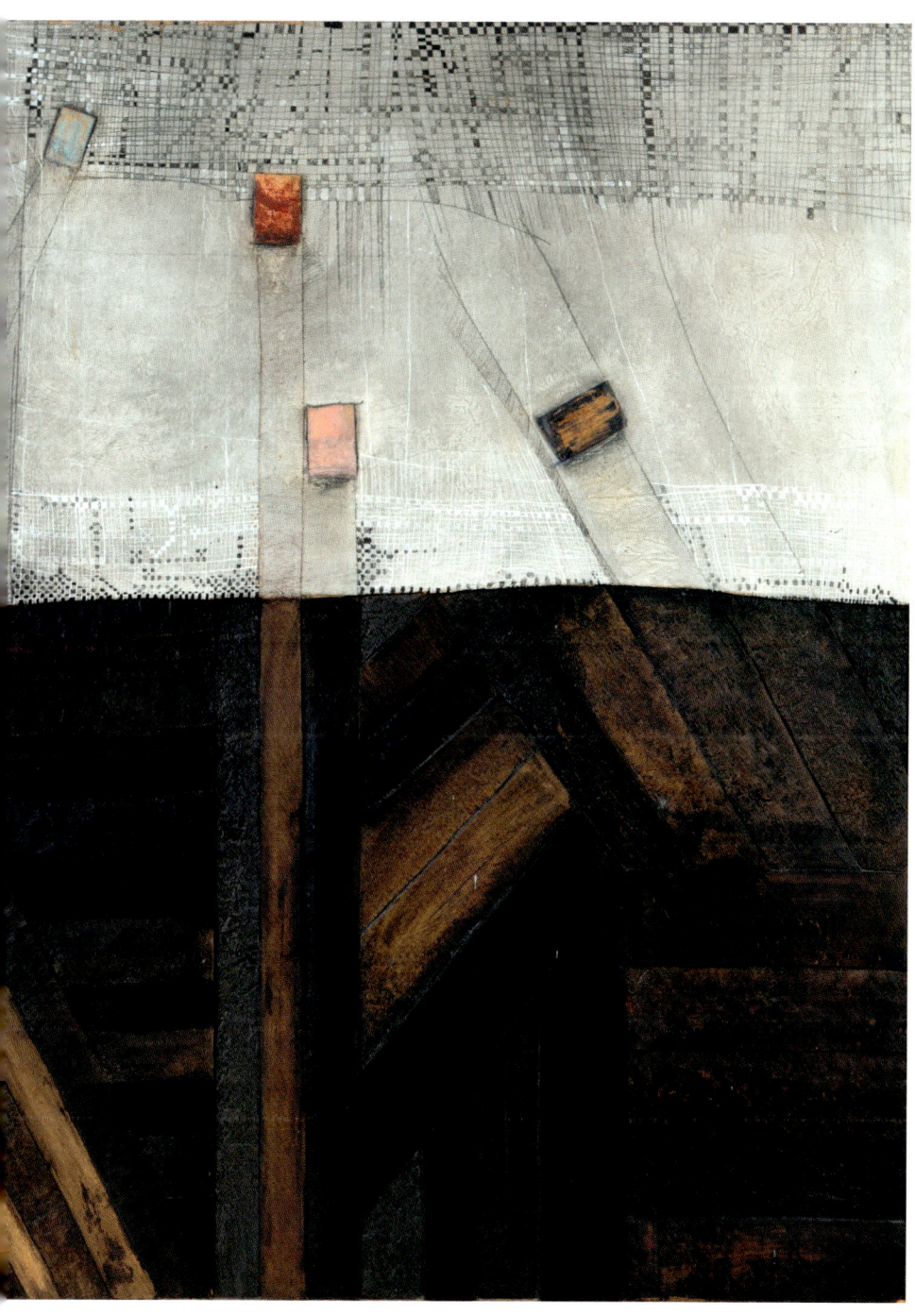

47. *Superficie doble*, 1981.
Talla y técnica mixta sobre tabla,
123,5 x 191 cm.
Universitat de València.

mucho mayor (122 x 180 cm), lo que suponía un reto a su experiencia. Sobre él encoló tela blanca de sábana vieja y papeles engrasados, y también ensambló maderas de distintas calidades y grosores, que posteriormente talló y lijó hasta integrarlas con el fondo y lograr así los relieves y texturas buscados, para, finalmente, cubrir la superficie con algunos brochazos verdes y rojos, los colores de la bandera vasca (un guiño a las preocupaciones políticas del momento). Además, fue la primera vez en que dibujó unos trazos ondulados que sugieren ininteligibles escrituras, realizados con tinta china negra sobre la tela de la sábana, y unos grafismos geométricos dibujados con tinta blanca sobre la superficie irregular de la madera y de la tela. El empleo de estos grafismos geométricos se puede apreciar con más detalle en dos obras posteriores, de 1979 y 1981, las pertenecientes a las colecciones del Museo de Arte Contemporáneo de Vilafamés y de la Universitat de València [figs. 46 y 47], respectivamente; así como el cuidado tratamiento, la atención especial que recibe cada parte, en un juego sutil entre la realidad y la ilusión visual.[27]

Estos trabajos resultarán decisivos, pues le descubrirán las potenciales estéticas de este juego transgresor –propio del *collage* y, especialmente, del ensamblaje– consistente en tomar un objeto real y presentarlo tal cual, en el espacio reservado a la ilusión, consustancial a la pintura. Una transgresión de las fronteras entre el arte y la vida que será clave –como veremos– en el desarrollo de toda la obra posterior de Carmen Grau.

2.2. *COLLAGES* DE MATERIA Y POESÍA

Entre el final de los años setenta y el principio de los ochenta, la obra de Carmen Grau acusa varios cambios muy perceptibles que van configurando un estilo propio, empezando por una depuración formal, una tendencia a la simplificación que reduce el protagonismo de la talla, dejando más zonas de silencio, o la evolución cromática debida a la presencia de fondos más claros,[1] o la inclinación por la ausencia de un centro, a favor de un orden compositivo en el que «cada centímetro del cuadro es un espacio aleatorio jerarquizado».[2] Con todo, serán dos las tendencias que caractericen esta nueva etapa: por un lado, la incorporación gradual de distintos materiales y objetos; y, por otro, el recurso a la poesía como motivo de inspiración temática.

Porque esa depuración formal, esa apariencia menos abigarrada, esos espacios vacíos no conllevaron una pérdida de interés por exaltar el lado más sensual de la materia, sino que, más bien, le conducen a incorporar nuevos materiales y objetos que permiten explicitar su elocuente función estética.[3] Carmen explica que su decantación por el *collage* se produjo de forma natural: «No tenía una voluntad expresa de incluir objetos, simplemente buscaba seguir diciendo cosas, pero sin repetirme. Y entonces ves un objeto cualquiera que atrapa tu atención y que, sin saber por qué, despierta tu imaginación y esa necesidad comunicativa».[4]

Una obra realizada ya en 1978 señala el inicio de esta progresiva utilización de la técnica del *objet trouvé* [fig. 45]. Descriptivamente lleva por título *Mono azul con botón rojo* porque buena parte de la superficie está cubierta por la tela pegada de esta prenda real, y en cuyo centro se aprecia el botón rojo del título. Más reconocible es el objeto que protagoniza la composición de *El alfiletero I* y *II*, de 1983 [figs. 48 y 49]. En el primero, la almohadilla está clavada con sus propios alfileres sobre la tela que cubre toda la superficie de la tabla. Con ello, la artista parece evocar el recuerdo «punzante» de las tareas domésticas con las

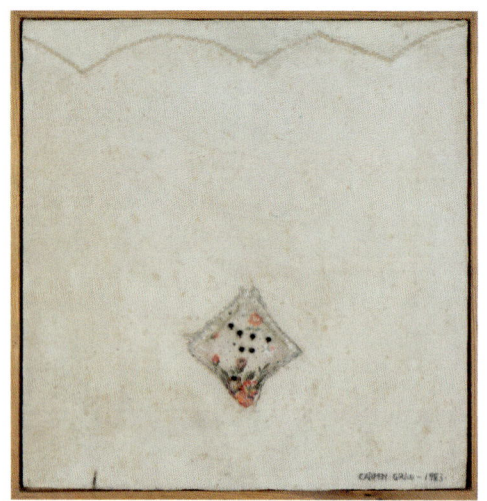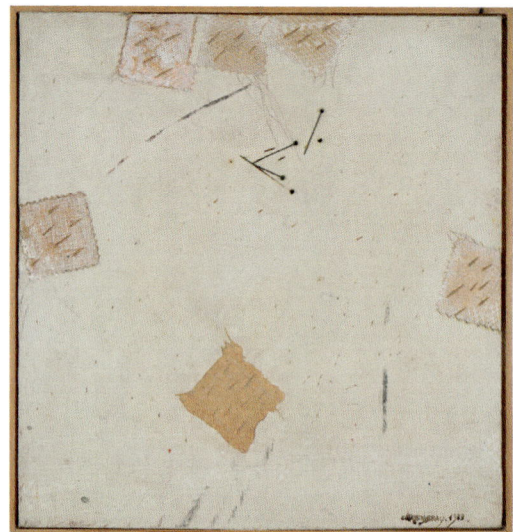

48. *El alfiletero I*, 1983. *Collage* y ensamblaje sobre tabla, 31,5 x 32 cm.

49. *El alfiletero II*, 1983. *Collage* y ensamblaje sobre tabla, 40,5 x 39,5 cm.

que nunca se ha sentido identificada. En el otro, se aprecia la huella que ha dejado el acerico en distintas partes de la tabla, junto a unos alfileres sueltos. Este uso dota al objeto de un sentido que trasciende la simple apariencia, activando su potencial rememorativo de la figura materna y sus labores.

La adopción inicial de la madera como soporte y la adición de objetos significativos que posibilita el soporte rígido van a ser determinantes en toda la trayectoria posterior de la artista, tal como ella misma señala al revisar este momento:

> De este modo, la integración total de objetos reales en el contexto de una pintura será en un futuro elemento clave de mis obras. En el momento en que para huir del proceso imitativo simple se integra la propia realidad en la obra, comienza un nuevo proceso plástico integral. Al añadir a ello la utilización de un soporte rígido como el que ofrece la madera – con sus cualidades, texturas y color–, asistimos a la apertura de un mundo de infinitas posibilidades, un universo renovado, que algunos han dado en llamar *escultopintura*.[5]

Este último término –*escultopintura*– fue introducido en la historiografía española de los años sesenta por el crítico Carlos Antonio Areán para distinguir las obras a caballo entre la pintura matérica y el relieve escultórico, en las que los propios ingredientes pictóricos y el soporte del cuadro se tratan de una manera palpablemente tridimensional, aplicándolo a las arpilleras de Millares, las telas metálicas de Rivera, las tablas de Lucio Muñoz o las «integraciones» de Salvador Soria;[6] y que bien podría asignarse igualmente a las obras de nuestra artista. En la historiografía internacional se emplea el término *ensamblaje* para clasificar este tipo de creaciones que no se adecúan a las categorías tradicionales de pintura y escultura, desde que en 1961 fuera lanzado por William C. Seitz en la exposición «The Art of Assemblage» preparada para el MoMA,[7] recuperando una denominación empleada por Jean Dubuffet para referirse a alguna de sus propias obras.

El otro cambio que aparece al filo de los ochenta y resultaría fundamental en la consecución por parte de Carmen Grau de unas obras en las que forma y contenido se conjugan en un estilo personal e inconfundible fue su progresiva inclinación hacia lo argumental y narrativo, consecuencia del descubrimiento de la poesía como recurso pictórico.

La relación entre ambas artes ha sido un tópico de la teoría artística desde la Antigüedad.[8] Según narra Plutarco en *De gloria Atheniensium*, Simónides de Ceos se refirió al pintor como un poeta mudo (*pictorem esse mutum poetam*), estableciendo así el paralelismo entre pintura y poesía que en el siglo i a. C. se consolidaría con la célebre locución horaciana *Ut pictura poesis*.[9] A lo largo de la historia, ambas artes mantuvieron una afinidad más o menos estrecha, en función de la época, hasta que con la modernidad se tornaron más problemáticas. Aun así, en el siglo xx no faltaron pintores y poetas que buscaron territorios comunes con la voluntad confesa de intercambiar impresiones y fórmulas de representación y codificación de sus imaginarios. Prueba de ello son los numerosos pintores que manejan contenidos literarios –de Guston a Kiefer–, convierten las palabras en un elemento clave de sus obras –como Magritte y los conceptualistas– o integran en ellas escrituras –entre otros, Miró, Kahlo o Twombly.

En el caso de Carmen Grau, por lo que nos cuenta, fue esa misma necesidad comunicativa que le llevó a los objetos reales, la que le conduce a recurrir a la poesía como fuente de inspiración temática y como motivo visual mediante la inscripción de frases o versos sobre la superficie de la tabla. Los primeros grafismos, aunque de apariencia caligráfica, no eran palabras ni frases, no tenían significado más allá del gesto, pero facilitaron pronto la introducción de la escritura como recurso iconográfico. Fue al inicio de la década de los ochenta cuando empiezan a ser la transcripción de frases y textos. En concreto, la primera vez que convierte una poesía en recurso iconográfico es ya en 1979, cuando pinta el *Homenaje a Jorge Manrique* [fig. 14] para el certamen organizado por la Diputación de Palencia en conmemoración del quinto centenario de la muerte del poeta, en el que transcribió en prosa con caligrafía medieval las cuarenta *Coplas a la muerte de su padre*, dejando en el centro un espacio en el que, sobre los trozos de la tela rasgada, aparece la tabla tallada y policromada con un intenso color azul. En esta obra, las palabras desempeñan un doble papel: sin perder su habitual función comunicativa, desempeñan también una función plástica convertidas en imagen.

Su siguiente encuentro con la poesía se plasmó en el cuadro *A Baudelaire (por sus Flores del mal)* [fig. 17] presentado en 1981 al I Certamen de Pintura de Alfafar, y en el que, nuevamente, se alzó con la victoria. En esta obra, además de mostrar la ya apuntada tendencia a la simplificación y a dejar vacíos en la composición, se conjugan en ella las dos novedades clave de esta etapa: la inspiración literaria que se plasma visualmente en los mencionados grafismos y la integración de objetos reales. Los versos, ahora escritos con una caligrafía ilegible, aparecen como dejados caer a merced de un viento que ha dispersado también unas flores naturales ya secas, reforzándose así doblemente la misma alusión semántica a través de las palabras y las cosas.

En 1983 quiso rendir homenaje con otro de sus cuadros-poema a la poetisa americana Sylvia Plath, con motivo de la concesión póstuma del Premio Pulitzer por su obra recopilada en *The Collected Poems*, fascinada por el trasfondo biográfico de su poesía. «El cuadro es una especie de transposición. Yo me muevo con esos impulsos e intento reflejar mi sensación plásticamente cuando algo me afecta personalmente. Tiene que haber una coincidencia profunda para haber hecho un trabajo sobre ella. También hay una poeta italiana que se llama Antonia Pozzi con la que conecto mucho».[10] En la pintura domina la sobriedad del color ocre, interrumpida por una franja de maderas ensambladas, bajo la cual vemos una tira de muñecas de papel de las que su hija recortaba con frecuencia. «Debió de ser una de las primeras obras en las que incorporé recortes de muñecas. Carolina, cuando era pequeña, hacía muchos y estaban por ahí tirados». La

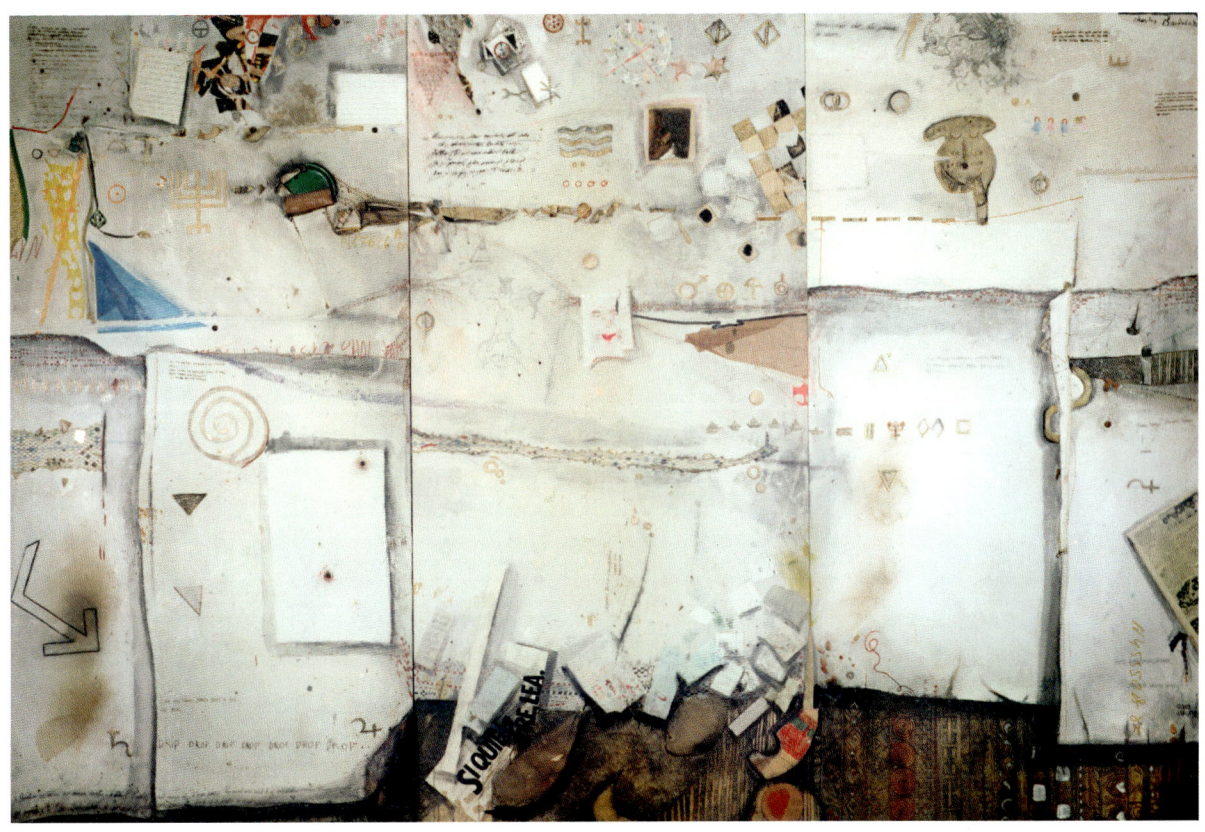

50. *The Waste Land*, 1983-1984. Técnica mixta y *collage* sobre tabla, 244 x 366 cm. Fundación Jaume Guasch, Barcelona. Actualmente en paradero desconocido.

referencia literaria ocupa, en este caso, un pequeño lugar en el margen inferior derecho de la composición. Son los últimos versos, en inglés y castellano, del poema «El jardín de la residencia»,[11] «tomado –en palabras de Román de la Calle– como *leit-motiv* de inspiración y como ingrediente parcial incrustado gráficamente en la pintura», por lo que, al convertir la escritura en imagen, se invertía el tópico horaciano *ut pictura poesis*.[12]

Este «juego arriesgado de plasmar propuestas plásticas desde intuiciones poéticas» –al decir de Aguilera Cerni–[13] culmina en *The Waste Land* (1983-1984), un gran tríptico en el que desarrolla técnicas y motivos ensayados en los años anteriores sobre el soporte de conglomerado entelado [fig. 50]. Como anuncia el título, está inspirado en *La tierra baldía*, el célebre libro de T. S. Eliot. Un extenso poema de 434 versos estructurados en cinco partes, que publicó por primera vez en 1922 y está considerado por muchos como una obra clave en la literatura del siglo XX (junto al *Ulises* de Joyce, aparecido ese mismo año). El interés de la pintora por el poema surgió de forma casual:

> Un día de abril de 1982, mi hermano David entró a casa recitando los primeros versos del poema: *Abril es el mes más cruel...* Me gustó tanto que lo quise leer entero. Mi hermano lo tenía en inglés y lo tradujimos juntos y decidí convertir plásticamente todos los versos que lo componían. Lo que más me fascinó fue cómo está compuesto, como un *collage*, como un ensamblaje de fragmentos muy distintos. Y me pregunté: «¿Yo puedo plasmar su estilo plásticamente y traducir cada verso en imágenes?».

Para tal desafío optó por una composición abierta, dispersa, sin centro, pero estructurada siguiendo el orden habitual de lectura, es decir, de izquierda a derecha y de arriba abajo. Para la *traducción* de los versos en imágenes empleó distintos materiales, objetos y técnicas, de la misma manera que Eliot juega con la rima y el verso libre, con voces cultas y populares o con numerosas citas de otros textos sagrados y profanos, algunas en su idioma original. Así conforman la pintura una pluralidad de materiales y objetos (maderas, papeles impresos, cristales, piedras, hilos, fragmentos de cerámica, fetiches...), junto con diversos procedimientos pictóricos (manchas de color, versos escritos, dibujos a tinta y grafito, signos...). Pero que en esta obra, a diferencia de las anteriores, «tomaban otro carácter, dado que actuaban como símbolos y metáforas»,[14] algunos de estos elementos podían tener una lectura conjunta: las huellas de la plancha caliente, las puntillas o las pinzas de la ropa, por ejemplo, actúan como una metáfora «de la presencia inevitable e incesante de la mujer en el poema».[15] Y también, a diferencia de sus últimas obras, eminentemente abstractas, en esta encontramos la novedad de dos representaciones figurativas dibujadas a grafito: la del adivino Tiresias, personaje clave en la composición de Eliot, copiada de unos antiguos grabados mitológicos, y la de un fantástico dragón alado devorando a varios humanos, alusión personal a la influencia del *Infierno* de Dante en Eliot.

Para tratar de recrear el enrevesado significado esotérico del poema, recurrió a un amplio repertorio de signos y símbolos que le permitiera expresar

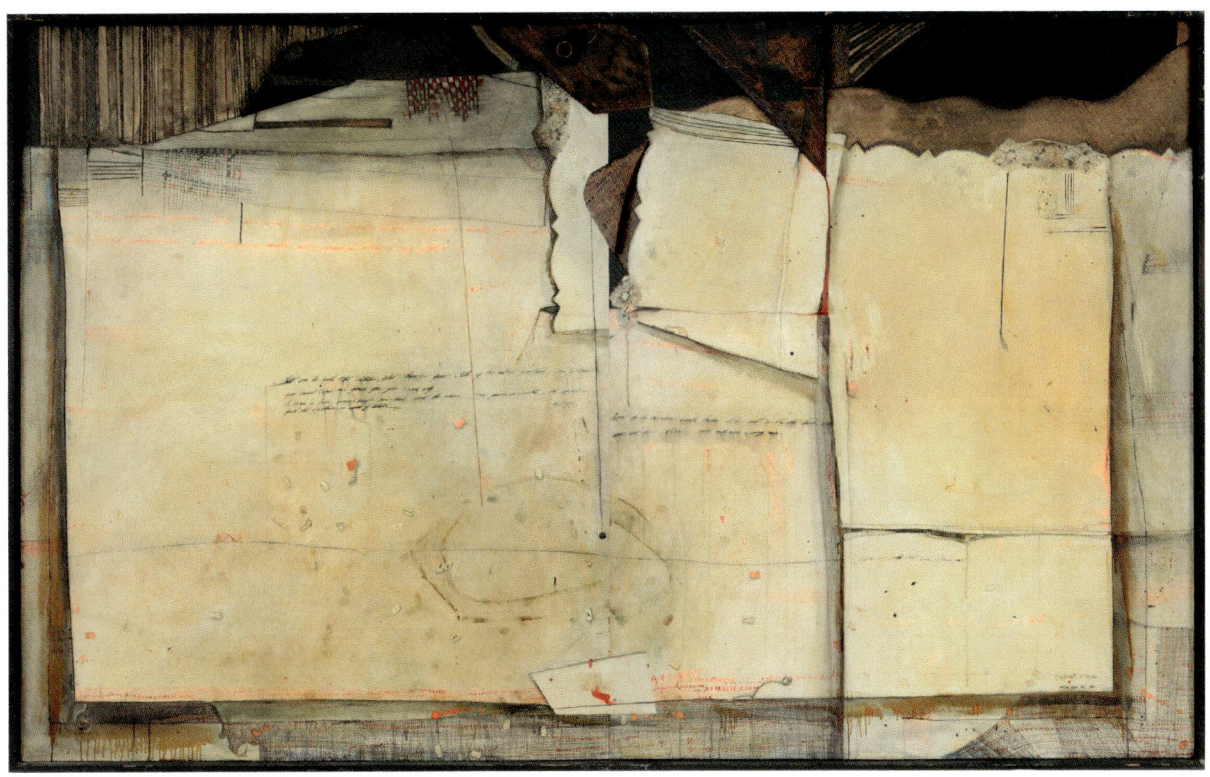

51. *El entierro de los muertos*, 1982-1983. *Collage* de maderas, tela y papel, acrílico, óleo, tintes y barnices sobre tabla, 150 x 244 cm.

el contenido que le sugieren los versos: desde los religiosos, alquímicos y astrológicos hasta los meteorológicos, botánicos o los usados por exploradores y vagabundos:

> Todos los símbolos que aparecen a lo largo de la obra son signos auténticos que se utilizan universalmente para transmitir datos humanos de cualquier tipo y significado. Teniendo en cuenta que los símbolos son señales transmisoras de comunicación, se puede afirmar que lo que distingue al ser humano de los animales es el hecho de que éste vive no solamente en universo físico, sino también en universo simbólico.[16]

Por lo tanto, lo que en el fondo denotan estas recreaciones, versiones u homenajes a Manrique, Baudelaire, Plath o Eliot, ejercicios de intertextualidad en

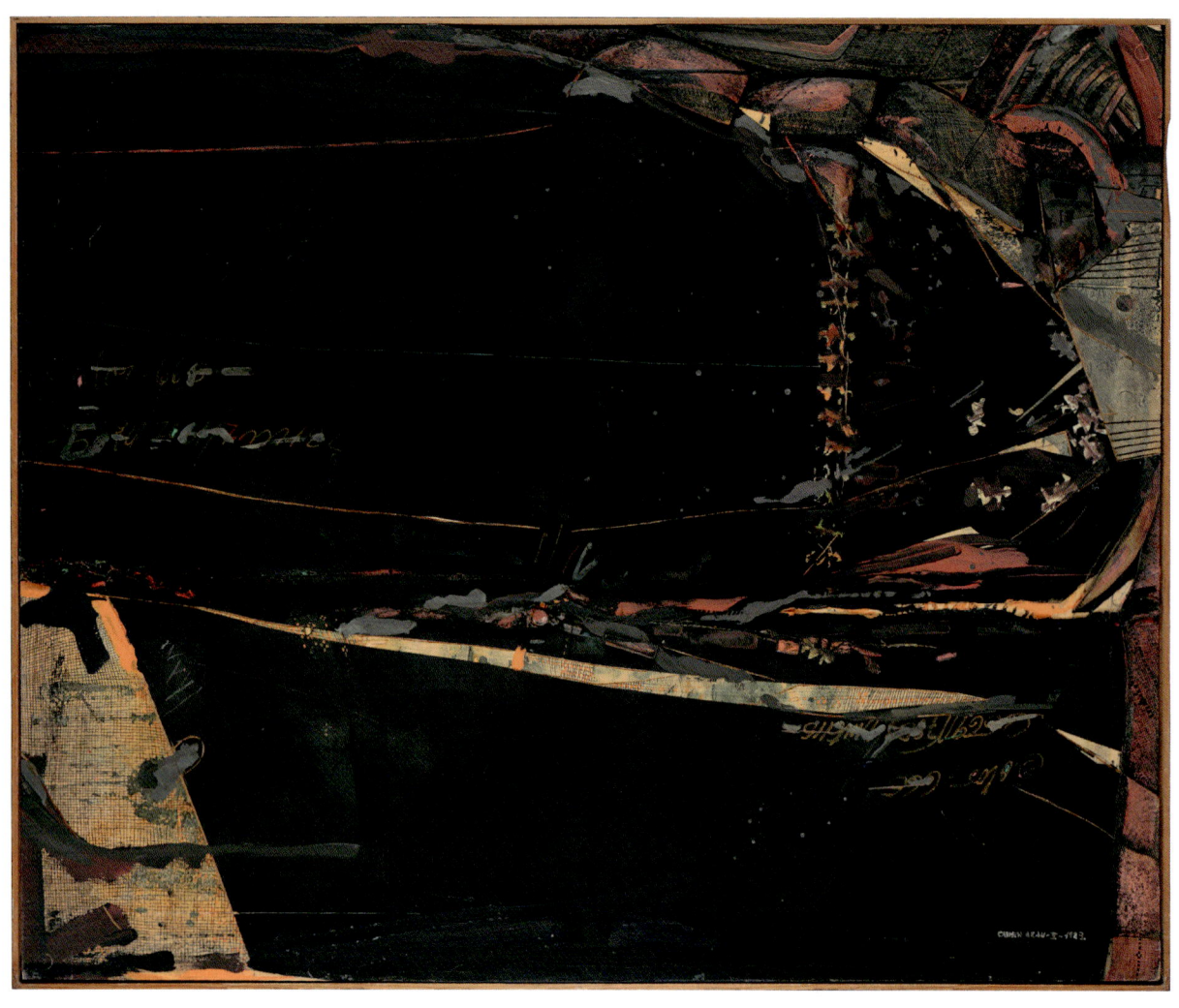

52. *Lo que dijo el trueno*, 1983. Talla, ensamblaje y acrílico sobre tabla, 122,5 x 150 cm.

definitiva, no es otra cosa que un deseo de decir, de contar, de narrar. Lo supo ver de inmediato Román de la Calle:

> Son, sus cuadros, espacios de narratividad plástica. Existe en ellos, siempre, una especie de diégesis: una «historia» que funciona como hilo conductor de su construcción y que sin embargo nunca posibilita al receptor –de manera inmediata– una lectura definida. El tema, por decirlo de algún modo, no es baladí para la génesis compositiva, porque Carmen Grau se aferra al juego de asociaciones de todo tipo que ese pensamiento visual (Arnheim) y divergente (Guilford) provoca en ella. ¿Se tratará, acaso, de una especie de traducción?[17]

Entonces no se apuntó pero, visto retrospectivamente, era una oportuna reivindicación del componente narrativo de la pintura, que la modernidad había abandonado, y que la posmodernidad recuperó. No es extraño, por tanto, el estremecimiento que sintió al descubrir, en la Bienal de Venecia de 1988, la obra profundamente literaria de Anselm Kiefer, ni que le reafirmase en el camino emprendido al inicio de la década. Sintió que sus *collages* de materia y poesía, repletos de palabras y signos, tenían una afinidad con los cuadros del alemán: eran igualmente matéricos y narrativos.

El largo y oscuro poema de Eliot está en el origen de otras pinturas como *El entierro de los muertos* [fig. 51] o *Lo que dijo el trueno* [fig. 52], ambas de 1983, inspiradas en la primera y la última parte de igual título. Sin embargo, la creación más importante sugerida por el poema será *El tarot imaginario* (1983-1984), una obra constituida por veintidós piezas en tabla de 41 x 29 cm cada una, más una caja para guardarlas, también de madera pintada [fig. 53]. Según la propia artista explica en *Pintando el tiempo*, descubrió el tarot mientras trabajaba en *The Waste Land,* al leer el pasaje en que aparece la adivina Madame Sosostris, que le resultó incomprensible y despertó su curiosidad. (Casualmente, el mismo estímulo que despertó la imaginación surrealista de Leonora Carrington para crear su tarot tres décadas antes.) Guiada por el manual clásico de Stuart R. Kaplan y las aclaraciones de una maga, descifró los significados de los veintidós arcanos mayores que conforman la baraja e, interrumpiendo la ejecución del tríptico, comenzó a construir su versión personal, a partir de un tarot español de 1736 conservado en el Museo Fournier de Vitoria.[18] ¿Qué le atrajo de las cartas como para

53. *El tarot imaginario*,
1983-1984.
Técnica mixta y *collage* sobre
tabla, 22 unidades.
41 x 29 cm c.u. IVAM.

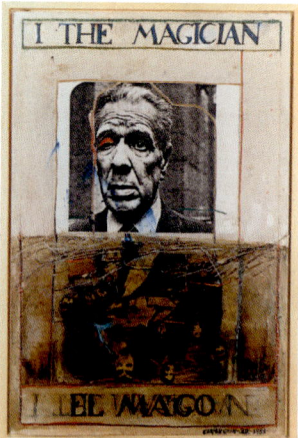

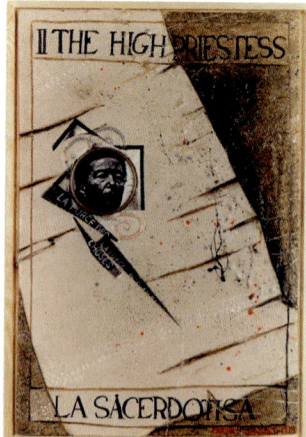

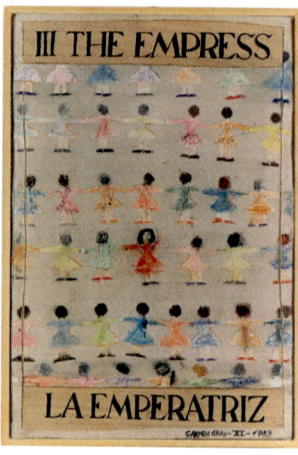

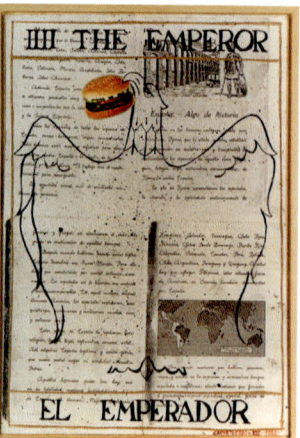

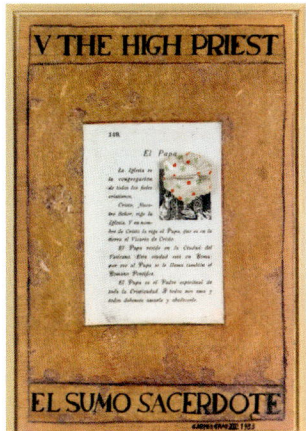

V THE HIGH PRIEST

EL SUMO SACERDOTE

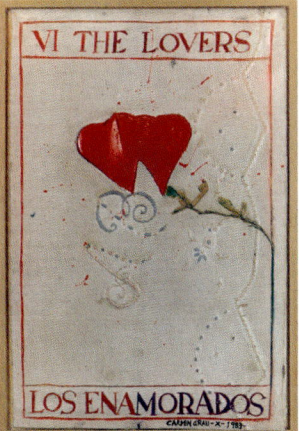

VI THE LOVERS

LOS ENAMORADOS

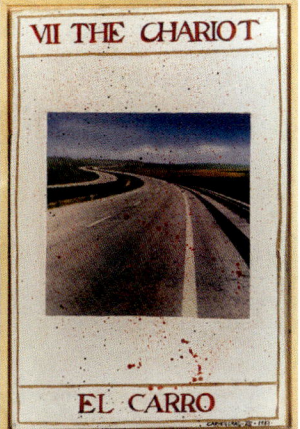

VII THE CHARIOT

EL CARRO

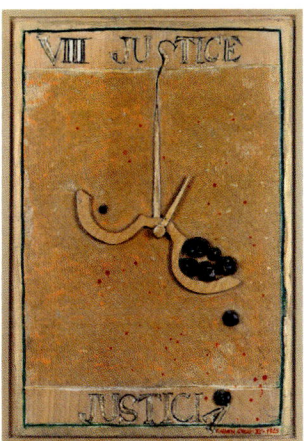

VIII JUSTICE

JUSTICIA

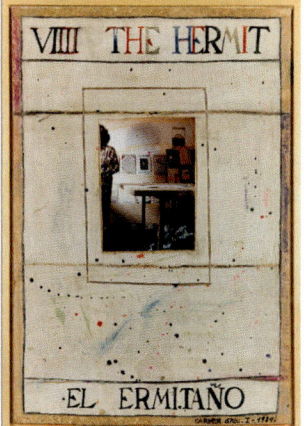

VIIII THE HERMIT

EL ERMITAÑO

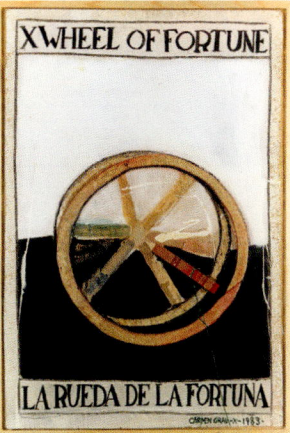

X WHEEL OF FORTUNE

LA RUEDA DE LA FORTUNA

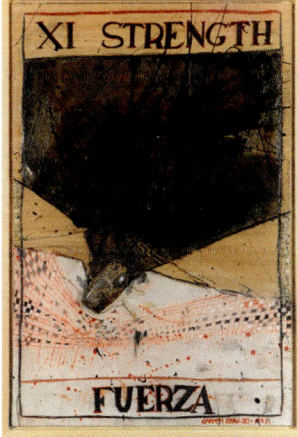

XI STRENGTH

FUERZA

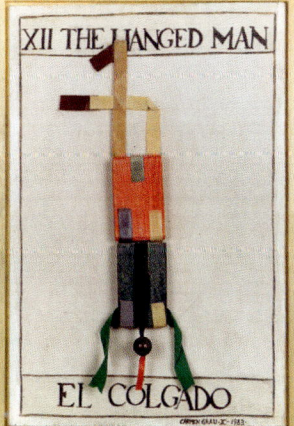

XII THE HANGED MAN

EL COLGADO

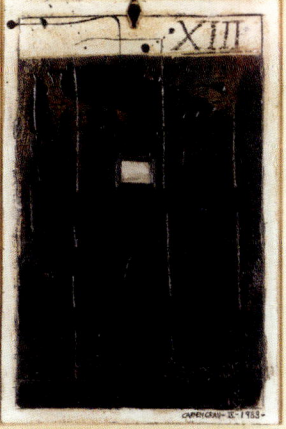

XIII

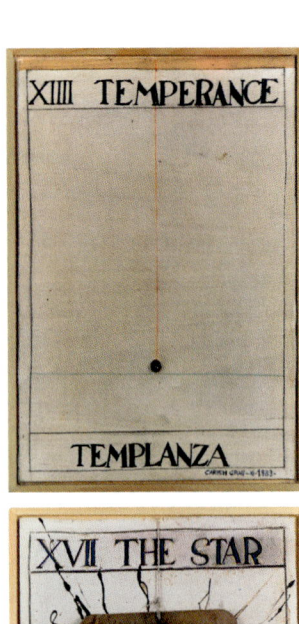

XIIII TEMPERANCE

TEMPLANZA

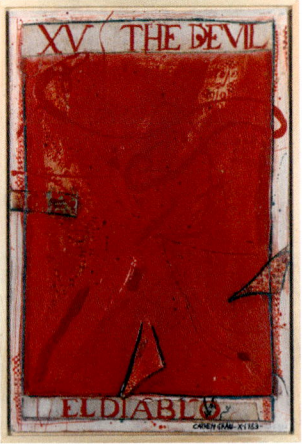

XV THE DEVIL

EL DIABLO

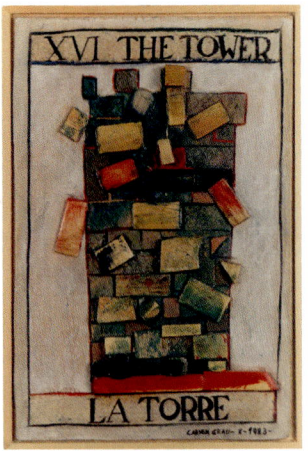

XVI THE TOWER

LA TORRE

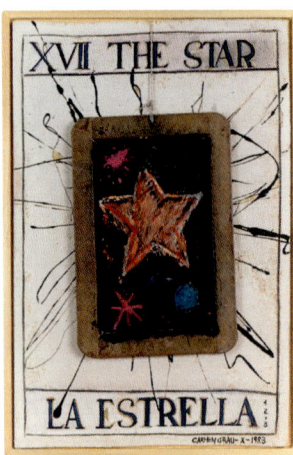

XVII THE STAR

LA ESTRELLA

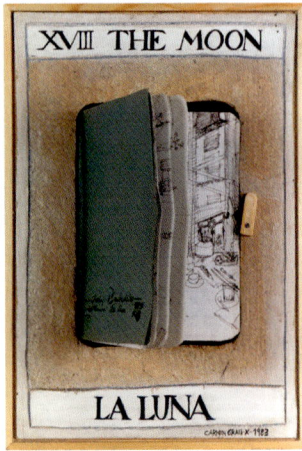

XVIII THE MOON

LA LUNA

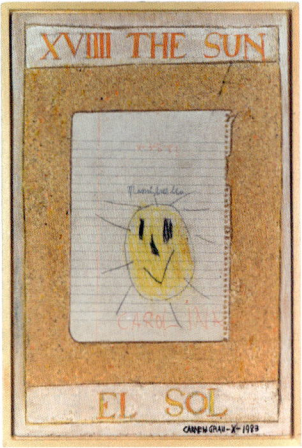

XVIIII THE SUN

EL SOL

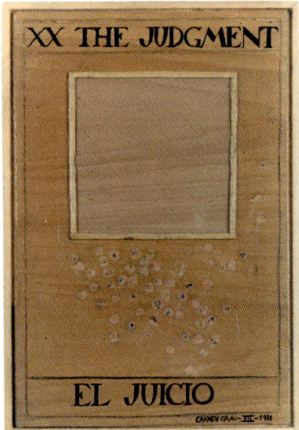

XX THE JUDGMENT

EL JUICIO

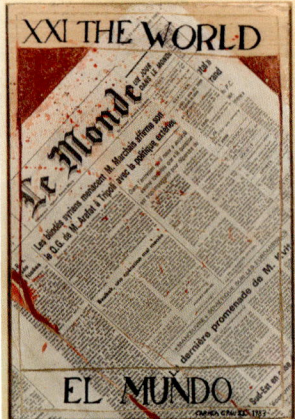

XXI THE WORLD

EL MUNDO

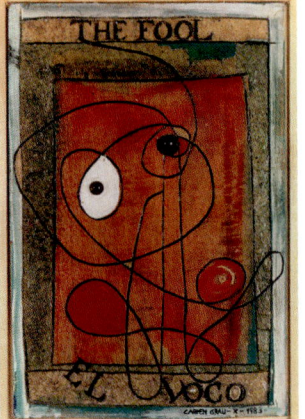

THE FOOL

EL LOCO

[112] CARMEN GRAU

recrearlas en una obra propia? Ella misma contesta que nada que ver con el misticismo o la cartomancia:

> Encuentro apasionante que los arcanos mayores contengan simbólicamente los elementos circunstanciales que forman parte de la vida de cualquier ser humano, desde la alegría, la tristeza y la fortuna, hasta los viajes y las pequeñas o grandes adversidades, pasando por la locura, la maldad, la sabiduría, el amor, la fuerza, el valor, la enfermedad y la muerte.[19]

La representación en sus naipes de esos eventos arquetípicos ofrece soluciones sencillas y directas –como la Justicia, la Rueda de la Fortuna o la Estrella–, mientras que otras –como la Luna, el Ermitaño o el Carro–, tienen una mayor complejidad, aunque reflejando siempre una genuina creatividad. Entre los primeros, encontramos el número VIII, la Justicia, que resulta fácilmente interpretable. Sobre un sencillo fondo beige cuelga la balanza, símbolo convencional de la justicia. Pero no aparece equilibrada, pues bascula ostensiblemente hacia el lado derecho, debido al peso de algunas de las piritas que Carmen coleccionaba siendo niña en sus veranos en Montán. El color negro y brillante destaca sobre el fondo y enfatiza la sensación de peso. Con este desequilibrio, la artista quiso evidenciar la falta de imparcialidad de la justicia: «esa balanza se muestra desequilibrada, probablemente, de tanto oscilar a través de los tiempos y siempre, salvo raras excepciones, hacia un mismo lado».[20] Tal es la inclinación que una de las piritas cae y derriba la *A* de la palabra «Justicia» en un cómico gesto que enfatiza la idea de que ecuanimidad de la justicia se cae, nunca mejor dicho, por su propio peso.

La Rueda de la Fortuna, la carta X, es una de las piezas de significación más obvia: vemos una rueda recortada en madera, con sus radios de color, uno de los cuales está realizado con una pinza de tender de un destacable color rojo, y del que pende un hilo verde que intenta desplazarlo. Todo ello sobre un fondo de un tajante blanco y negro, que para la autora significa «la rotundidad de la suerte, que se alcanza o no, y en la que de poco valen las medias tintas».[21]

Otra pieza interesante es la número XVII, la Estrella. En el centro de la composición aparece, colgando de un cordel clavado en la parte trasera de la tabla, una pequeña pizarra escolar que su hijo mayor usaba de pequeño. Rescatando así un objeto sin utilidad en el presente, para convertirlo en la celebración de

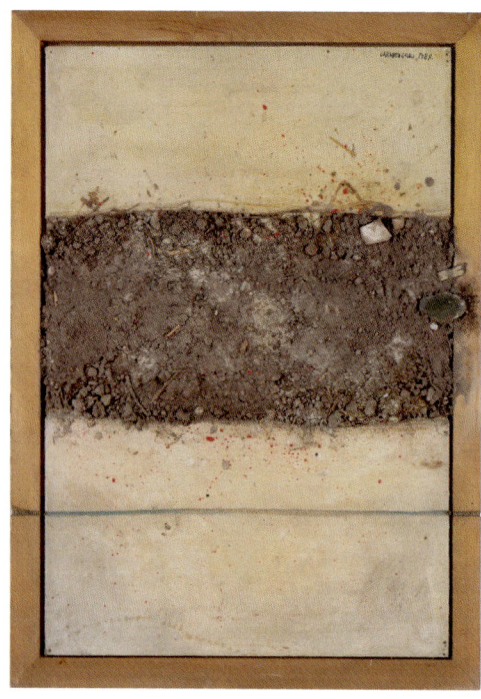

54. *Barranc del Carraixet V*, 1989.
Técnica mixta sobre tabla, 61 x 44 cm.

la memoria, en una fuente de historia íntima. Además, al pender del hilo, la pizarra puede girarse mostrando sus dos caras. En la visible en la fotografía aparecen varias estrellas que su hija Carolina dibujó cuando era niña con ceras de colores brillantes que resaltan sobre el negro de la pizarra. En la otra, aparece nuevamente una estrella, pero dibujada en este caso por Julio, su otro hijo. Finalmente, oculta tras la pizarra aparece una última estrella pintada por la propia artista sobre la base blanca de la tabla.

Entre los de interpretación más intelectual y subjetiva está el naipe XVIII, pues ¿qué relación hay entre la Luna y un cuaderno escolar? La intuición personal de la autora, cuya imaginación le trajo a la memoria el poema de Charles Baudelaire titulado «Tristezas de la luna» y otros de ambientación nocturna incluidos en *Las flores del mal*. Vemos el cuaderno embutido en la tabla de contrachapado, sujeto por su trasera, de modo que pueden abrirse sus páginas, y en cuya tapa de fina cartulina verde-azulada, ocupando el espacio reservado al nombre, figura la firma de Charles Baudelaire, imitando su escritura, y en el del título, *La luna*. Si pasamos las hojas del cuaderno,

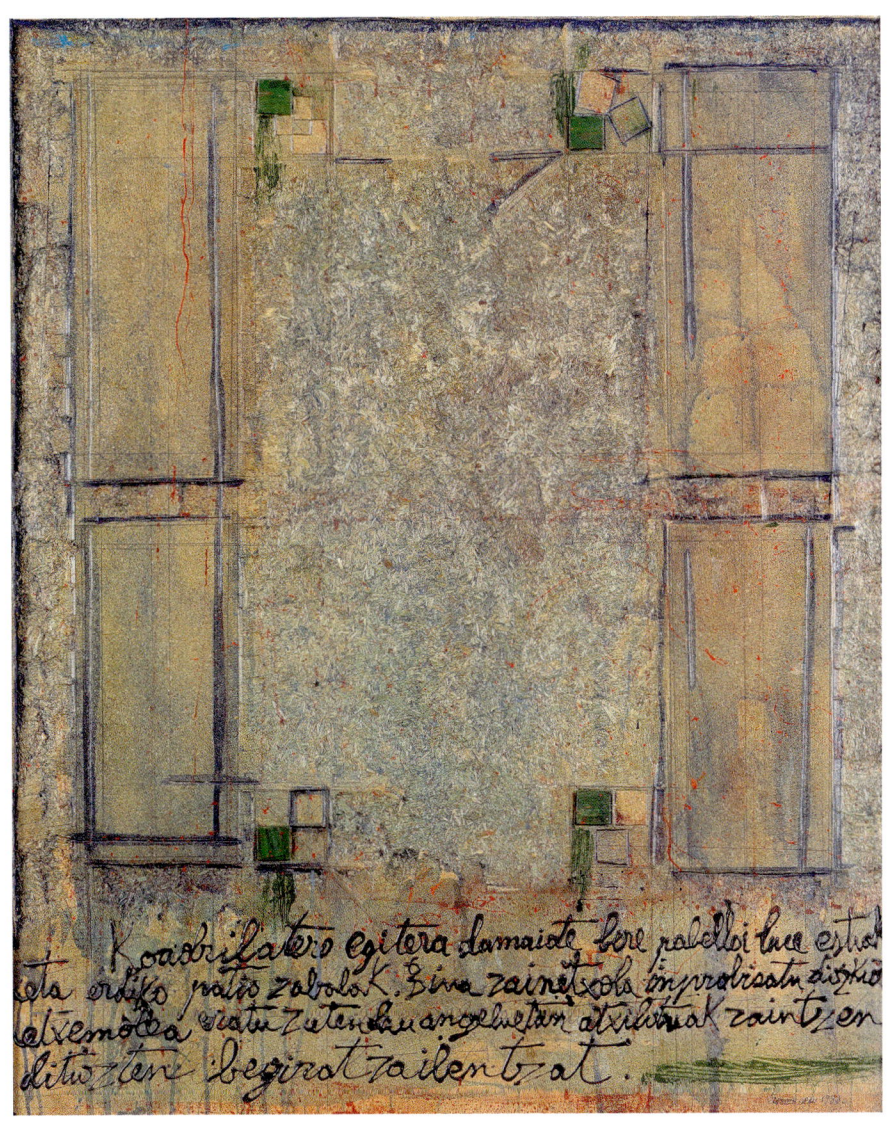

55. *La prisión*, 1988. Talla y ensamblaje sobre madera, 122 x 100 cm.
Universitat de València. Colección Martínez Guerricabeitia.

encontramos apuntes y dibujos: desde esbozos del interior del estudio, con sus útiles y objetos, hasta vistas desde el balcón de los tejados próximos o de la luna en el trocito de cielo que no tapan los edificios. Y, entre ellos, aparecen copiados varios poemas de Baudelaire dedicados a la luna, los gatos y otras sombras de la noche.

De un simbolismo más convencional es la carta IIII, el Emperador. Sobre la superficie completa de la tabla, ha encolado cuatro páginas de un método de lectura escolar profusamente usado durante el franquismo titulado *Rayas*, elección que la autora explica así: «Se trata de un librito terrible para los que tuvieron que haber aprendido a leer con él, dado lo nefasto de su contenido y lo irrisorio de sus falsos valores. A través de este naipe he querido plasmar lo grotesco de la idea imperial y, en concreto, la que personalmente más me afectó: la vinculada a la sangrienta y dilatada postguerra y al franquismo».[22] Sobre sus páginas, dedicadas a la historia de España y su imperio católico en que no se ponía el sol, dibujó el perfil del águila del escudo franquista, símbolo de la unidad y del carácter nacionalcatólico del régimen, al que pegó en su pico la imagen de una hamburguesa recortada de la publicidad de la cadena estadounidense Burger King, alusión evidente al más actual imperialismo económico.

El Ermitaño, la carta VIIII, fue la última que realizó y la que más le costó resolver. Había manejado varias ideas, sin decidirse, hasta que le entregaron unas fotografías que le habían hecho mientras trabajaba en el estudio y vio una que le impresionó. La captaba a ella, en una actitud misteriosa, en el extremo izquierdo del lugar justo donde solía colocarse para pintar, con la mesa de trabajo delante de varias tablas del tarot colgadas en la pared del fondo. Y entre ellas, extrañamente, se proyectaba su propia sombra sobre la pared blanca. «Al observar la imagen comprendí que el ermitaño era yo, ya que el estudio era el espacio de soledad y reencuentro que más conocía».[23]

Este breve repaso de algunas de las piezas del *Tarot imaginario*, con toda su vertiente fantástica, nos permite concluir el capítulo con la constatación de que esa inclinación narrativa transita con frecuencia de la poesía a la realidad. Lo demuestra la elección de los motivos literarios en los que se inspira. Por ejemplo, cuando dedica un cuadro al poemario de Salvador Espriu *Cementiri de Sinera*, escrito entre 1944 y 1945, e interpretado dentro del imaginario colectivo catalán como una elegía a la patria derrotada y devastada por la Guerra Civil.[24]

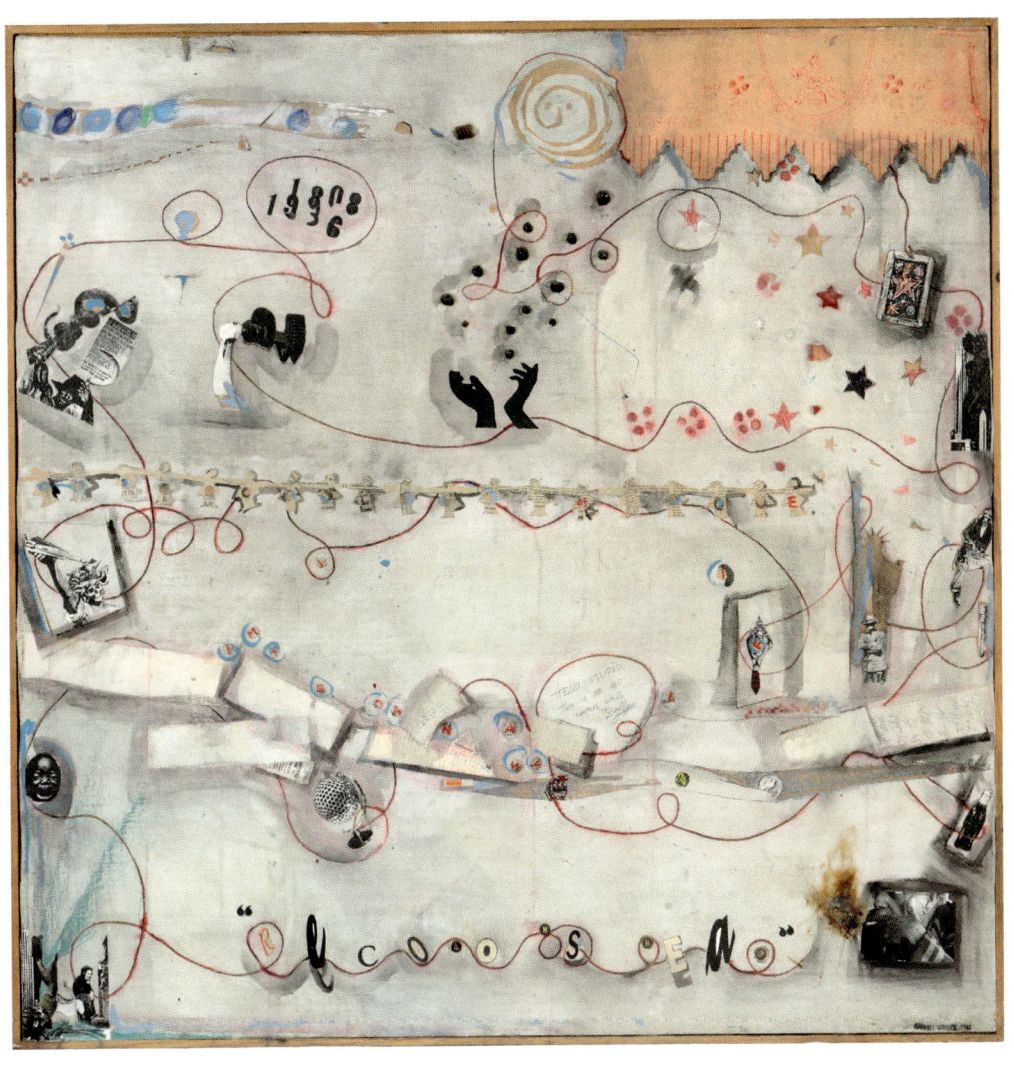

56. *Recollons Beach y Renau*, 1984. Técnica mixta y *collage* sobre tabla, 122 x 122 cm.

O cuando, más explícitamente, recuerda a los muchos fusilados en las proximidades del cementerio de Paterna, ya en la posguerra, con catorce tablas de refinada sensibilidad matérica, que titula *Barranc del Carraixet* (1989) [fig. 54] aludiendo a un conocido poema de Vicent Andrés Estellés.[25] O cuando la lectura de varios escritores vascos le inspiran nuevas pinturas, como *La prisión* (1988) [fig. 55], en la que representa visualmente y por escrito la descripción de una cárcel que hace Miguel Pelay Orozco en su novela *Preludio sangriento*; o el díptico *Uso txuria* (1988), que parte del poema homónimo de Javier de Bengoechea, «La paloma blanca», referido a la anhelada paz tras la Guerra Civil.[26] O cuando elige otra creación plástica de contenido político más actual, como hace en *Recollons Beach y Renau* (1984) [fig. 56], homenaje al gran artista e ilustre exiliado comunista Josep Renau, quien desde su regreso en 1976 había desplegado una intensa actividad como conferenciante y protagonista de los más diversos actos, convertidos en punto de encuentro de los intelectuales y artistas valencianos durante los primeros años de la Transición.[27] Su desaparición en 1982 y la admiración de Carmen hacia su figura motivaron la creación de un cuadro repleto de referencias a su agitada biografía, unidas por una suerte de hilo rojo que va entrelazando fechas (1808 y 1936), varias imágenes de su *The American Way of Life*, una pelota de golf, unas letras recortadas que componen el título de la obra suya del mismo título (*Recollons Beach*), un retrato del mismo Renau envuelto en una nube de humo que sale de su inseparable cigarrillo... Las connotaciones políticas del cuadro, además de por la misma figura del homenajeado, se desprenden de la alusión a la obra mencionada en el título, una serigrafía suya de 1977, concebida contra la urbanización la Dehesa del Saler, en el entorno natural de la Albufera, con apartamentos y campos de golf, tal como proyectaba el Ayuntamiento de Valencia, y que levantó una creciente oposición ciudadana desde la década de los setenta, bajo la consigna «El Saler per al poble». O cuando la conmoción por una masacre en los campos de refugiados palestinos del Líbano le incita a expresar su adhesión a la causa de las víctimas con *Poema para Sabra y Chatyla* (1984). Y es que, a contracorriente del abandono de los contenidos políticos, tan generalizado en el arte español de los años ochenta, Carmen Grau piensa que «El verdadero arte nace de dentro a fuera, no viene impuesto por modas e intereses [...], el arte verdadero debe ser altivo y rebelde, y estar ligado a la trascendencia política y social de su momento, pero con entera libertad».[28]

2.3. LA PINTURA-OBJETO Y SUS NARRATIVAS

En su producción de mediados de los años ochenta, Carmen Grau demuestra dominar con soltura la pintura sobre tabla, el *collage* de los más heteróclitos materiales, la composición de grandes formatos, los diálogos entre pintura y poesía... Había alcanzado la madurez artística. Pero una madurez que no significará todavía culminación o plenitud, sino más bien el inicio del desarrollo completo de los hallazgos previos. Así la técnica del *collage* de materiales deviene en el *assemblage* de objetos significativos, lo que introduce una nueva narrativa, basada no tanto ya en las referencias literarias como en el simbolismo de los propios objetos; llegando alguno de ellos a protagonizar series extensas de obras. Lo advirtió Paco Morales, cuando en 1986 llamaba la atención sobre el hecho de que muchos de los cuadros incorporaban objetos, a lo que la artista respondía desvelando la razón:

> Pinto con esos objetos que he visto a lo largo de mi vida y que expresan mi personalidad. No usaría nunca chapas de refrescos, pero voy al Rastro y compro toda clase de objetos. Tengo montones de *guarraditas*, a veces incluso cosas que los vendedores del Rastro tiran. Me interesan sobre todo aquellas que han sido usadas, que han tenido una vida, especialmente todo lo que está hecho de madera, lo metálico me encaja menos plásticamente. Y no me interesan tanto por sí mismos, sino porque conectan con algo que llevo en la mente dando vueltas. Así es como el objeto se integra en mi trabajo.[1]

Descubierto el potencial artístico de los materiales desechados, de las baratijas y cachivaches, Carmen Grau se adentra ahora de lleno en la estética del *objet trouvé*, en reconocer las afinidades ocultas entre las cosas olvidadas, en rastrear los fragmentos de la memoria que atesoran..., internándose en los misterios de la transformación de la basura en arte. «Realizar una obra plástica con materiales despreciados y considerados inservibles, en un mundo de incontrolable

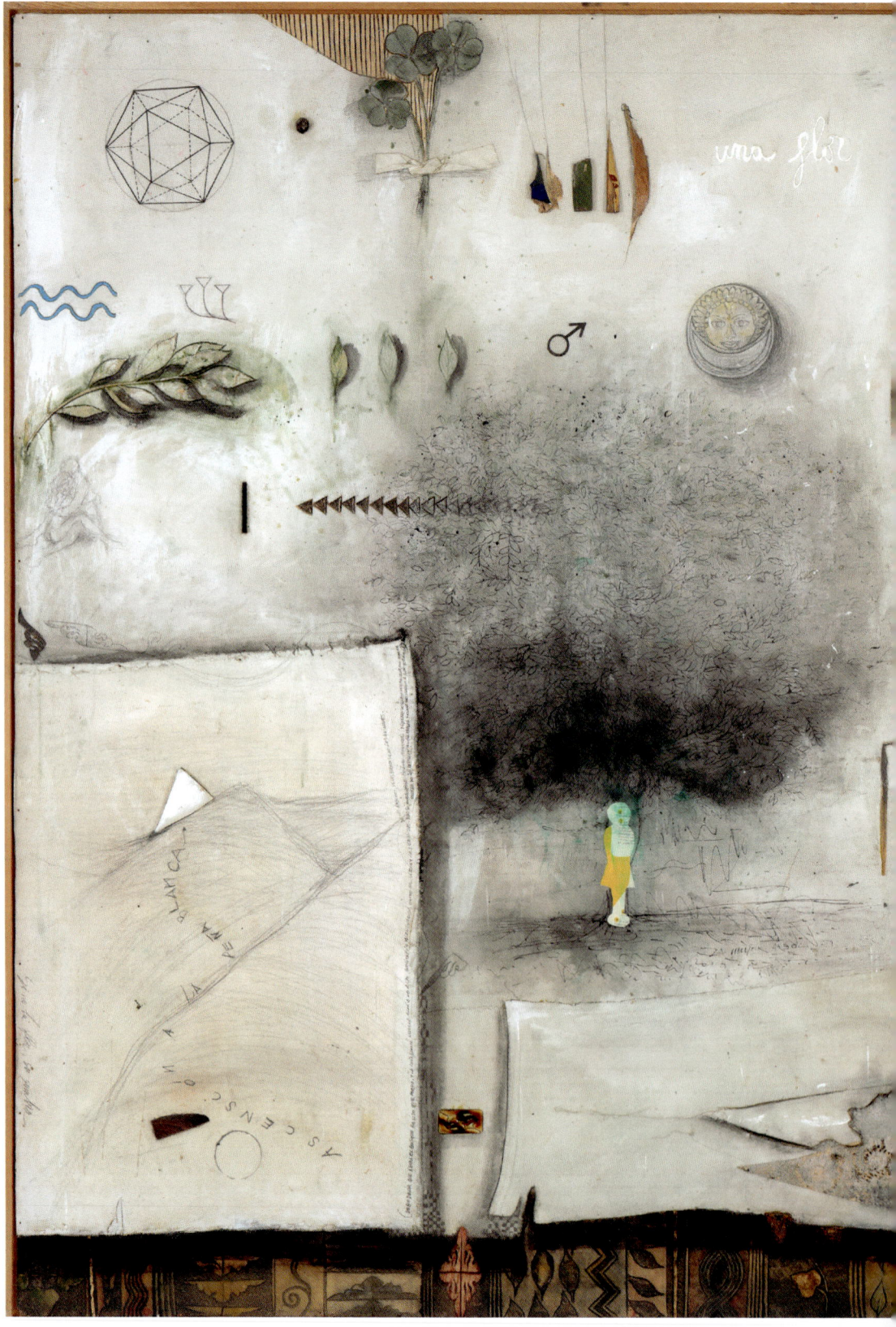

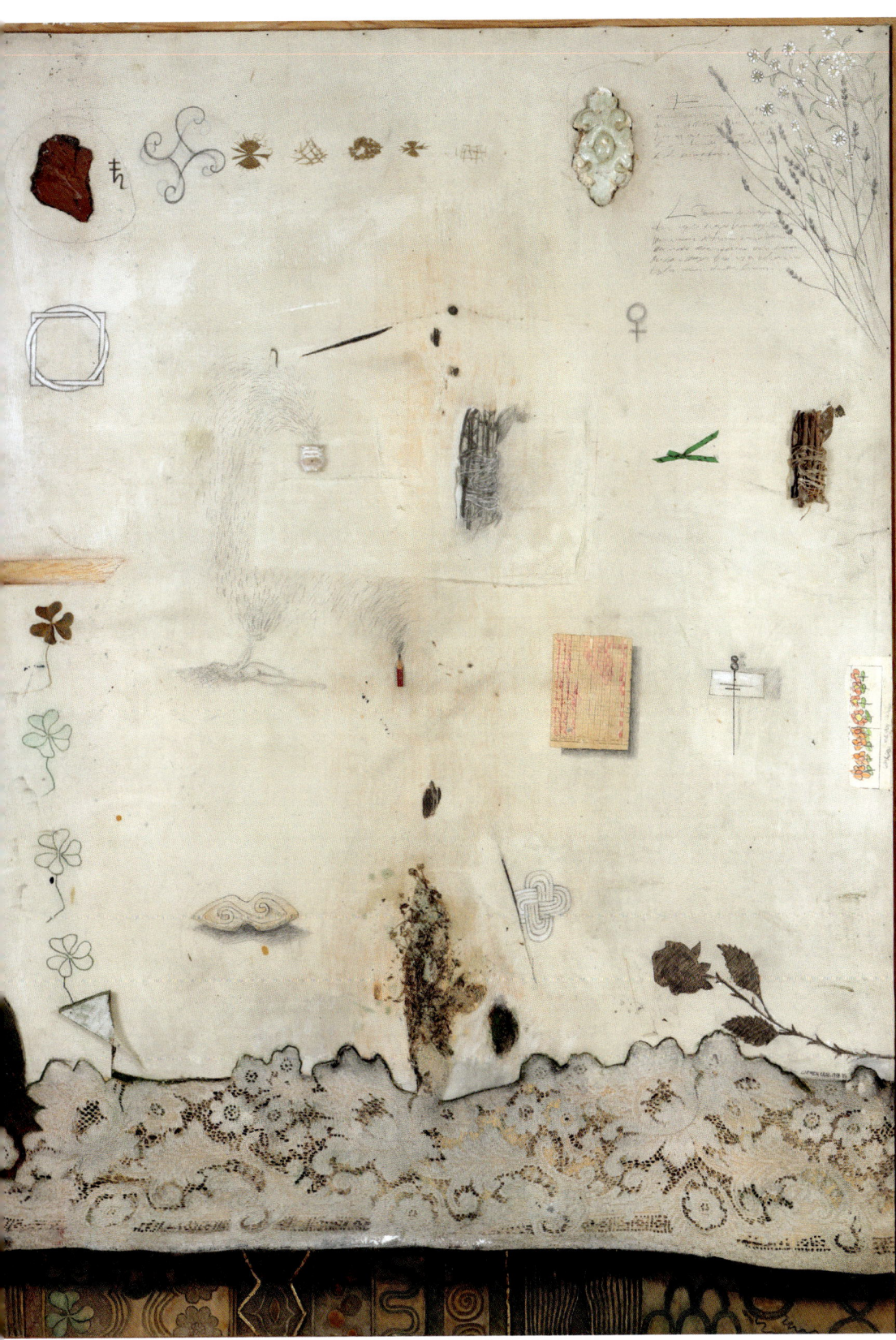

57. *Montán*,
1988-1995.
Collage, talla,
ensamblaje,
grafito y acrílico
sobre tabla,
170 x 245 cm.

consumo, puede resultar extraño –algunos dirían, incluso, que sucio–, y más en un trabajo que, como sucede con la pintura, se considera bello. Sin embargo, una pintura no es mejor pintura por ser más bella. El mundo que nos rodea no es siempre hermoso».[2]

Vista con perspectiva histórica, la estética del objeto encontrado en la que se adentra Carmen Grau a mediados de los años ochenta sería heredera lejana del dadaísmo; pero no el de Marcel Duchamp y sus objetos *ready-mades* elegidos por resultar indiferentes, sino el representado por su coetáneo Kurt Schwitters y sus ensamblajes *merz* compuestos de objetos significativos. Y remontarse, tras este dadaísta alemán, a los dos primeros maestros estadounidenses del ensamblaje: Louise Nevelson, con sus relieves escultóricos de maderas recicladas, y Joseph Cornell, con sus pequeñas y exquisitas cajas conteniendo los más variados objetos. Y proseguir con las *combine paintings* de Robert Rauschenberg y los *assemblages* críticos de Edward Kienholz. Hasta terminar señalando su proximidad a algunas obras de sus coetáneos Christian Boltanski y Carmen Calvo. Porque elige sus objetos –como ella misma dice en la primera cita– por su capacidad de evocación: cuando le resultan familiares, le despiertan recuerdos personales, tienen un pasado, conservan una memoria..., y le dicen algo en su trabajo. No cabe duda de que, al igual que los artistas mencionados, cree en el poder expresivo de las cosas. Y de que su elección tiene bastante de pulsión autobiográfica, porque son objetos que la representan, que expresan su identidad; pero responde también a un deseo no tan evidente de trascender lo personal para incorporar en el arte la realidad social. Aunque no la realidad simbolizada por las cosas e imágenes de la actual sociedad de consumo de masas («no usaría nunca chapas de refrescos», asegura), sino la de aquellas pertenecientes a la cultura material anterior al desarrollo tecnológico, aquellas confeccionadas manualmente y que ya han sido desechadas por inservibles. ¿Y dónde encontrar este tipo de cosas mejor que el rastro? Tal como nos dice en la cita, Carmen fue durante años una habitual del rastro de Valencia, desde que de niña empezó a frecuentarlo con su padre los domingos.

De modo que esos objetos encontrados en el rastro, además de su mayor o menor atractivo estético, tienen la virtud de evocar un recuerdo del pasado, sugerir una historia e, incluso, inspirarnos una narración en la que son protagonistas. Eso es precisamente lo que sucede en muchas de las pinturas objeto de Carmen Grau: que los objetos contenidos en ellas, convertidos en personajes, nos sorprenden con la narración de sus propias historias, que a menudo se entrecruzan con la nuestra. En una investigación sobre el tema, Emanuela Saladini nos dice que «el objeto encontrado no es nunca un objeto indiferente y su interés nace de la relación del propio objeto con la memoria y la biografía. El objeto encontrado instaura una especie de *ménage* à *trois* entre la obra de arte, el artista y el espectador donde la complejidad de las relaciones otorga profundidad a la propia creación artística».[3]

Un buen ejemplo que ilustra esa conmovedora poesía de las cosas más humildes para evocar las vivencias de la infancia es la obra *Montán* (1988-1995), un díptico en el que vemos algunas frases, varios dibujos, ciertos símbolos y pequeños objetos, como unas piritas, la corteza de un árbol, las hojas de un trébol, un adorno de escayola o la página de un cuaderno [fig. 57]. La tituló con el nombre del pueblo de la comarca castellonense del Alto Mijares donde pasó los veranos con su familia entre los siete y los trece años. Para una niña de ciudad, aquellos largos estíos rurales, en los que no regían las normas ni rutinas del resto del año, suponían algo así como vivir cada día una aventura nueva, descubrir un paraje o un insecto desconocido, saber el nombre de otro árbol o pájaro, aprender a manejar un tirachinas, tratar a unas personas distintas… Muchos años después, algo de esas experiencias y sensaciones fue rescatado en esta pintura, como un intento de recuperar el asombro de aquellos días. Tal vez porque, como afirma Miquel Barceló al inicio de su singular autobiografía, tan literaria como visual, «la pintura está ligada a la infancia», y «seguramente sea cierto que aprendemos lo importante antes de los diez años».[4]

2.3.1. «Dobles»

Podemos abordar el análisis de la producción de Carmen Grau desde la segunda mitad de los años ochenta siguiendo las series en las que empieza a agrupar sus trabajos (atendiendo al motivo o la técnica), siempre que las usemos de modo flexible, porque su indiscutible constancia y laboriosidad no están guiadas por la disciplina de un orden predeterminado, lo que explica el solapamiento entre series o las regresiones a motivos o procedimientos del pasado. «Mis ideas van más rápido que mi trabajo: estoy haciendo una serie y empezando a plantear la siguiente. Tampoco me gusta cerrarme puertas, por eso a veces recupero trabajos inacabados, incluso de décadas atrás».[5]

El primer conjunto de piezas que se suceden y están relacionadas entre sí por su concepción formal son las que constituyen la serie de los «Dobles», una manifestación evidente de su inclinación a transgredir la condición tradicional de la pintura. Se trata de unas pequeñas pinturas-objeto (cuyas dimensiones oscilan entre los 28 x 18 y los 40 x 30 cm, y un grosor de 2,5 cm), con la singularidad de que están trabajadas por las dos caras, de ahí su nombre. Debido a este carácter bifaz, van montadas sobre un soporte, también de madera, que permite mostrarlas exentas en vertical sobre una peana, para que puedan así contemplarse ambas caras, no solo el anverso, como ocurriría si se colgasen en la pared. Ese singular formato será lo que las distinga, y no tanto los motivos, porque desde el principio son variados y se van ampliando con nuevos a lo largo del tiempo, hasta llegar al presente.

Los primeros de estos «Dobles» que produjo, fechados entre finales de 1983 e inicios de 1984, son pequeños relieves de doble cara ejecutados empleando la técnica de la talla y ensamblaje de trozos de madera en la que ya era diestra. Pronto se añade la pintura y el dibujo, así como la incorporación de papeles pegados, telas y pequeños objetos. Dentro de la serie fue distinguiendo subseries con el tiempo, atendiendo –suponemos– a los motivos figurados: «Dobles escultóricos», «de labores», «de juegos», «de apuntes», «de personajes», «de máscaras»... Varias piezas reiteran el interés de la artista por la infancia, como ella misma reconoce: «Al analizar estos trabajos he descubierto que existen, sin lugar a dudas, reminiscencias irónicas, conscientes e inconscientes, de la niñez, de sus juegos, recuerdos y vivencias; a través de notas y apuntes de cuadernos escolares, trabajos manuales de colegio, pequeños objetos, etc.».[6] Un ejemplo es *Renace* (1984), que contiene hojas de cuaderno de su hija Carolina tanto en el anverso como en el reverso, al que su madre añadió unas formas talladas y pintadas en vivos colores que completan el aspecto infantil [fig. 58]. En otras vemos una tira de muñecas para recortar. Y es en algunas de estas piezas donde aparece por primera vez (silueteada, tallada o rebajada) la figurita de un muñeco de futbolín, un motivo estrella en toda la obra posterior, que presentaremos en breve. Los «Dobles» suponen un paso decisivo en el alejamiento de la planitud de la pintu-

58. *Renace* (anverso y reverso), 1983. Técnica mixta y *collage* sobre tabla, 28 x 18 cm.

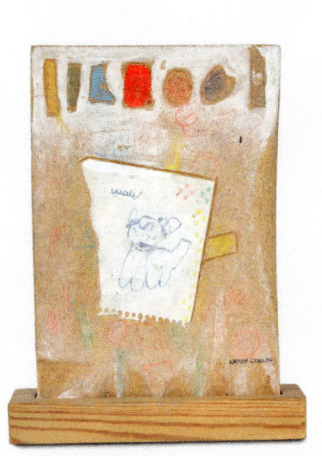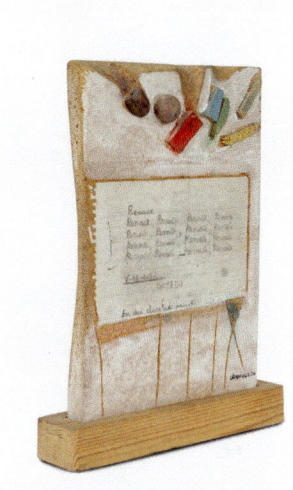

ra, «un modo de burlar los límites del cuadro».[7] Aun así, «están pensados como objetos pictóricos, no como esculturas, aunque podrían parecerlo, conceptualmente son pinturas».[8]

La serie se complementó poco después con la confección de las «Cajas», que nacieron de la necesidad práctica de conservación y transporte. La propia pintora explica en la entrevista con Paco Morales que cuando quiso llevar sus «Dobles» para exhibirlos en Madrid, empezó a confeccionar unas cajas de madera para que las piezas viajasen de forma segura, debido a su fragilidad y tamaño.[9] Pero enseguida vislumbró que esos contenedores podían aunar la utilidad con el atractivo estético, y empezó a ornamentar su exterior, grabándolo, lijándolo, dándole color, dibujando grafismos e inscripciones…, convirtiendo las «Cajas» en objetos artísticos en sí mismos (en una operación que recuerda a las *boîtes-en-valise* de Duchamp). «En realidad, *Cajas* y *Dobles* forman un bloque. Tienen un idéntico sentido plástico. Y aunque cada objeto es suficiente por sí mismo, la emoción estética que transmiten en conjunto es muy distinta a la suscitada al contemplar uno solo de los objetos, ya que ambos tipos de piezas generan una unidad inquietante e inédita».[10]

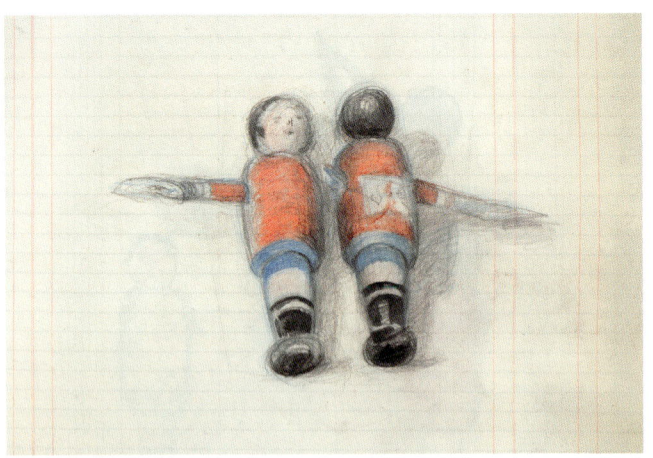

59. *Gemelos*, c. 1985.
Grafito, cretas y tinta china
sobre Libro mayor.

2.3.2. «Personajes»

Llegados a este punto, no será necesario insistir en la importancia creciente de los objetos encontrados en la producción de Carmen Grau desde mediados de los ochenta, cuando empiezan a ser mucho más que un ingrediente material o formal, para desempeñar un papel clave en el contenido de la obra; protagonizando varias series, en las que la artista se apropia de ellos hasta el punto de despojarlos de su apariencia o función original y convertirlos en sello de su estilo. Y, como dijimos al inicio del capítulo, este cada vez más frecuente ensamblaje de objetos significativos introduce una nueva narrativa en la obra de Carmen Grau, que ya no se basa tanto en las referencias literarias como en el simbolismo de dichos objetos, llegando alguno de ellos a protagonizar series extensas de obras. Este es el caso de la serie «Personajes», cuya aparición produce un cambio estilístico de enorme repercusión en la obra completa de la artista.

Todo empezó en 1984 y no podía ser en otro lugar que no fuera el rastro, donde en uno de sus puestos encontró un montón de muñecos de un antiguo futbolín, algunos unidos en su varilla, sueltos otros, de esos que eran de madera y aún tenían las piernas juntas, de los que se fabricaron muchos durante la posguerra en Valencia. Desechados incluso por la vendedora, los recogió del suelo y se los llevó todos al taller a cambio de nada, para darles una nueva vida como pequeños protagonistas de sus obras [figs. 59 y 60]. Visto retrospectivamente,

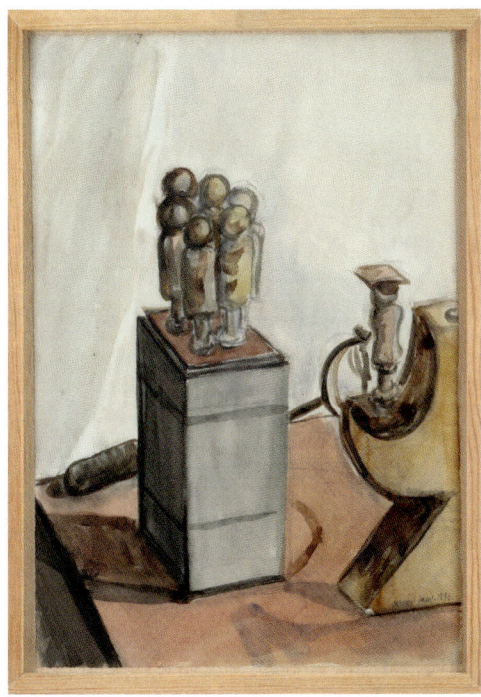

60. *Objetos de estudio*, 1995.
Aguada sobre papel, 47 x 34 cm

el hallazgo de aquellas figuritas fue de lo más oportuno, porque se convertirán en los personajes de mil y una historias que la artista necesitaba contar. A su condición de juguetes desgastados de tanto golpear a la bola en infinidad de partidos, unían su apariencia humana, lo que las hacía perfectas para personificar a la autora y a cualquier de nosotros. «Lo que ocurre con los personajes de Carmen Grau es lo que le ocurre a ella, y por ende, lo que nos ocurre a muchos de nosotros, pues nuestras experiencias son más colectivas de lo que a primera vista parecería».[11]

Inicialmente, las primeras obras de la serie presentan ensamblado uno de los muñecos de futbolín, junto con la multiplicación de su figura tallada en la tabla, llenando toda la composición; que se distingue, además, por un nuevo tratamiento del color, pues si hasta entonces la actitud de la autora hacia el color había sido más bien cauta, en esta serie empleó un mayor cromatismo en el que destacan los saturados azules y la presencia de rojos, amarillos y verdes; eso sí, compensados con la sobriedad del gris y el ocre [fig. 61].[12] Esa sucesión de siluetas someramente antropomorfas, aunque tenían distinto tratamiento de relieve y

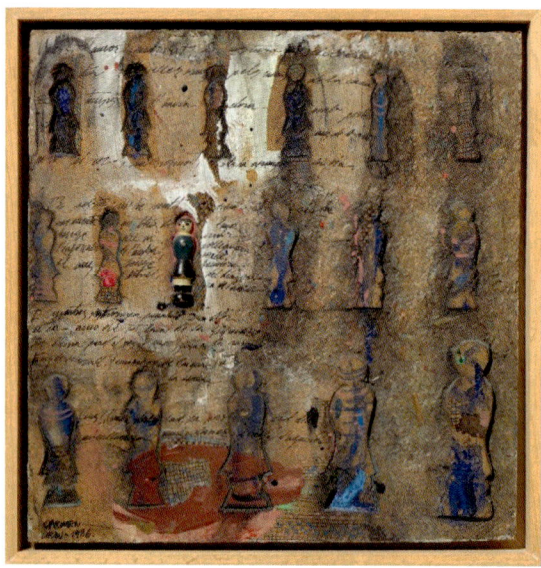

61. *Veus? (De una poesía de Maria Mercè Marçal)*, 1986. Técnica mixta y *collage* sobre tabla, 40 x 40 cm. Fundació Carmen & Lluís Bassat. Mataró (Barcelona).

pintura, eran solo el motivo formal del cuadro, que la autora dedica nuevamente a poetas (Juan Gil-Albert, Vicent Andrés Estellés, Maria Mercè Marçal...) y a otras personas que admira (Rosa Luxemburgo, Miquel de Renzi, Carles Dolç...). A este momento corresponde una obra tridimensional atípica, consistente en un prisma triangular recto de 244 cm de altura y 85 cm de anchura en cada una de sus tres caras laterales, cubiertas en su totalidad por la misma repetición de figuras talladas en bajorrelieve, pero con ligeras variaciones de tamaño e identificadas ahora con los nombres de Pablo Neruda, Walt Whitman, Simone de Beauvoir, María Beneyto..., y que la autora tituló *Dolmen de los personajes* (1985). Sin embargo, pronto imaginó que esos personajes podían representar a cualquier individuo, que podían independizarse y tener una personalidad propia, una actitud característica. Así surge *Personaje egocéntrico* [fig. 62], *Personaje ecológico*, *Personaje complementario* o *Diferente intentando pasar desapercibido*.

Pero al final de la década de los ochenta, Carmen Grau retoma este motivo, explorando en sus cuadernos las posibilidades narrativas que ofrece, y enseguida capta que, como cualquier personaje, podía interpretar distintos papeles y le podían suceder cosas igual que a cualquiera de nosotros. Así es como «deja de ser un dato sensible para pasar a tener la entidad de un personaje literario»,[13] que es autónomo, se expresa e interactúa con otros personajes en las más

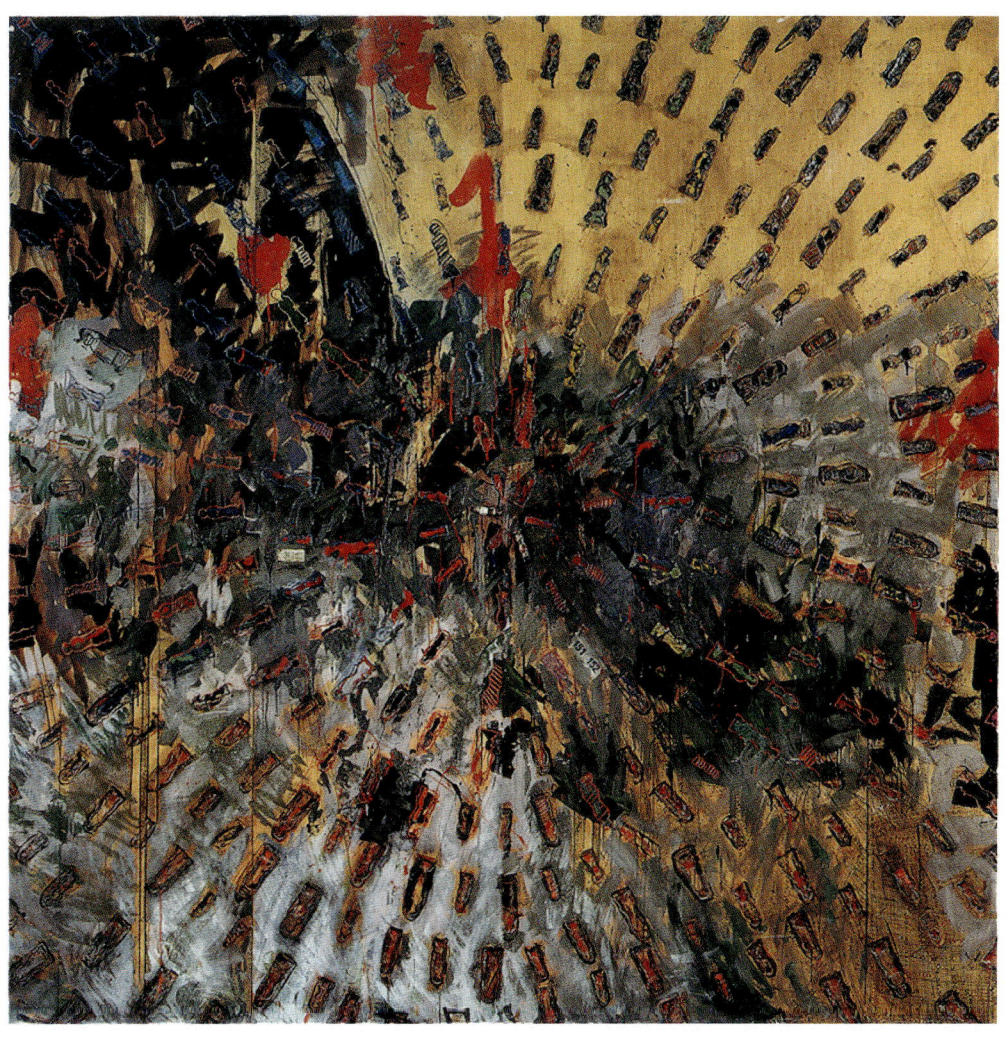

62. *Personaje egocéntrico / El atómico*, 1986. Técnica mixta y *collage* sobre tabla, 244 x 244 cm.

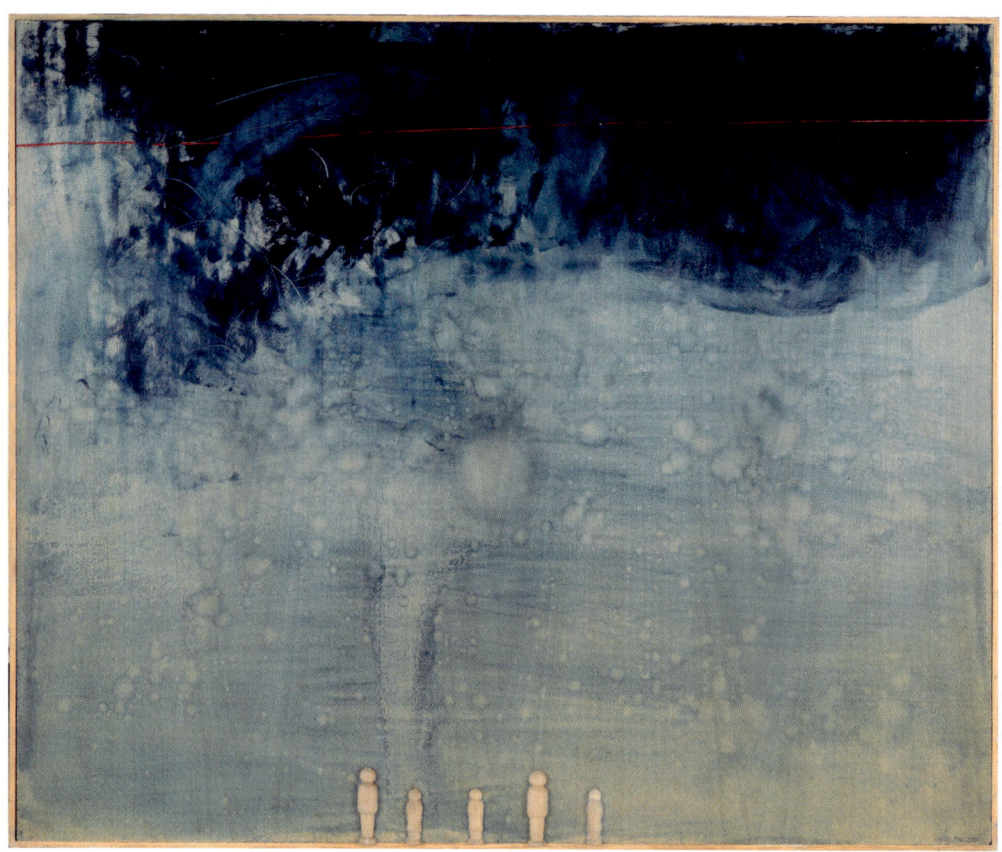

63. *Fantasma de la madera I*, 2000. Acrílico, talla y ensamblaje sobre tabla, 100 x 122,5 cm.

variadas situaciones imaginadas por la artista. Y durante toda la década siguiente, despliega una amplia narrativa con sus personajes como protagonistas, enfrentados en su pequeñez al espacio del cuadro: frente al mar, mirando al cielo, al borde de un acantilado, en la cima de un iceberg... [fig. 63]. Acertadamente observa Pascual Patuel que «late en el fondo de estas obras una cierta consideración de índole romántica al enfrentar al hombre con las fuerzas de la naturaleza».[14]

Unas veces son los muñecos originales del viejo futbolín, otras son nuevas versiones torneadas con diferentes variaciones de tamaño, proporciones, sexo o identidad, sobre los que giran unas obras que, salvo excepciones, tienen pequeños formatos de composiciones sencillas pero muy expresivas, cuya magia reside

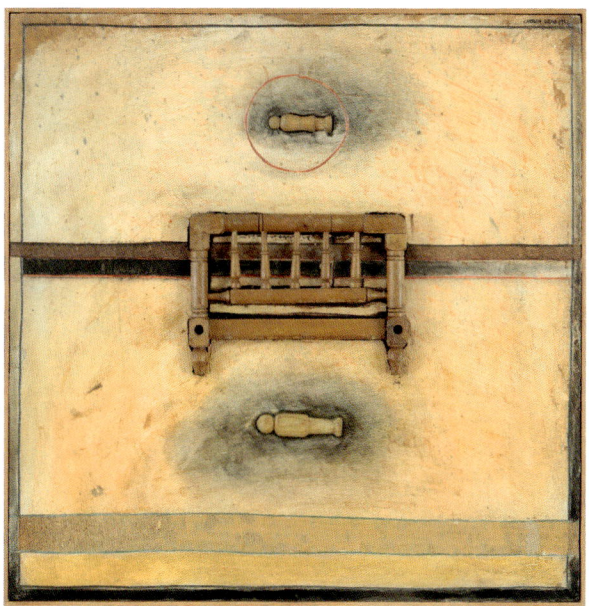

64. *Juego de cama III*, 1992.
Acrílico y ensamblaje sobre tabla,
61 x 60 cm.

en su capacidad de hablar de temas universales en voz baja. Hay en ellas empatía, crítica y solidaridad hacia el ser humano encarnado por el Personaje, como en *Los caprichos* de Goya, salvando las distancias. Un buen ejemplo es *Soy una santa, soy muy buena, soy la pera* (1992). En ella, tal y como explica el título escrito sobre la tabla, la Personaje se siente la mejor, se idealiza y se coloca a sí misma en un altar. Identificarnos con la obra es sencillo, como dijo Maite Beguiristain: «solo tenemos que mirarnos hacia dentro y recordar cuándo fue la última vez –casi siempre después de lo que nosotros consideramos como una faena inmerecida– que pensamos eso de nosotros mismos».[15] Igual sucede en otras obras, como *Mujer acosada* (1989) o *En la cuerda floja* (2000) [fig. 1], situaciones en la que todos nos hemos encontrado alguna vez. El Personaje aparece también en composiciones grupales como en la sugerente *Personajes subiendo por la maldita escalera* (1991), que contiene una doble crítica:

> El artista alemán Anselm Kiefer comenzó a realizar obras en las que aparecía una escalera y, de pronto, muchos artistas valencianos comenzaron a incorporar escaleras en sus obras. Esta obra fue una forma jocosa e irónica de sumarme al carro. Y, más en general, pretendía criticar a los «trepas» que son capaces de todo con tal de seguir subiendo.[16]

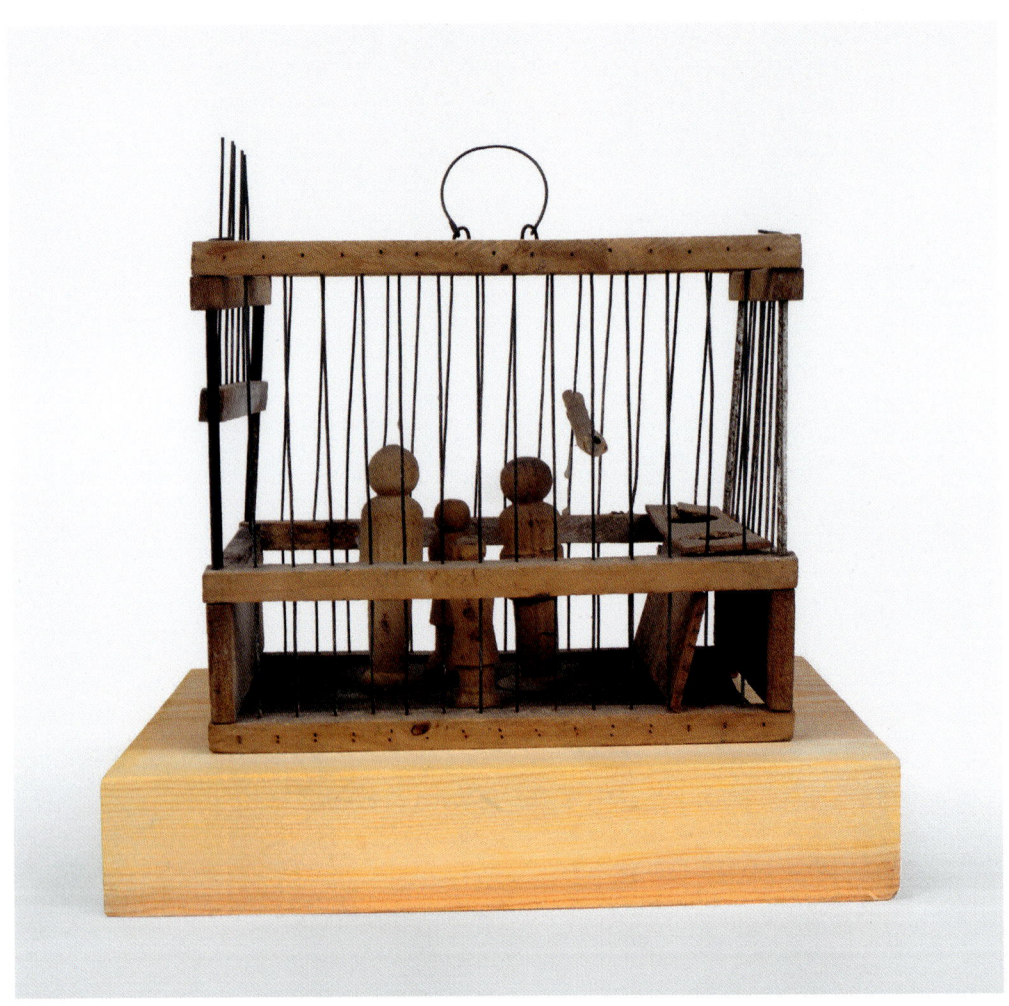

65. *Familia feliz*, 1987. Madera y latón, 22 x 27 x 19 cm.

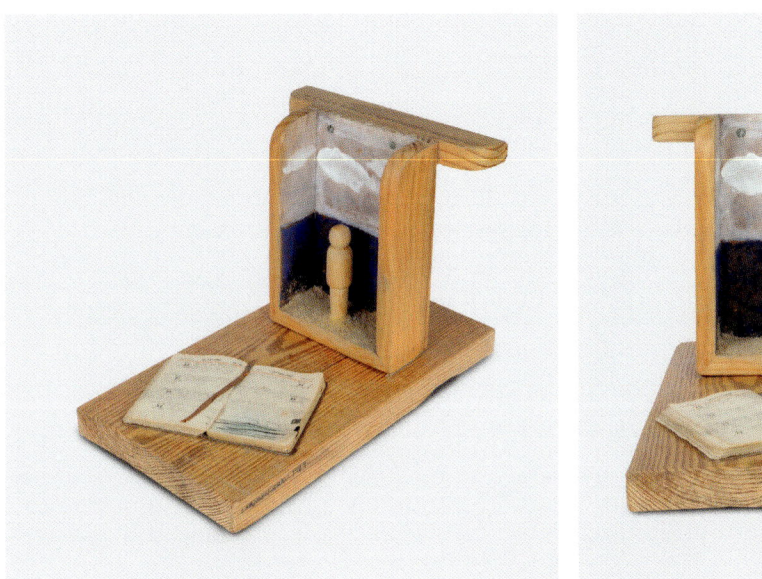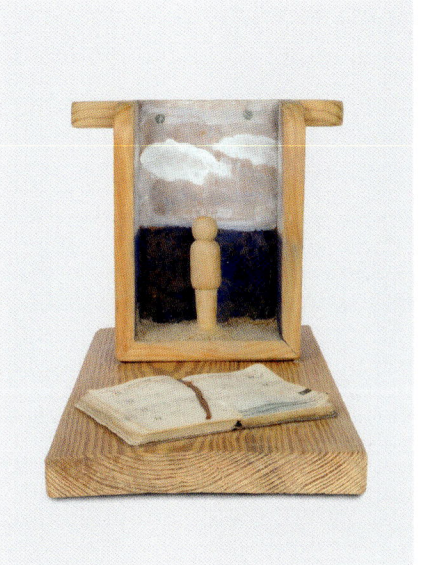

66. *La agenda del marino*, 1989. Ensamblaje, 23 x 20 x 34,5 cm.

Las necesidades narrativas del Personaje alcanzaron tal grado de independencia que condujeron a la artista a la escultura. Saltaron del plano del cuadro para vivir pequeñas historias en el espacio de las tres dimensiones. Lo explicó bien Maite Beguiristain desde la visión privilegiada que le proporcionó la exposición, comisariada por ella, en el Almudín de Valencia: «es el personaje quien le lleva a la escultura que ella no busca. Como casi todo, la escultura también le sale al encuentro como necesidad del personaje, no de la autora. El personaje tiene ya vida propia y necesidades y temas propios, es ya una encarnación simbólica de los aconteceres humanos».[17] Las primeras composiciones escultóricas datan ya de finales de los ochenta y son de pequeño tamaño, como *Familia feliz* (1987) [fig. 65], *Preparados para el juego I* (1987) o *La agenda del marino* (1989) [fig. 66]. Pero en la década de los noventa logran mayor envergadura, empezando por las versiones de *Grupo* (1990), hasta llegar a las preparadas para la exposición del Almudín, como varias versiones de *Pareja* (1999-2001), una de ellas fundida en bronce, o como *Dos reyes* (2001), también en bronce de casi tres metros de altura (hoy en el campus de la Universitat Politècnica de València y en el Museo de Bellas Artes de Valencia, respectivamente).[18]

2.3.3. «Máscaras»

El término *persona* procede del latín *persōna* y se refería a la máscara usada por los actores para representar su personaje.[19] Partiendo de esta etimología, la personalidad no sería más que una construcción, una máscara, que usamos los individuos para definirnos e interactuar en sociedad. La máscara tendría una doble función, la de mostrar y esconder al mismo tiempo quiénes somos. Y con ello, una invitación a indagar qué es verdad y qué fingimiento. Muy probablemente sea el carácter inherente de identidad y disfraz que tiene la máscara lo que la ha convertido en un objeto ampliamente representado a lo largo de la historia del arte, y más aún en la posmodernidad. Al menos así es en el caso de Carmen Grau: «La màscara és un misteri, és el món que s'oculta, és allò que no sé. És el costat fosc i estrany dels éssers».[20]

Esta reflexión surge de otro hallazgo casual en el rastro: el de unas máscaras que inspiran una nueva serie de obras en las que aparecen máscaras reales o figuradas. La primera obra importante en las que las vemos es *Autorretrato barroco* (1985-1986) [fig. 67], un ejercicio en toda regla de introspección sobre la propia identidad personal y sus circunstancias a partir de varios retratos (de niña en una fotografía escolar, de joven en un desnudo académico, en apuntes del rostro de frente y de perfil...), acompañados de dibujos infantiles, páginas manuscritas y de un libro de texto, piezas de un juego de construcción, cartabones, lápices y otros bártulos de colegio... rodeado todo ello de signos y símbolos, en una composición «dispuesta como para ser leída desde el principio hasta el final»[21] que recuerda a *The Waste Land*. En palabras de la autora, «el sentido con el que planteo la temática del retrato hace que esta obra posea un evidente carácter autobiográfico. [...] *Autorretrato barroco* es una obra repleta de contenidos que, trabajados conscientemente, buscan mostrar la influencia intensa de la realidad». Y lo hacen a través de «la agresión a la que está sometida la tabla», en la que «de cada tajo y de cada golpe queda una huella irremediable: heridas, conmociones y marcas se acumulan sobre sí mismas, tal como lo harían el tiempo y las circunstancias sobre la piel», hasta conformar la propia vida.[22]

Otra obra de la serie es *Máscara herida* (1986), un retablo de gran formato (244 x 475 cm), todo él cubierto por la repetición caótica de máscaras con

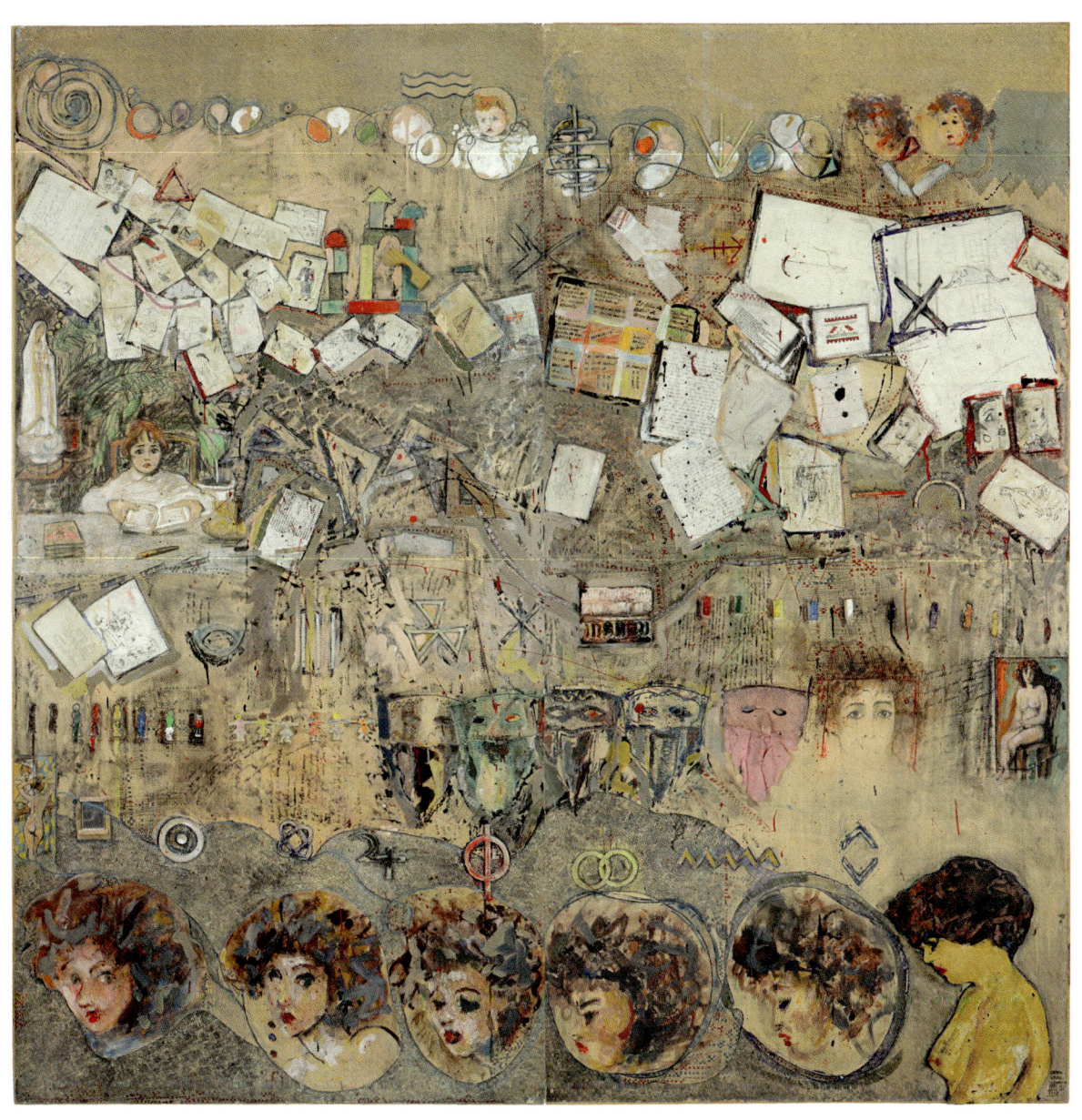

67. *Autorretrato barroco*, 1985-1986. Talla, *collage*, ensamblaje, dibujo a lápiz y tinta, acrílico, óleo, esmaltes y témpera sobre tabla, 244 x 244 cm.

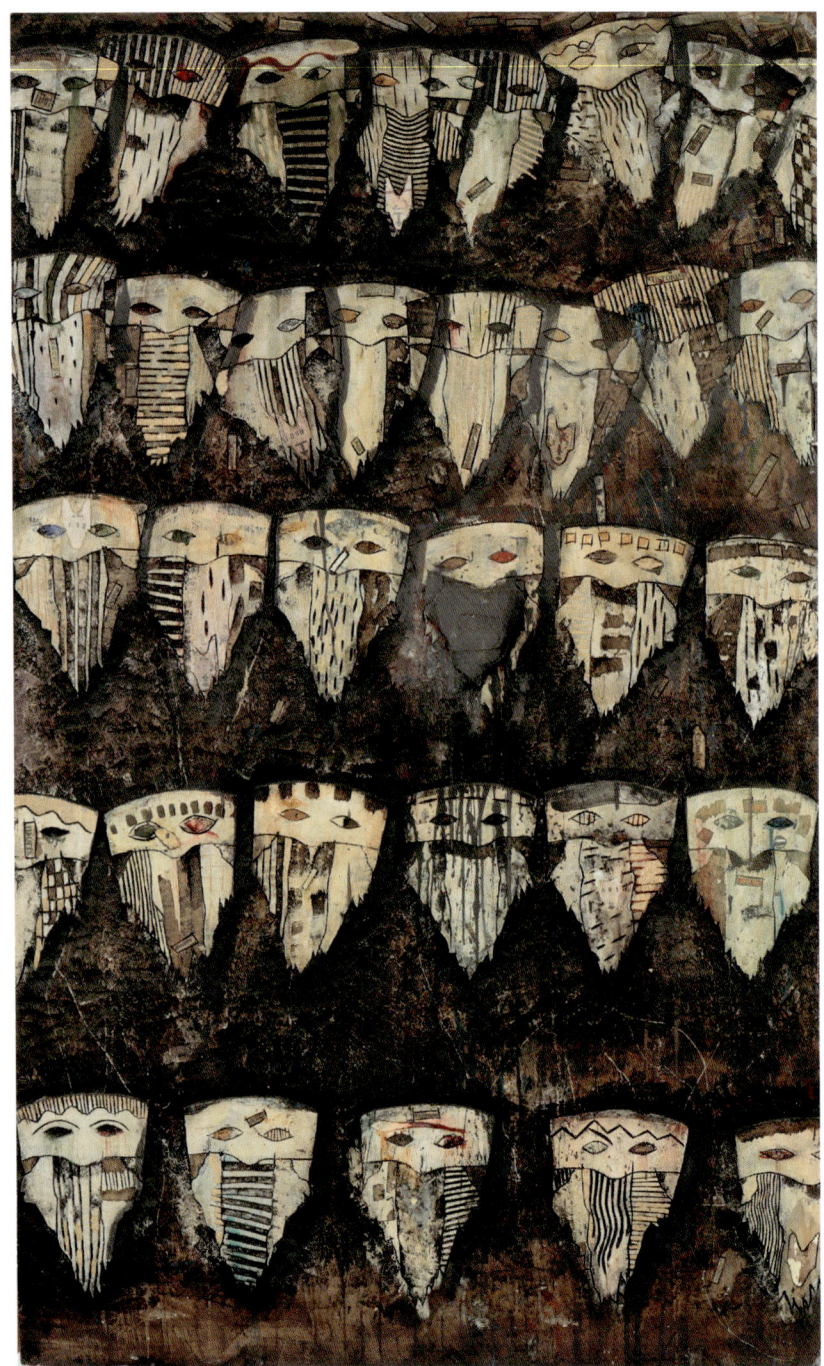

68. *Máscaras*, c. 1987.
Talla, *collage*, acrílico
y barnices,
200 x 122,5 cm

distintos tratamientos, acompañadas de palabras impresas recortadas y pegadas (dinero, cultura, opinión, prensa, negocios, público, voto, éxito, guerra, justicia...) que actúan como ecos del mundo. Aunque el aspecto de las máscaras siempre es el mismo, «ya que las máscaras son, en el fondo –según la artista–, imagen del conformismo y de la inalterabilidad, ni gesticulan ni ríen»,[23] su tratamiento es distinto: en algunas la incisión de la gubia sobre la madera es decidida y profunda, mientras que en otras es temblorosa y sutil. Pero, en general, en esta serie la talla cede protagonismo a la pintura, una pintura gestual, muy expresiva. Ese acabado lo podemos apreciar también en *Máscaras* (c. 1987), una tabla inédita cuya secuencia de máscaras parecen salirse del cuadro, pues algunas están cortadas por sus bordes [fig. 68]. Sin duda, el objeto es perfecto para especular sobre la identidad, la parodia y el simulacro, pues, «dada nuestra tendencia a ocultar la verdad, la mayoría de nosotros usamos máscaras. Muchas caras dejan de serlo y son solo caretas».[24]

2.3.4. «Escuadras y cartabones», homenajes y cuadros-poema

Al final de la década de los ochenta, las ideas creativas de Carmen Grau se suceden rápidamente, materializándose en varias series, con mayor o menor número de piezas. En 1987 acometió una serie basada en el hallazgo de un buen número de antiguas escuadras y cartabones de madera, muy usados, retirados de algún colegio. Se encuentra en la misma línea que las «Máscaras» y la primera etapa de los «Personajes», ya que la multiplicación del objeto ocupa todo el espacio compositivo, como se puede ver en dos obras de 1987: *Triángulos en busca de El Dorado* [fig. 69] y *Dolmen de los insultos*, otro prisma triangular recto similar al ya mencionado.

También continuó pintando homenajes a escritores y artistas que admiraba. De 1988 data *A William Blake*, un díptico cuya composición está estructurada en celdas ocupadas por máscaras, personajes y triángulos. Del año siguiente es *A Ezra Pound*, de estilo muy informalista, pero con un retrato realista del poeta, pintado en la esquina superior izquierda. Así como varias pinturas en homenaje a Gabriel Ferrater y a Rosselló-Pòrcel, que integran delicadas flores naturales. Y de entonces datan también las series, ya menciona-

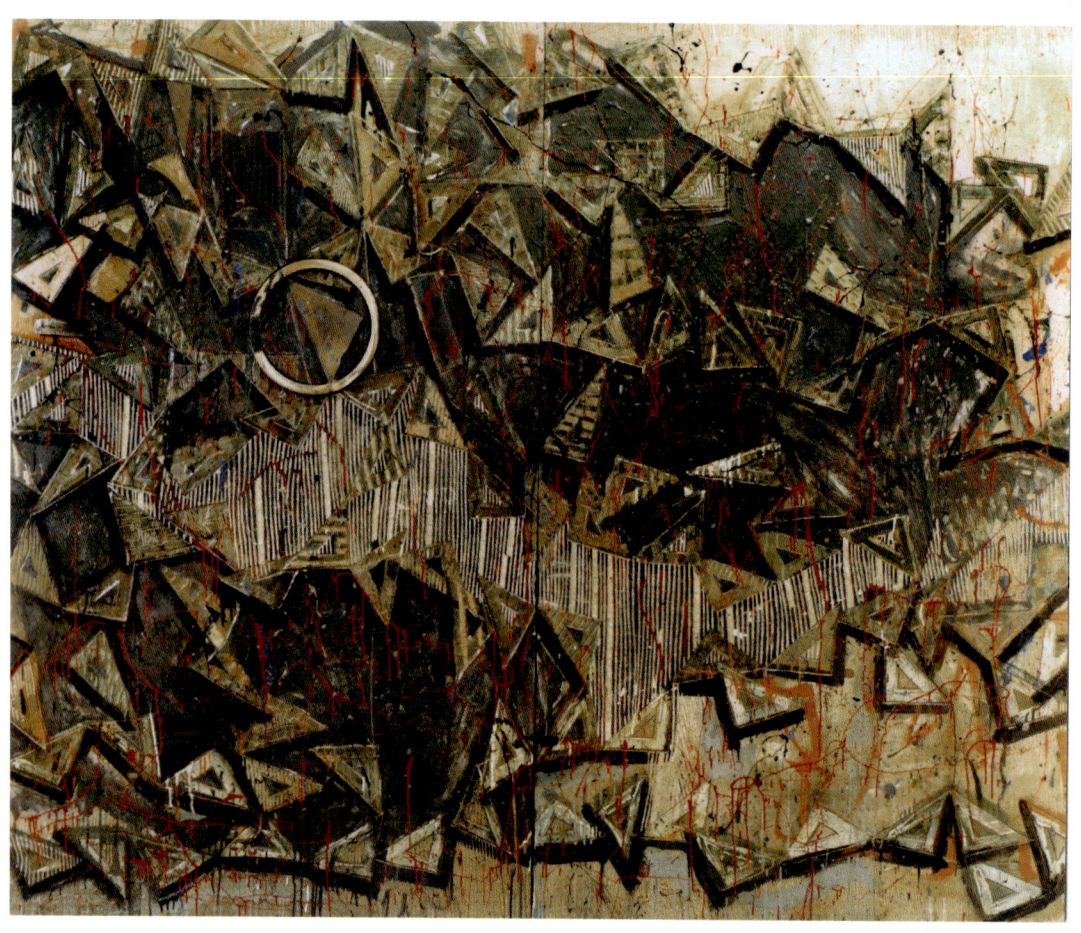

69. *Triángulos en busca de El Dorado*, 1987. Técnica mixta y *collage* sobre tabla, 200 x 244 cm.

das en el capítulo anterior, inspiradas en varios poetas vascos o en el poema «Vora el barranc del Carraixet» de Estellés. Ya de la década siguiente es *La marxa nupcial de Salvat-Papasseit* (1992), una original composición con palabras y frases que remedan los juegos tipográficos del poeta vanguardista catalán. Además, sigue produciendo obras espléndidas, de un renovado tratamiento matérico de la superficie, muy refinado y sugerente, sin evocaciones ajenas a su propia presencia física, como *Blanco sobre negro y negro sobre blanco* (1993).

2.3.5. «Abanicos»

La fascinación de Carmen Grau por los objetos y la materia en que están hechos cristalizó, entre 1994 y 1997, en una nueva serie basada en la forma del abanico y su historia. (Un complemento que, como la máscara, puede servir para expresarse discretamente o para ocultar el rostro). «Encontré unos abanicos muy viejos en el rastro (como otras veces) y empecé a investigar sobre ellos y su historia. Además, al conocer sus partes descubrí que la tela que va pegada al varillaje de los abanicos se llama país, lo que me abrió muchas posibilidades temáticas».[25] No obstante, al comienzo, le surgieron dudas por el riesgo de sucumbir al tópico del abanico como elemento folklórico.[26] O tal vez recordase la polémica que provocó en 1984-1985 una exposición de abanicos pintados por artistas españoles, muy criticada por la banalidad del motivo elegido.[27] Pero pudo más la atracción del objeto, «su forma y su razón de existir a través del tiempo»,[28] y enseguida lo dibuja obsesivamente en las páginas de sus cuadernos, y le dedica muchas y bellas obras sobre papel (a grafito, a grafito y lápiz graso, a tinta y acuarela...) y algunas estampaciones, además de una serie de cuadros de distintos formatos.

En su indagación averiguó que determinados personajes, tanto históricos como literarios, estuvieron relacionados con este objeto, por lo que dedicó alguna de las pinturas, desde Moctezuma a la princesa Teodolinda, pasando por Madame Bovary o Mariana Pineda. Muchas de las obras de la serie inciden en la idea del movimiento, necesario para que cumplan su función. Es por ello por lo que en obras como *La dama de los abanicos* (1996) aparece una repetición del

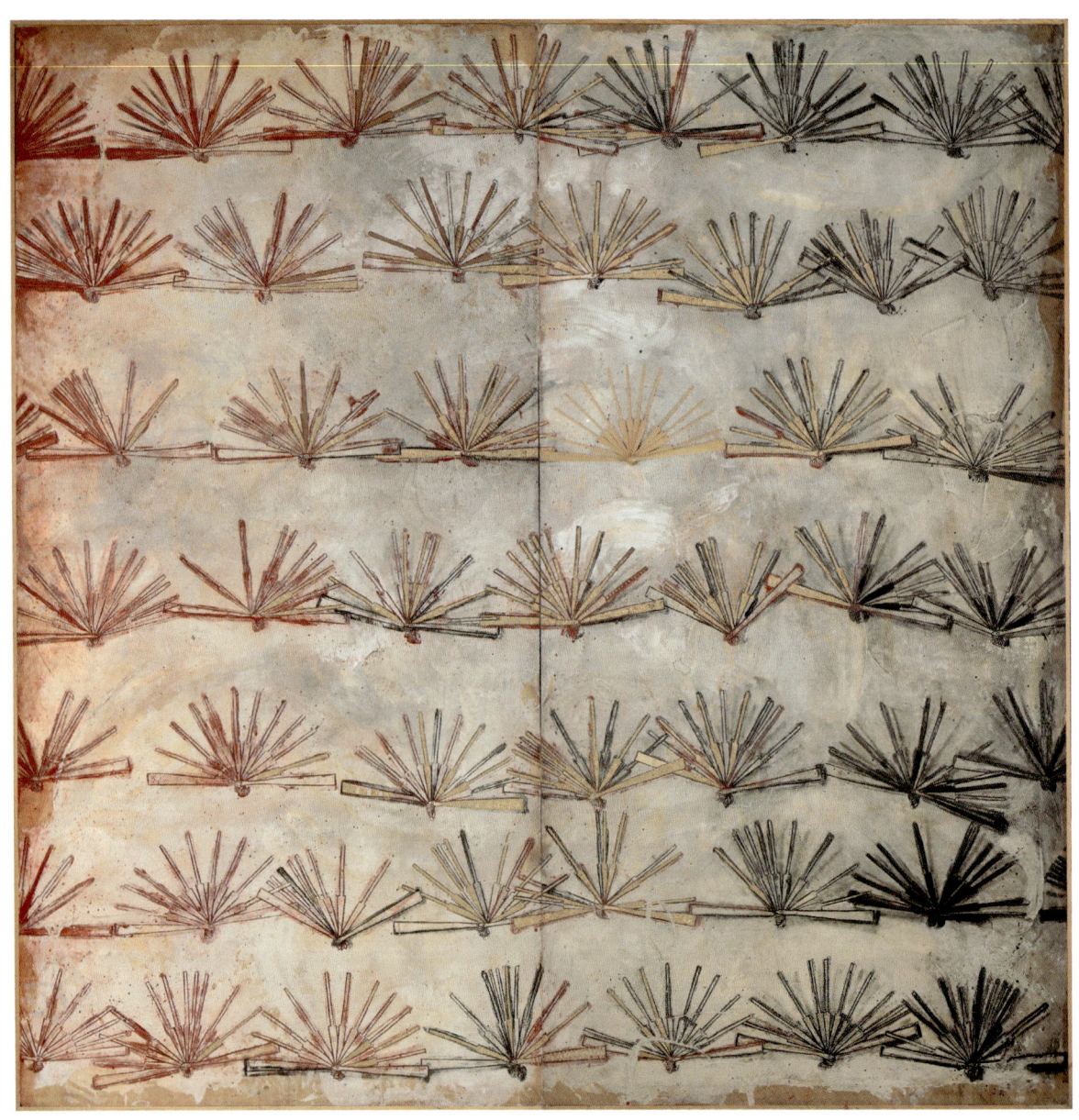

70. *La dama de los abanicos*, 1996.
Acrílicos, barnices, talla y ensamblaje sobre tabla, 244 x 244 cm.

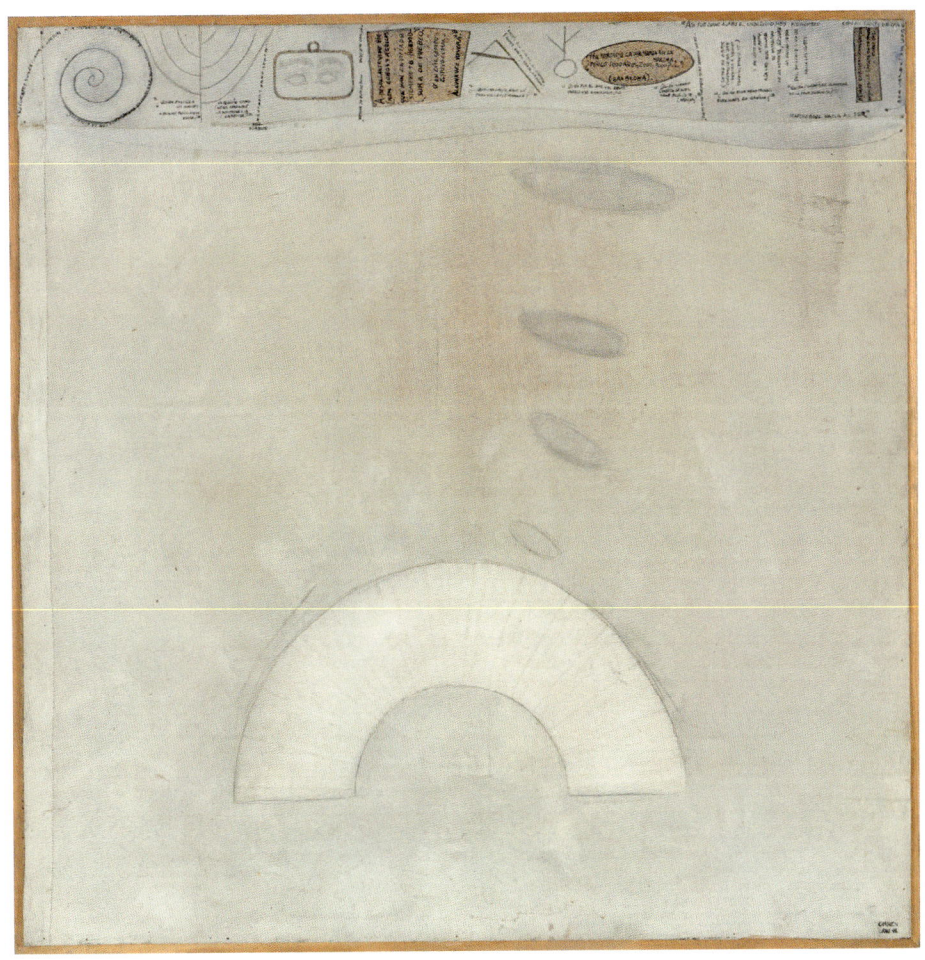

71. *País con memoria*, 1996. Técnica mixta sobre tabla, 90 x 90 cm.

elemento con tal de examinar, por descomposición, las diferentes posiciones que adopta el varillaje en el movimiento de abrirse y desplegarse [fig. 70].

Otras pinturas, en cambio, muestran al abanico en su forma más simplificada, centrándose en la idea del país. Un ejemplo lo encontramos en *País con memoria* (1995), una obra que destaca por la delicadeza y sobriedad de las distintas tonalidades de blanco [fig. 71]. Del único abanico, que apenas se distingue del fondo, surge un globo de pensamiento que asciende hasta la parte superior, donde se entrelazan varios símbolos junto a los versos de un poema satírico de Francisco de Quevedo contra Juan Ruiz de Alarcón, al que motejaba de «Corcovilla». Otras piezas, como *Abanico chino*, lo incluyen directamente como objeto acoplado. Porque el cambio de objeto no implica un cambio de estilo, como advirtió el crítico Nilo Casares:

> Si algo une a toda la serie expuesta es la presencia vaga de lo pictórico –en su sentido de pincelada o de profusión cromática– en favor de la manipulación del soporte, de su labrado a través de distintas hendiduras y heridas de muy variado tipo; por eso, el resultado está muy cerca del *collage* más escultórico que pictórico: al menos brilla más la manipulación mecánica del soporte, y su incrustación de materiales, que su matización cromática, en una sustitución del labrado que se impone sobre la pintura.[29]

No obstante, conviene puntualizar que, aunque el tratamiento de la superficie de la tabla se inscriba todavía en la tradición del informalismo matérico de sus inicios, la incorporación destacada de los nuevos motivos elegidos (muñecos de futbolín, máscaras o abanicos) sí supone un cambio significativo en la obra de Carmen Grau, pues la sitúa en las nuevas formas de figuración expresionista de los años ochenta, aunque con un estilo claramente personal.

2.4. OBRAS RECIENTES

Le preguntamos a Carmen Grau en qué ha cambiado su obra en las dos últimas décadas, y nos contesta: «Yo pienso que no hay ningún cambio sustancial. Lo que sí cambia son los motivos, y algo de la técnica. Porque siempre he usado el *collage*, ese es un *leitmotiv* hasta hoy, una constante en mi técnica. Aunque últimamente trabajo menos que antes la madera, empleo menos la talla, y tienen más protagonismo los objetos. Pero sigo siendo igual de obsesiva con lo que quiero decir, y siempre quiero decir lo mismo».[1] ¿Qué es lo que siempre quiere *decir* Carmen Grau? La dificultad de expresar con palabras las imágenes visuales es el desafío inherente de toda interpretación artística. Las imágenes tienen una lógica propia que se resiste a ser traducida al lenguaje verbal. Pero la experiencia visual y la verbal, lo visible y lo decible –como sostiene W.J.T. Mitchell–[2] están entretejidos, y es bastante claro que en sus pinturas de las últimas décadas los contenidos políticos y las preocupaciones sociales están más representados que en el pasado. «Puede que eso que quiero decir se haya concretado más o que esos contenidos sobre la realidad que me rodea tengan más importancia en más obras. Aunque yo, desde el principio, he querido decir algo. Con estéticas diferentes, a veces de modo más sutil, otras más claro, pero siempre ha estado allí esa intención de expresarme». Expresarse, ¿sobre qué? «Sobre el mundo que nos rodea, lo que pienso de este mundo absurdo, donde tantos seres sufren a causa de las acciones insensatas o desalmadas de otros. No lo entiendo, y algo de esa incomprensión queda en la obra». Porque a la obra de Carmen Grau, usando la frase de Terencio, nada de lo humano le es ajeno: «Yo siempre veo el mundo reflejado en la obra que estoy haciendo».

2.4.1. *Mujeres*

El empeño más ambicioso de la primera década de siglo consistió en el políptico *Mujeres* [fig. 72], una extensa serie de cuadros de pequeño formato (20 x 20 cm) en los que rinde homenaje individualizado a una extensa nómina de mujeres de los más variados ámbitos y épocas, tanto reales como de ficción; en el que ha trabajado intermitentemente desde finales de los años noventa, hasta alcanzar hoy el número de 169 piezas, cuando hace cinco años lo dio por concluido. Lo inició en 1997 (sin adivinar la dimensión que finalmente tendría) con sendas pinturas dedicadas a las periodistas y escritoras Maruja Torres y Rosa Montero, de las que leía asiduamente sus colaboraciones en prensa y, sobre todo, a las que admiraba por su forma de ser. Porque este aspecto, el de su personalidad como mujeres, ha sido el estímulo de muchos de estos tributos subjetivos, en los que ha interpretado visualmente una faceta de la vida, personalidad u obra de la figura recordada con la que sentía alguna conexión emocional.

Desde aquel inicio, la serie ha ido incorporando nuevas piezas, a sugerencia de una imagen, una lectura, una noticia, un hallazgo casual... Por ejemplo, la pieza en recuerdo de las obreras de una fábrica textil de Nueva York que murieron en un incendio, durante una huelga de 1908 en demanda de mejor salario, una reducción de la jornada a diez horas y el final del trabajo infantil (y que está en el origen de la conmemoración el 8 de marzo como Día Internacional de la Mujer), se la imaginó al encontrar, paseando por el monte, un fragmento de vidrio rosado en el que se leía la palabra *arden* en relieve. Lo vemos en el centro del cuadro acabado, sobre un rojo intenso, bajo la dedicatoria escrita en negro.

Muchas creaciones son menos conceptuales y remiten a la destinataria mediante la inscripción, con diversas técnicas, de su nombre, que juega un papel protagonista en la composición (*Frida Kahlo, Lou Andreas-Salomé, Montserrat Roig, Maruja Torres, Pasionaria, Rosa Luxemburg, Simone de Beauvoir, Sophie Tauber...*). Otras lo hacen de un modo no menos directo a través de una reproducción impresa de su retrato (*Edith Piaf, Flora Tristán, Jean Seberg, Juana la Loca, Las Mariposas...*; o de sus manos, en el caso de *Georgia O'Keeffe*). Varias escritoras están representadas por las letras de unos versos (*Fadwa Tuqan, María Teresa León, Rosalía de Castro, Sor Juana Inés de la Cruz, Sylvia Plath, Vio-*

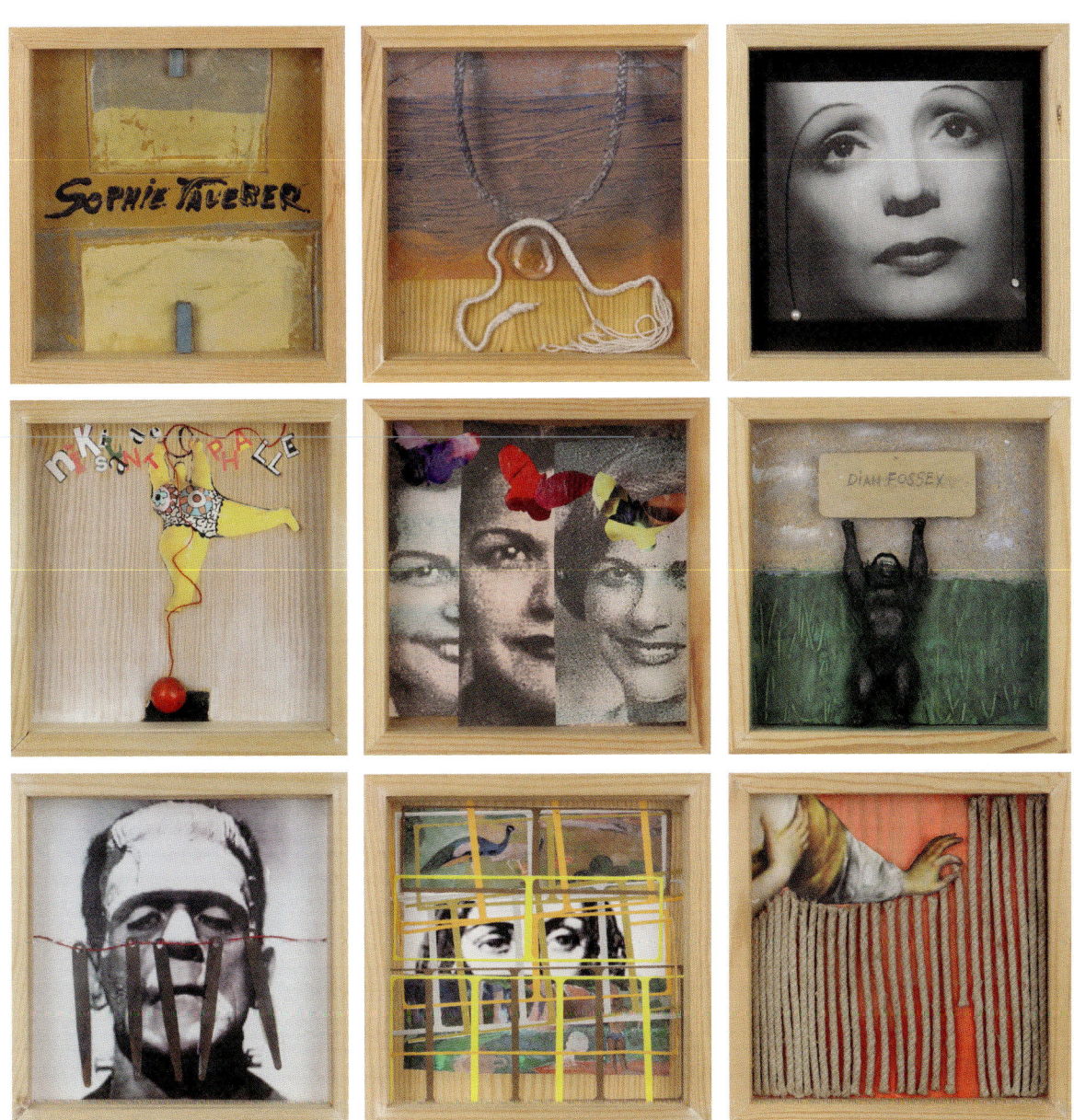

72. *Mujeres*, 1997-2019.
Técnica mixta, *collage* y ensamblaje sobre tabla, 169 unidades, 20 x 20 cm c.u.

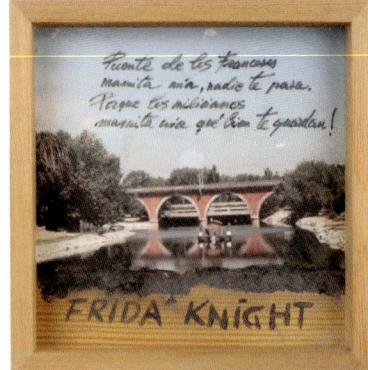 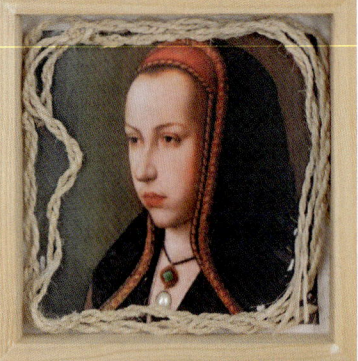 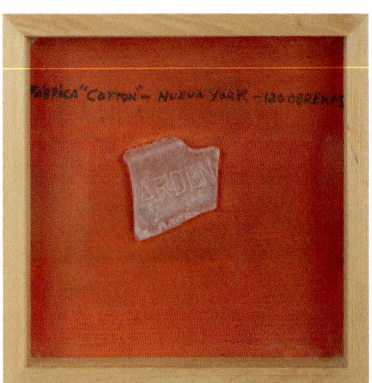

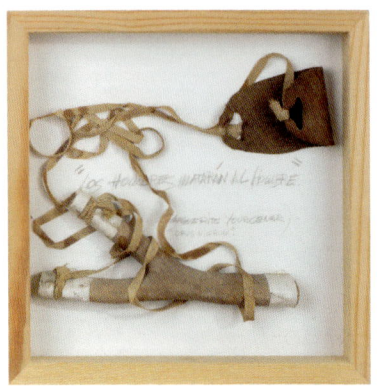 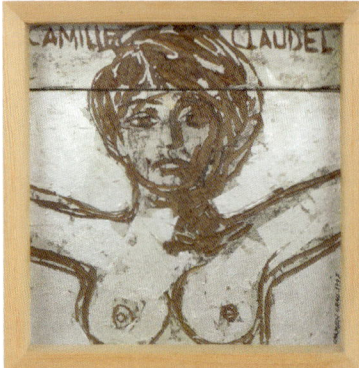 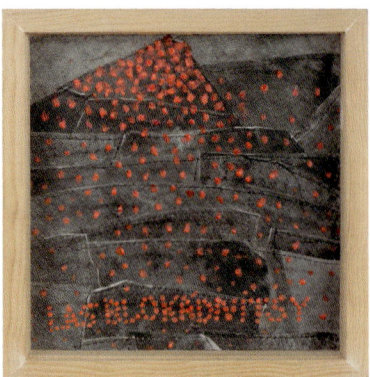

leta Parra…). Aunque las más sorprendentes son aquellas en que la alusión es menos obvia, pues se realiza con la ayuda de un objeto que funciona como pseudoatributo: un tirachinas en el caso de *Margarite Yourcenar* (por una frase de su *Opus nigrum*), un colgante en *Carmesina* (la princesa enamorada del *Tirant lo Blanc*), unas cuerdas en *Artemisia Gentileschi* (recordando las que ataron a sus dedos para que ratificase bajo tortura la acusación contra su violador), un gorila de juguete en *Dian Fossey* (a cuyo estudio y defensa consagró su vida), el relieve de una colorida figurita femenina en *Niki de Saint Phalle* (representando una de sus exuberantes Nanas)…

La serie constituye toda una genealogía femenina –reflejo de la ideología e intereses culturales de la autora– que impresiona por su amplitud y variedad de técnicas y estilos, pero con la coincidencia común, en distintas combinaciones, de pintura y, sobre todo, de *collage*. No es la obra de una feminista declarada,

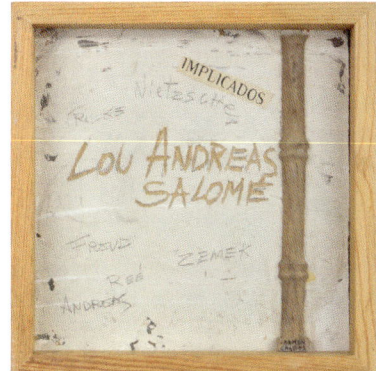
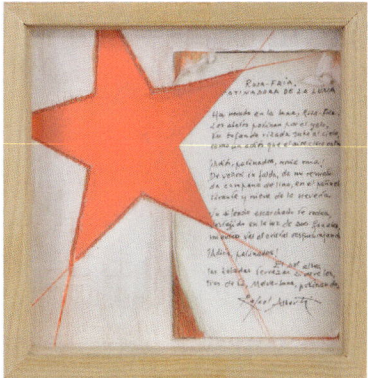
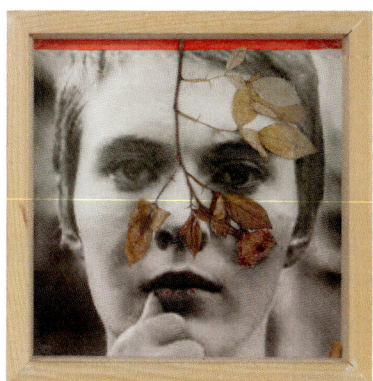
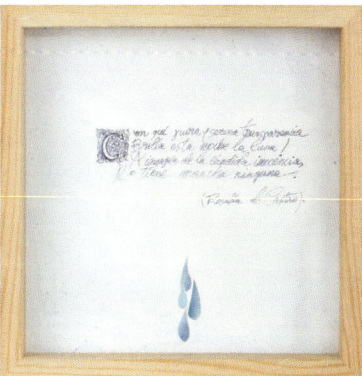

pero es una incuestionable reivindicación de todas esas mujeres históricas o de ficción, que cuestionaron los estereotipos de su género o los sufrieron, y que por ello merecen ser recordadas. Es pues un acto de reivindicación y memoria, y también, de empoderamiento femenino.

2.4.2. *Tablas de lavar*

Paralelo en el tiempo y de contenido tan feminista como el anterior, pero con un carácter más claramente objetual, es otro políptico titulado *Tablas de lavar* [fig. 75] compuesto por una colección de estos utensilios domésticos hechos de madera con hendiduras para frotar la ropa mojada contra ellos y eliminar la suciedad, que la artista ha usado como soporte de

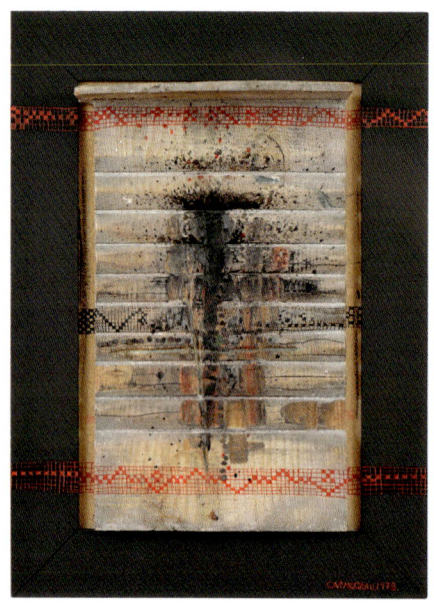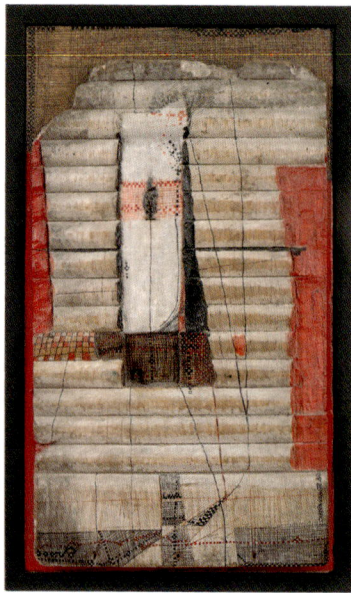

73. *Tabla de lavar intervenida I*, 1979. Técnica mixta sobre madera, 58 x 43 cm.

74. *Tabla de lavar intervenida II*, 1980. *Collage* de tela y barnices sobre madera, 51 x 31 cm.

otros materiales y objetos, al modo de los «*ready-made* retocados» de Marcel Duchamp.

Al igual que *Mujeres*, su concepción como políptico, es decir, como obra unitaria, no es posible datarla con precisión. Todo indica que tuvo también una gestación lenta. La primera aparición de este objeto la podemos ver en dos obras de 1979 y 1980, aunque con un tratamiento muy distinto, pues ambas lo presentan como soporte pictórico (a semejanza de las obras coetáneas), fijado a una trasera algo mayor, y enmarcado [figs. 73 y 74]. La idea de conformar con ellas una obra unitaria parece estar ya presente cuando en 1999 pinta un díptico con dos docenas de tablas de lavar. Y más claramente cuando vuelve a representarlas, esta vez apiladas en el suelo, en otro díptico de 2001-2003 que lleva por título *Tablas de agua y versos* [fig. 76]. Estas imágenes, unidas al carácter eminentemente objetual de las piezas, con escasa intervención pictórica, permiten datar la materialización del conjunto durante esa primera década de siglo.

Componen el *retablo* dos docenas de viejas tablas de lavar que había ido recogiendo de la basura a lo largo de tres décadas, que trató para eliminar xilófagos, pero respetando los desgastes, deterioros y demás huellas dejadas por el

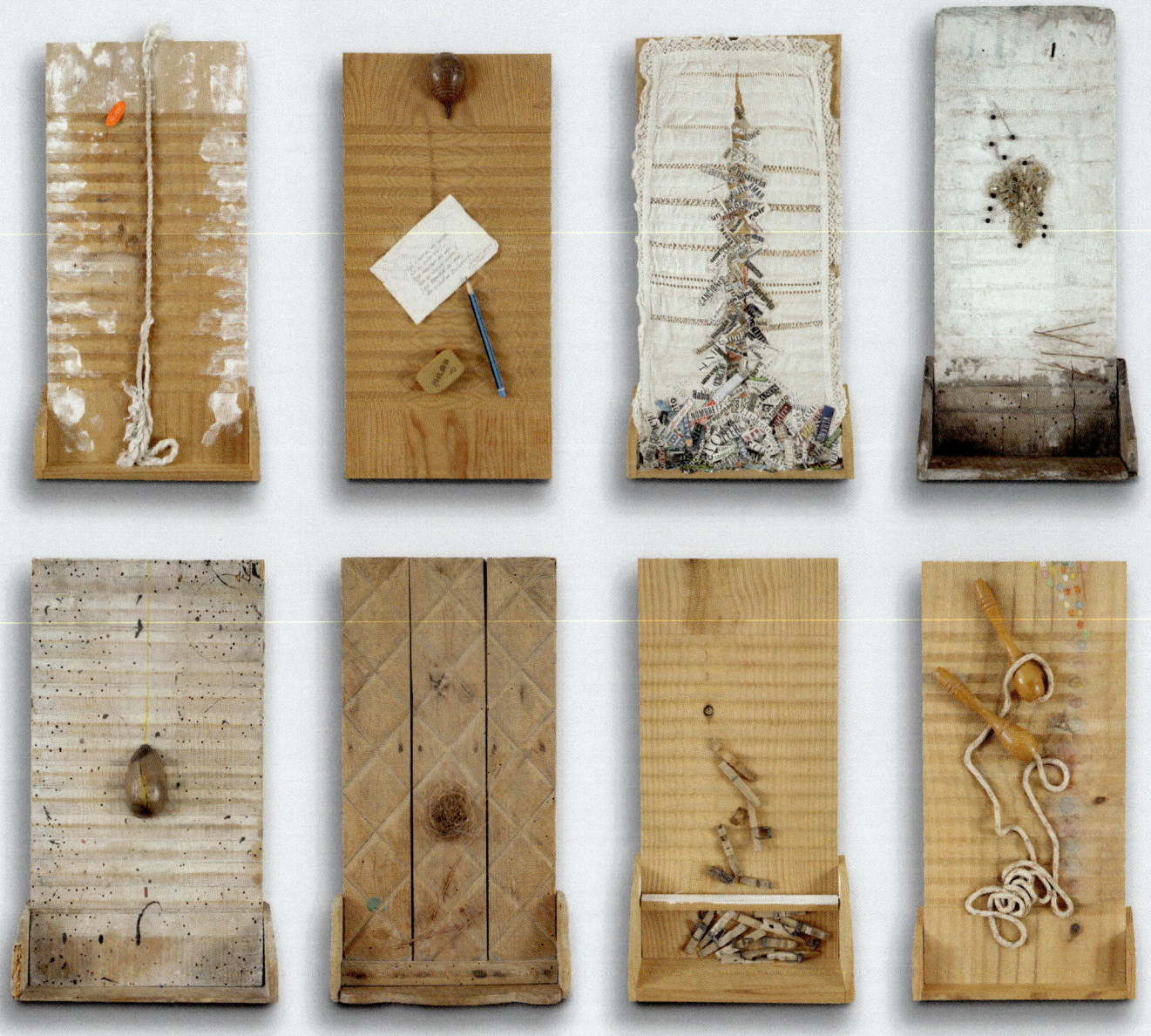

75. *Tablas de lavar*, c. 1999-2005.
Tablas de lavar y ensamblaje de objetos,
50 x 30 cm aprox. c.u.

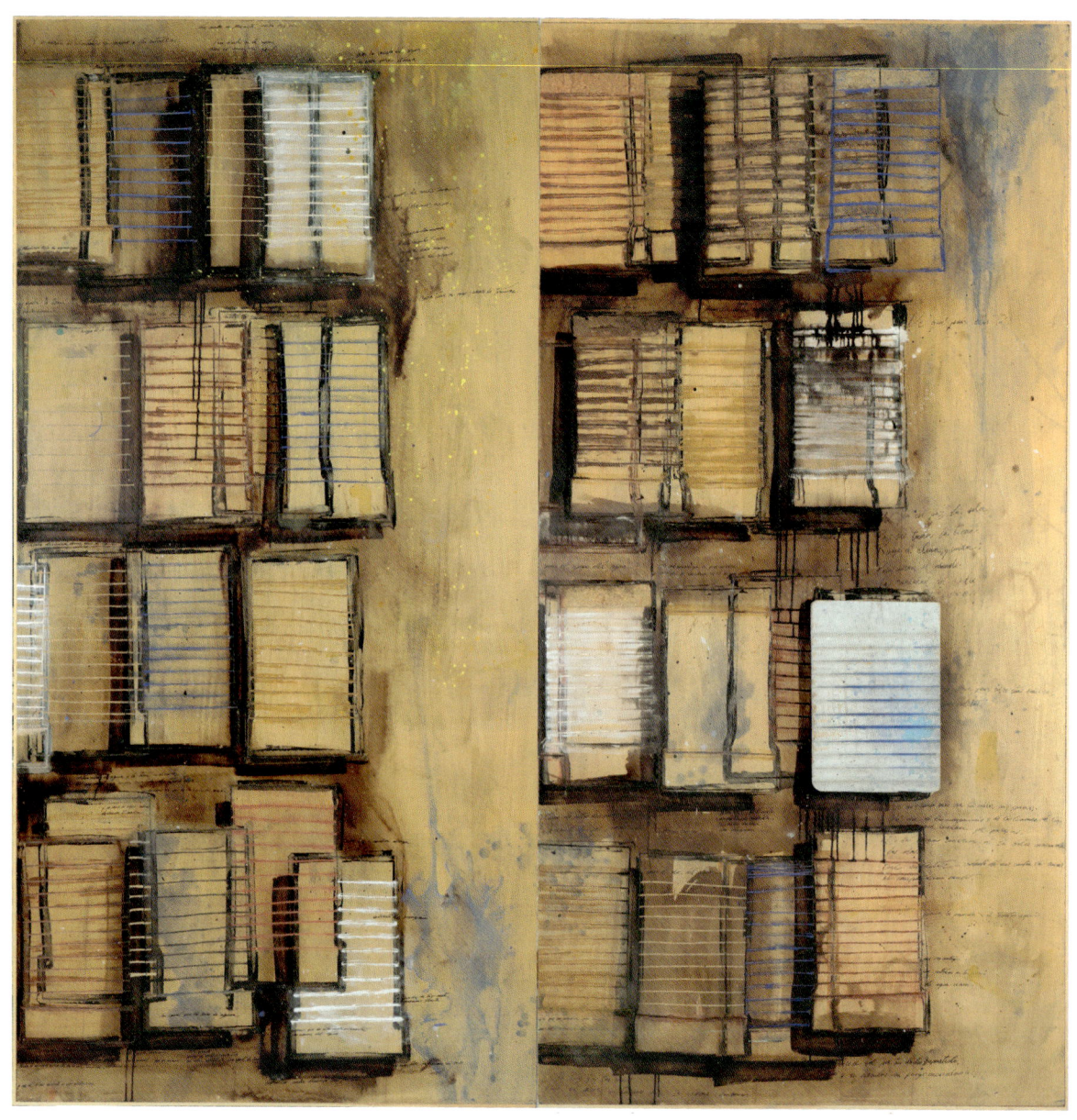

76. *Tablas de agua y versos*, 2001 – 2003. Técnica mixta y ensamblaje sobre tabla, 244 x 244 cm.

uso que les había dado su actual apariencia. Solo las últimas son nuevas, al no encontrarlas ya usadas. Cada tabla está presentada tal cual, solo intervenida con ocasionales toques de pintura y el añadido de algún objeto o material que completan el significado del conjunto integrado por las 24 tablas colgadas en la pared, a unos centímetros de la contigua, formando varias filas.

¿Cuál es el significado? «Para mí representan el esfuerzo de manos y manos, mojadas, de muchas mujeres restregando ropas sobre las tablas, manos que se fueron desgastando, estropeando, envejeciendo... como esas mismas tablas. Y veo en ellas el trabajo, no reconocido, que han hecho las mujeres durante siglos en las tareas del hogar». Efectivamente, el lavado de la ropa de toda la familia era una labor exclusivamente femenina que pasaba de madres a hijas, y que apenas cambió hasta la aparición de las lavadoras automáticas ya en los años sesenta del siglo xx. Una tarea que reforzaba los roles de género y limitaba las oportunidades de las mujeres fuera del ámbito doméstico. Pero también pueden simbolizar la resistencia y la lucha por los derechos de las mujeres, porque en el pasado acudían a los lavaderos –Carmen Grau lo recuerda de sus veranos en Montán– para realizar en compañía la colada, lo que propiciaba momentos de reunión y fraternidad femenina. La obra, por lo tanto, tiene un doble significado: representa tanto la opresión histórica de las mujeres como su capacidad de resistencia, solidaridad y lucha por mejorar sus condiciones de vida.

A ello se sumaría el significado, en clave más personal, de los elementos añadidos a las tablas. «Son cosas que relaciono con la infancia, que tienen algo de autobiografía de la transición entre la niñez o la pubertad y el principio de la vida adulta como mujer». Entre ellos, vemos algunos que remiten claramente a la infancia, como los lápices de colores, la comba o la peonza, que tanto gustaban a la pequeña Mari Carmen. Otros parecen evocar ilusiones de adolescencia, como el ramito de romero, los pétalos, la rosa o los versos del poema «Rebeldía» de Alfonsina Storni. Pero también los hay asociados a las «labores propias de su sexo» y que ella repudiaba, como son las pinzas de tender, el huevo de zurcir o el dechado, una labor que las chicas debían hacer en la asignatura de «Enseñanzas del hogar», impartida por instructoras de la Sección Femenina de la Falange. Consistía en un trozo de tela blanca en la que demostrar la habilidad lograda en el bordado, que para la quinceañera Mari

Carmen era un martirio chino que acabó aprobando gracias al que le hizo su madrina, que era modista. Sobre la tabla de lavar, vemos el dechado con su muestrario de vainicas rasgado por la mitad, como atravesado por las palabras que no puede refrenar: niña, mujer, libre, reír, canciones, verano, talento, leer, sonrisas, color, preguntas... Toda una declaración ante al ideal de mujer que la educación franquista promovía: habilidosa en las tareas del hogar y sacrificada ama de casa, esposa y madre.

2.4.3. *Los cuatro jinetes del Apocalipsis*

Contemporánea a las anteriores es otra obra de gran formato e igualmente sugestiva: el cuadríptico *Los cuatro jinetes del Apocalipsis* (2003-2010) que, como indica su título, se remonta a la tradición cultural cristiana para tratar un asunto de permanente actualidad (cuando se pintó y ahora mismo); continuando así la recreación de aquella críptica visión de los heraldos del juicio final, convertida ya en una poderosa metáfora secular para representar las grandes amenazas a las que se enfrenta la humanidad [fig. 77]. En palabras de la autora: «Rescaté este antiguo tema porque sigue teniendo vigencia. Porque el ser humano sigue amenazado por sus propias locuras». Aunque haciendo una interpretación personal del simbolismo de tres de los jinetes, que se aleja un tanto de la exégesis bíblica y la tradición iconográfica.

Colocados para ser leídos de izquierda a derecha, el primer panel, de un rojo intenso, representa la guerra (lo que no diferiría del simbolismo tradicional del segundo jinete, montado sobre un caballo del mismo color), que para Carmen Grau es la causante de las siguientes desgracias. Sobre el rojo sangre de fondo, ha yuxtapuesto varios materiales y objetos, entre los que se reconocen una cruz y un avioncito de madera y un guante de piel negra, que parecen arrojar un sinnúmero de recortes de papel con palabras alusivas a la guerra y sus desastres: bombas, violencia, drama, crisis, catástrofes, torturas, muertes, violencia, víctimas, colapso, derrota, venganza, etc., etc., etc.

En el segundo panel, en claro contraste con el anterior, vemos el blanco de una sábana, solo con algunas rasgaduras, unos guijarros y, en la parte inferior, un plato y una cuchara. Es sobre este plato y esta cuchara, torneados artesanalmente en madera de coco y procedentes de África, sobre los que la autora sustenta el simbolismo del hambre, la consecuencia inmediata de toda guerra. Parece una solución verosímil a la controversia no resuelta entre los expertos sobre el significado del jinete a lomos de un caballo blanco.

El tercer panel es todo él de un amarillo pálido, color que la autora relaciona con la enfermedad, correlato del hambre. No es tampoco la interpretación más aceptada, que identifica al jinete del caballo amarillo como la representación de la muerte, pero la asociación del color amarillo apagado con la enfermedad no es tan subjetiva, pues ya se daba en la Edad Media. La misma etimología del nombre (de *amarus*: amargo) refuerza esa relación con la palidez de quienes padecían ictericia, por ser enfermedad causada por un trastorno de la secreción de la bilis o humor amargo.

Por último, el cuarto panel está dominado por el negro de una infinidad de fragmentos rectangulares de cuero, colocados formando un mosaico regular, entre cuyos intersticios se entrevén tenuemente algunos colores del fondo; e, interrumpiendo esa retícula, tres telas raídas también negras. No es necesario notar que ese color suscita una impresión lóbrega, asociada culturalmente con la muerte (y no tanto con el hambre, simbolismo asignado al jinete del caballo negro). A ello habría que añadir el significado velado que introduce el cuero, que no es otra cosa que piel curtida de animales muertos. Una evidencia muy presente en la consciencia de la autora cuando usa este material en su obra, como veremos en la siguiente serie.

Un alegato antibélico, no cabe duda, pero ¿provocado por alguna guerra en concreto? Si reparamos en la datación, podremos relacionar el año de inicio de la obra con la declaración de la Guerra de Irak (2003-2011), justificada en la falaz acusación de que el país había desarrollado armas de destrucción masiva y tenía vínculos con el grupo terrorista Al Qaeda, responsable de los atentados del 11 de septiembre de 2001; y, consiguientemente, con el movimiento de protesta que desató en todo el mundo contra la invasión militar liderada por Estados Unidos y sus aliados, entre los que se encontraba España, por decisión del Gobierno del presidente José María Aznar. Fue una de las mayores movilizaciones globales de la historia, siendo especialmente masivas en los países comprometidos con la invasión. En España la opinión pública se manifestó mayoritariamente contraria, lo que influyó en la derrota del Partido

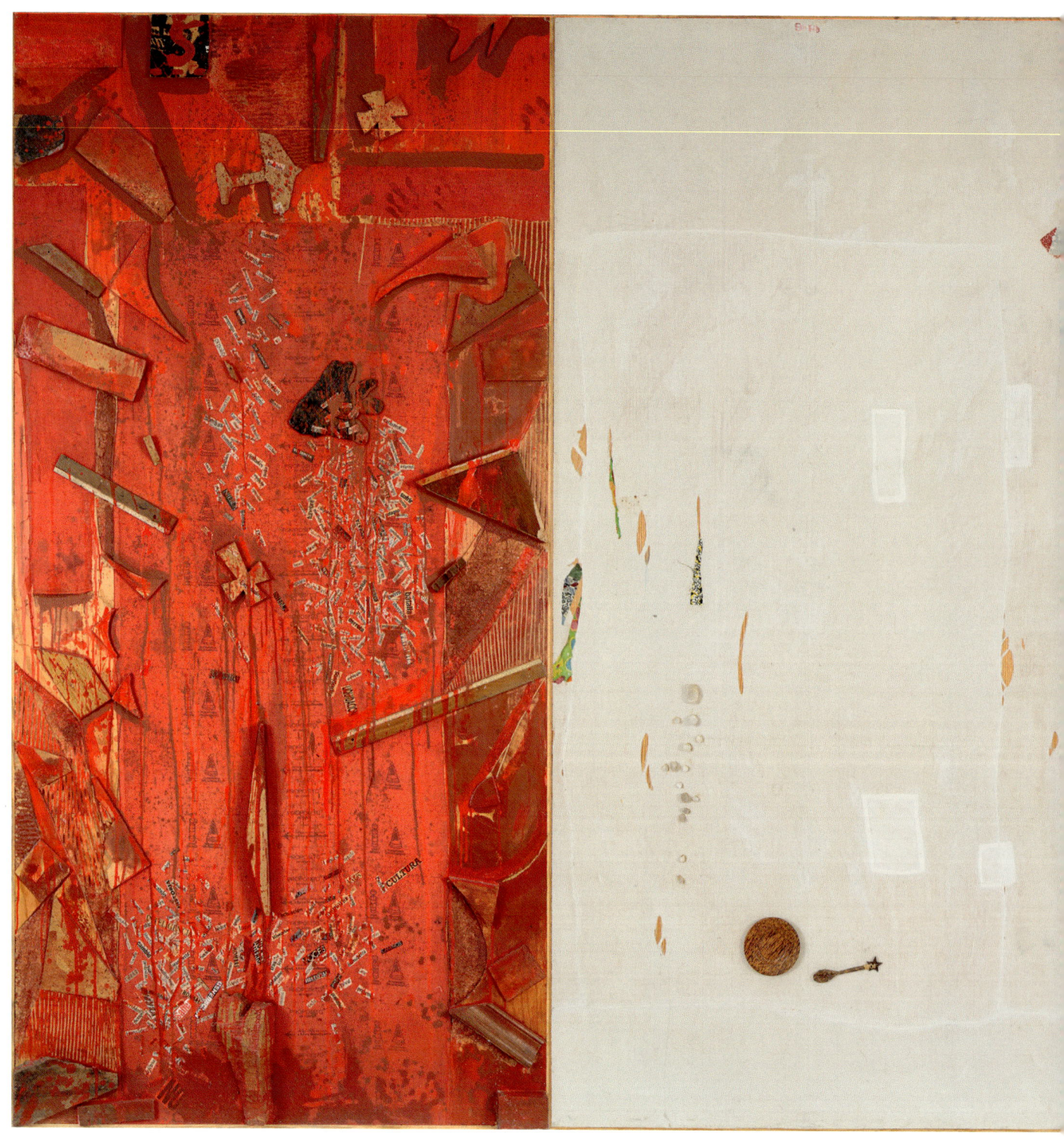

77. *Los cuatro jinetes del Apocalipsis*, **2003**-2010. Acrílico, barnices, *collage*, ensamblaje y talla sobre tabla, 244 x 488 cm.

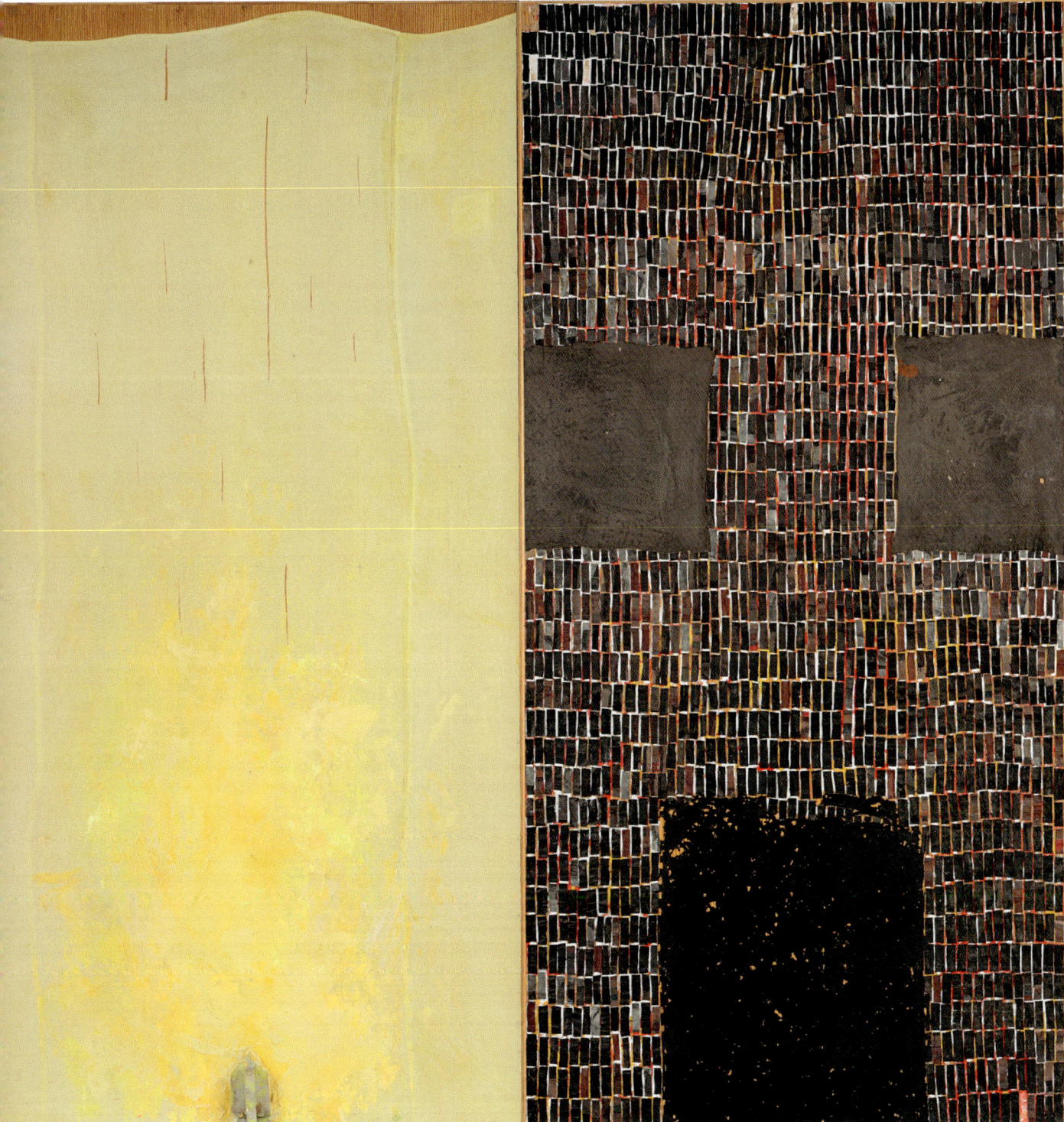

Popular en las elecciones del año siguiente. Pintados en aquel momento de sensibilidad antibélica, *Los cuatro jinetes del Apocalipsis* podrían interpretarse, usando el lema mundial de las protestas, como el particular «No a la guerra» de Carmen Grau.

2.4.4. «Guantánamo»

Sobre una consecuencia de aquella misma «guerra global contra el terrorismo», lanzada por EE.UU. en respuesta a los ataques del 11 de septiembre de 2001, trata la serie «Guantánamo» [figs. 78-81], titulada con el nombre del lugar donde el gobierno de George W. Bush recluyó a los sospechosos de terrorismo capturados en Afganistán e Irak, al margen de las leyes estadounidenses y del derecho internacional. Carmen Grau empieza la serie en 2003, al año siguiente de la llegada de los primeros presos, encapuchados y encadenados, al centro de detención abierto en la base naval de la bahía de Guantánamo (Cuba); y trabaja en ella hasta 2012, simultáneamente al impacto que le producen las noticias sobre las torturas y el trato cruel, inhumano y degradante que tanto allí como en la prisión de Abu Ghraib (Irak) sufren los prisioneros.

Componen la serie cuadros de diferentes formatos y «dobles» (pequeñas tablas de doble cara), cuyo rasgo más significado es que son *collages* a base de tiras de cuero dispuestas horizontal o verticalmente, cubriendo toda la superficie, y sólo dejando visibles estrechos intervalos de un fondo de color con efectos irisados. El empleo del cuero se produce al mudarse en 2002 a su actual casa de L'Eliana y encontrar arrumbados unos retales de ese material dejados por el anterior propietario, que debía de tener alguna relación con la marroquinería. No los tiró, intuyendo que podría emplearlos en alguna obra:

> Me producían sensaciones ambivalentes: me decían algo, les veía posibilidades plásticas, pero..., al mismo tiempo, me daba cierto repelús trabajar con ellas, porque eran pieles de seres vivos, sacrificados a saber cómo, martirizados seguramente. Yo no las hubiera comprado. Por eso tardé un tiempo en usarlas. Pero estaban allí, y el hecho de hacer arte con ellas, como que las ennoblecía, como que les daba un nuevo sentido..., no sé, me hizo superar ese escrúpulo inicial.[3]

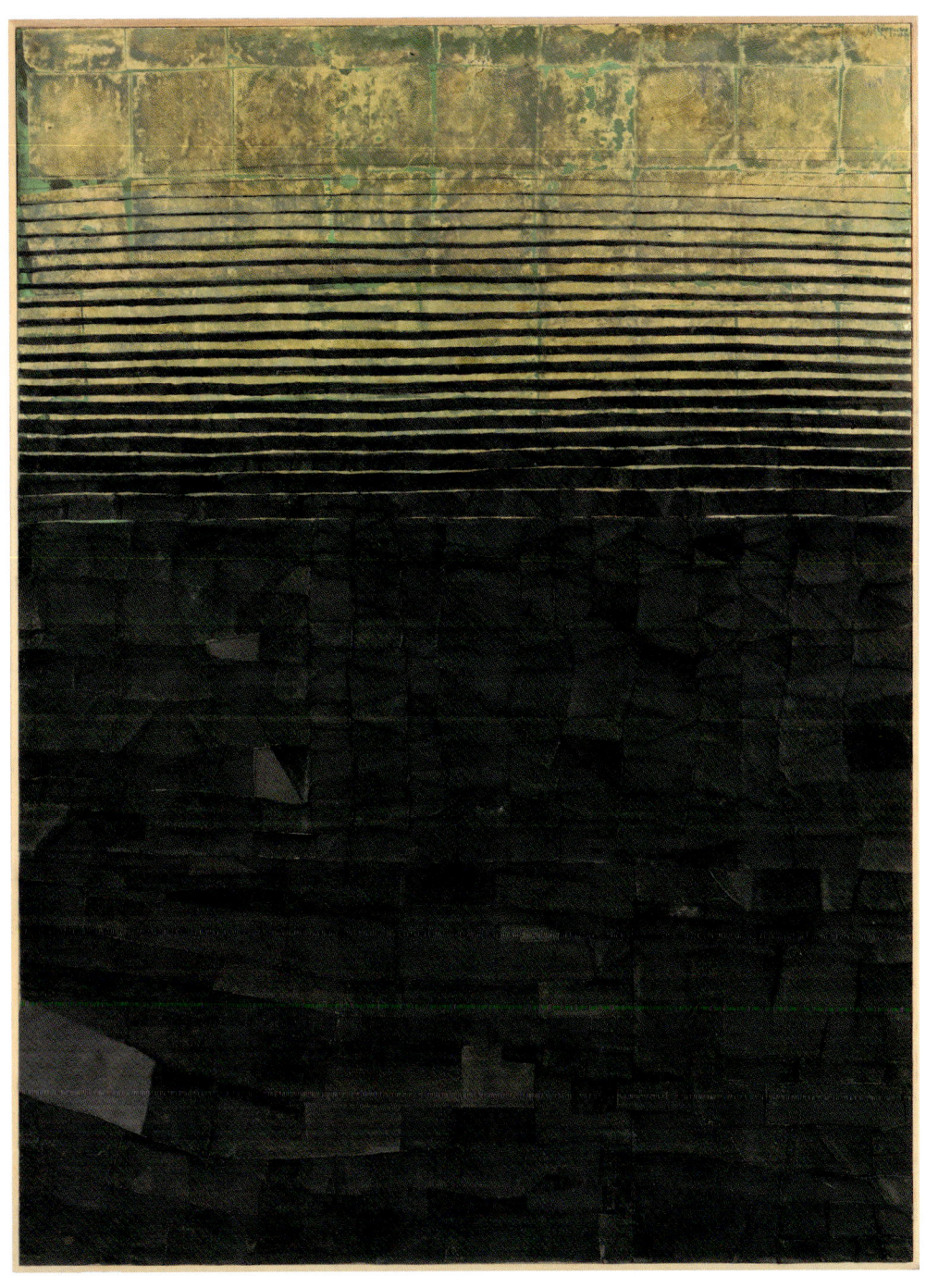

78. *Piel y oro*,
2005-2006.
Collage, pan de
oro, piel, acrílico
y barnices
sobre tabla,
163 x 122 cm.

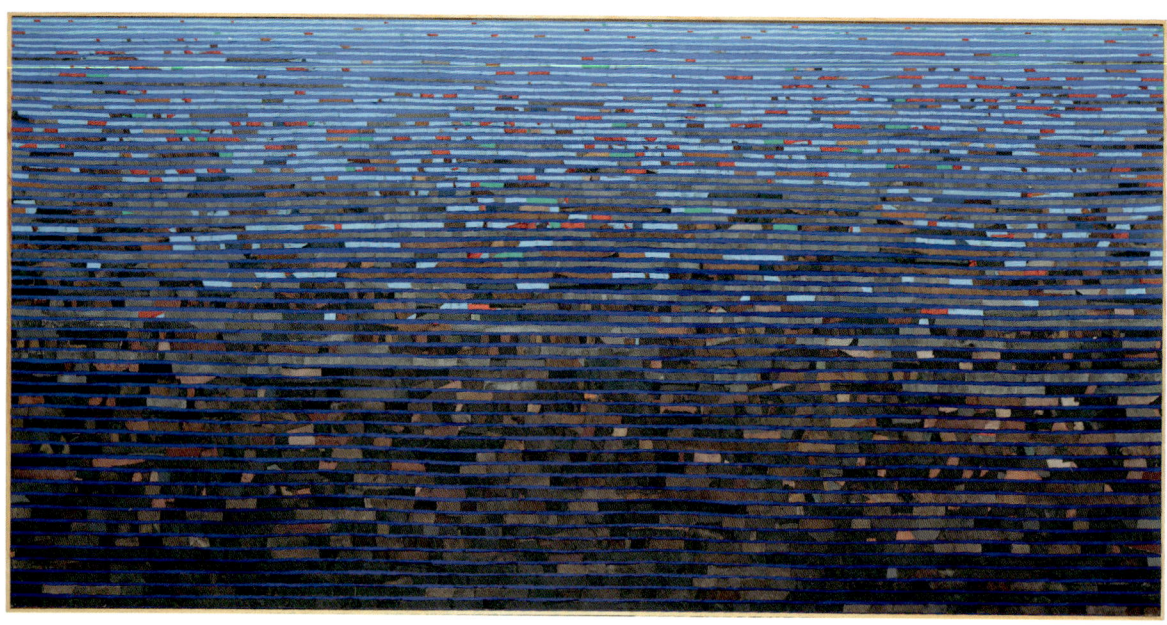

79. *Horizonte (Guantánamo 117)*, 2011.
Collage, piel, talla y acrílico sobre tabla, 122,5 x 244 cm.

Son interesantes esas cavilaciones previas respecto al material, pero lo sería más aún saber cómo surgió en la mente de la artista la conexión entre el
cuero y la tortura, la perturbadora conexión entre esos pellejos curtidos de animales, encontrados en el sótano, y los tormentos corporales infligidos a los detenidos en las celdas de Guantánamo. Porque se trata de una asociación simbólica ancestral en muchas culturas, en las que el cuero se utiliza para fabricar
diversos instrumentos de tortura y castigo, como látigos, correas, fustas y cin-
turones. Es más, la ley romana imponía a los parricidas la «pena del saco»,
consistente en meterlos dentro de un saco hecho con el pellejo de un buey, co-
serlo y arrojarlo a un río o al mar. Aún hoy es un material que evoca domina-
ción y dolor, como es evidente en ciertas prácticas fetichistas. Pero en este caso,
la asociación descansa en la piel, el principal órgano sensorial de animales y
humanos, en la coincidencia siniestra a que la someten ambos procedimientos.

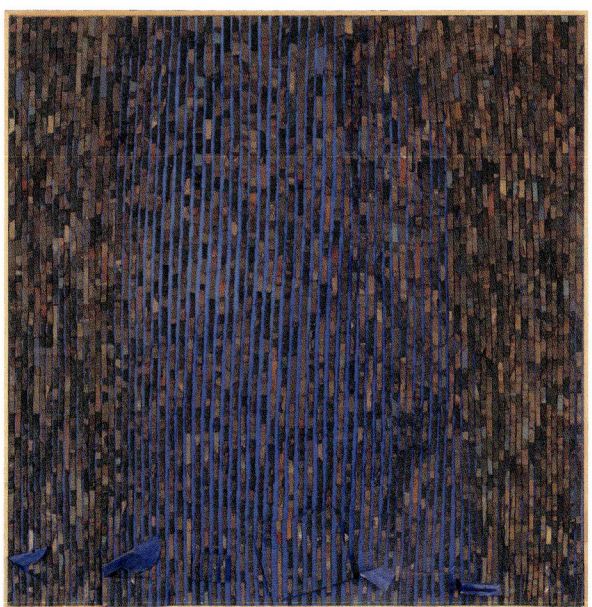

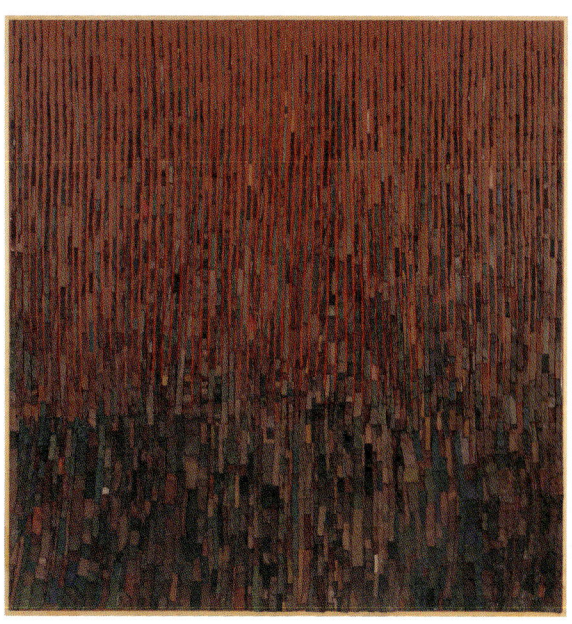

80. *Guantánamo 107*, 2011. *Collage*, ensamblaje, piel y acrílico sobre tabla, 121,5 x 121,5 cm.

81. *Guantánamo 110*, 2011. *Collage*, piel y acrílico sobre tabla, 121,5 x 121,5 cm

El cuero es la piel curtida de un animal sacrificado y desollado, tras un tratamiento intenso y, en cierto modo, agresivo. Y en la tortura, es a través de la piel agredida como se infringe dolor físico a la víctima. Si el primero es el resultado de la piel de un animal despojado de su vida, en la segunda el agresor despoja a la víctima del control de su cuerpo y dignidad. De modo que esa relación simbólica no sería tan arbitraria ni subjetiva; probablemente, Carl Jung la calificaría de arquetípica.

Lo cierto es que Carmen Grau se une así a otros artistas que han denunciado con su obra una violación tan sistemática e impune de los derechos humanos, reunidas en varias exposiciones, entre las que merece una mención especial «Ode to the Sea: Art from Guantanamo» (John Jay College, Nueva York, 2017) por mostrar obras de los propios detenidos en la prisión militar; en concreto, dibujos y pinturas en acuarela y acrílico, principalmente de escenas marítimas, en las que el mar representa una vía de escape de su confinamiento, un reflejo de sus anhelos de libertad. Y nos llama la atención la coincidencia imprevista de que varios cuadros de Carmen Grau parezcan evocar el horizonte del mar Caribe. En cambio, sí es intencionado un detalle que confirma su voluntad de solidarizarse con los prisioneros anónimos de Guantánamo: salvo excepciones, las obras no tienen nombre, están identificadas con un número, al modo deshumanizador habitual de reconocer a los reclusos.

2.4.5. «África»

Las artes africanas han ejercido una profunda influencia en los artistas occidentales desde principios del siglo xx, transformando radicalmente la dirección del arte moderno. Pero la atracción de Carmen Grau por África viene de cuando niña imaginaba un continente de selvas y animales exóticos, habitado por tribus primitivas de costumbres extrañas, donde podría vivir fantásticas aventuras inspiradas en las historias de exploradores y misioneros que leía en los tebeos… si su tío Miguel hubiera accedido a llevarla con él a Guinea Ecuatorial. Lo que no era del todo un ensueño infantil porque el hermano pequeño de su madre vivía en la entonces colonia española de la costa oeste de África. Había emigrado allí hacia 1952 o 53, con veintipocos años y recién casado con la tía Marisa, como flamante delegado de la casa Sony para la zona, con sede en Fernando Poo, donde residieron hasta 1969, cuando fueron repatriados a toda prisa debido a la hostilidad hacia los españoles instigada tras la independencia por el nuevo presidente del país, Macías Nguema. A pesar de ello, Carmen nunca llegó a viajar a África, y su vínculo con aquel continente se redujo a los dibujos de negritos que enviaba a sus tíos y primas, y a los insólitos regalos que ellos le traían cuando regresaban de vacaciones, como un monito de lo más pícaro, un original bolso de piel y rafia con diseño circular que lució en sus años de estudiante de Bellas Artes y aún conserva o las vistosas telas de estampados atípicos y vivos colores con los que su madre le cosía unos vestidos que llamaban la atención.

Seguramente algo de esos recuerdos infantiles guarda la serie «África» (2006-2008), pues fueron unos retales de aquellas telas traídas de Guinea Ecuatorial el punto de partida de la serie, debido a su colorido vibrante, a la originalidad de sus patrones geométricos y a la atracción cultural que despiertan [fig. 82].

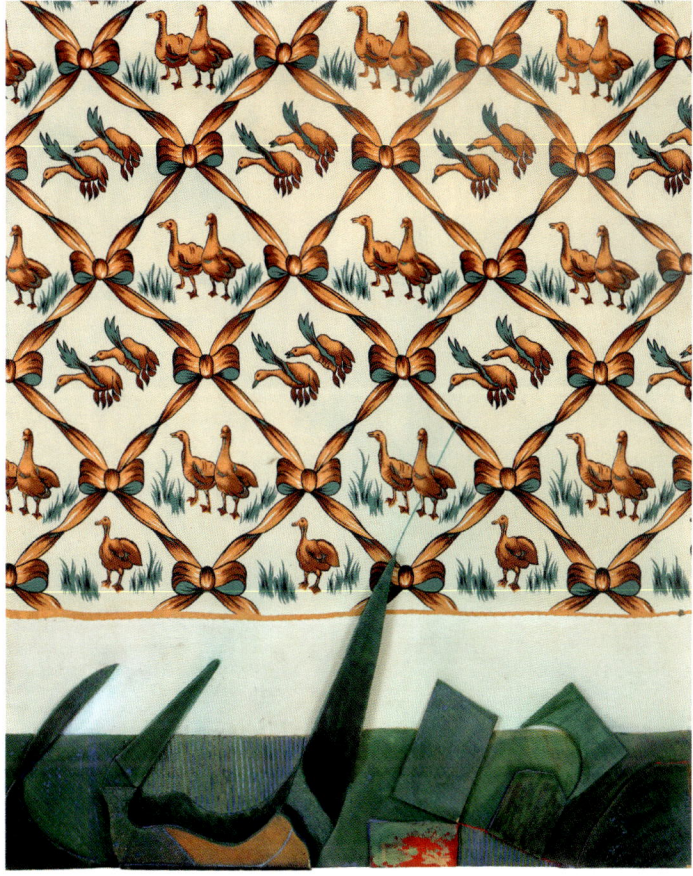

82. *Los guardianes
de las puertas*, 2006.
(Serie «África»).
Collage de tela,
ensamblaje de maderas,
talla y acrílico sobre tabla,
150 x 122 cm.

Lo podemos apreciar en una decena de *collages* en los que las telas estampadas desempeñan el papel dominante, en alguno de ellos compartido con la talla del soporte de madera. En otro vemos, pegado sobre la tela, un montoncito de conchas de un pequeño molusco llamado cauri, que en África se usaron como objetos decorativos, amuletos e, incluso, como moneda. Y armonizándolo todo, los colores primarios.

De modo que en la serie se solapan más de un significado: la memoria personal de la autora, la alusión a la olvidada historia colonial española en África y la relación de los tejidos con las mujeres, tanto en el pasado, en que fue una forma de trabajo y expresión femenina, como en el presente, en que el arte textil ha sido retomado por artistas feministas contemporáneas como un medio de cuestionar la división tradicional entre arte y artesanía, y de desafiar la asociación de las labores textiles con la subordinación femenina.

2.4.6. Dibujos

Carmen Grau concede una gran importancia al dibujo en la formación de todo artista. Aún más, piensa que un buen artista, un artista completo, tiene que saber dibujar; que, hasta para un pintor abstracto, es necesario ser un buen dibujante. Y no hay duda de que predica con el ejemplo. Ella ha dibujado desde niña. Muchos de sus más felices recuerdos corresponden a las tardes en que se ponía a dibujar junto a su padre al regreso del colegio. Lo sabe bien su hija Carolina:

> Para la artista, dibujar es la más espontánea de las actividades, porque siendo todavía una niña tuvo acceso a los libros y a los dibujos de su padre, dibujante de cómics. Se trata de observaciones de la realidad; retratos de familia y escenas de la vida. Pero también muchas de las obras están alimentadas por su fantasía, ilustrando historias y almas. El desarrollo de símbolos, y consecuentemente de su búsqueda, es aquí evidente: dibujos en los que se recogen minuciosamente contornos, detalles, claroscuros, con el intento prioritario de reproducir el «parecido» de los personajes. No tiene ninguna dificultad y, gracias al dibujo, domina la visión y la recrea en sus dibujos.[4]

Prueba de ello son los ejercicios de la Escuela que conserva, los apuntes rápidos de profesores y compañeros de entonces, los retratos (casi caricaturas) que tomaba de los colegas durante las interminables reuniones de la Facultad, las acuarelas y dibujos hechos sobre las páginas de un antiguo libro mayor que compró en el rastro a principios de los ochenta, los dibujos en numerosos cuadernos y agendas...

Pero en su quehacer, el dibujo no desempeña la función habitual como base preparatoria de la obra final, como boceto preliminar de la composición o estudio de sus detalles. Solo ocasionalmente plasma esquemáticamente en papel la idea para una pintura cuando no está en el estudio o para recordarlo en las siguientes jornadas. Y no son propiamente estudios ni bocetos, sino simples esbo-

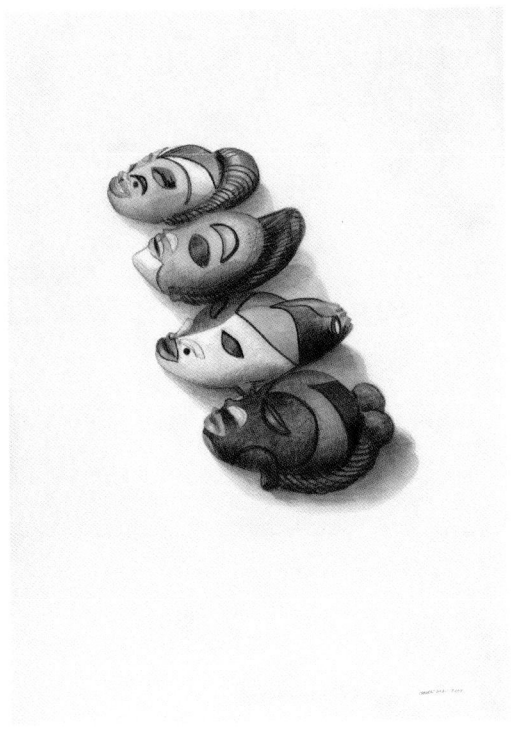

83. *Máscaras africanas*, 2008.
Grafito sobre papel, 91 x 65 cm

zos o croquis de la estructura o sus partes, con anotaciones de color o acabado. Por lo tanto, el dibujo no desempeña una función subordinada, sino que es una creación con valor propio e independiente de la pintura. Lo practica como una actividad paralela, sobre todo cuando necesita un descanso del trabajo más exigente de sus cuadros o cuando atraviesa unos días de *impasse* entre una obra y otra. Pero en los últimos años –desde 2007– le ha dedicado más tiempo, dibujando sobre papeles grandes con una técnica más acabada. Porque ese es otro rasgo que diferencia a estos últimos dibujos: tienen un estilo no solo figurativo, sino muy realista. Son representaciones muy detalladas de objetos, figuras o rostros, ejecutadas con grafito, lápiz compuesto y carboncillo.

Lo podemos ver en unos dibujos de 2008 –nueva muestra de su interés por los motivos africanos– en los que plasmó con un estilo realista algunos objetos de adorno y estampados textiles, unos platos y una taza de madera, el bolso de cuero y rafia, cinco pequeñas máscaras africanas [fig. 83] que le regaló un amigo de un colegio mayor donde se alojaban estudiantes subsaharianos, etc. «Quería

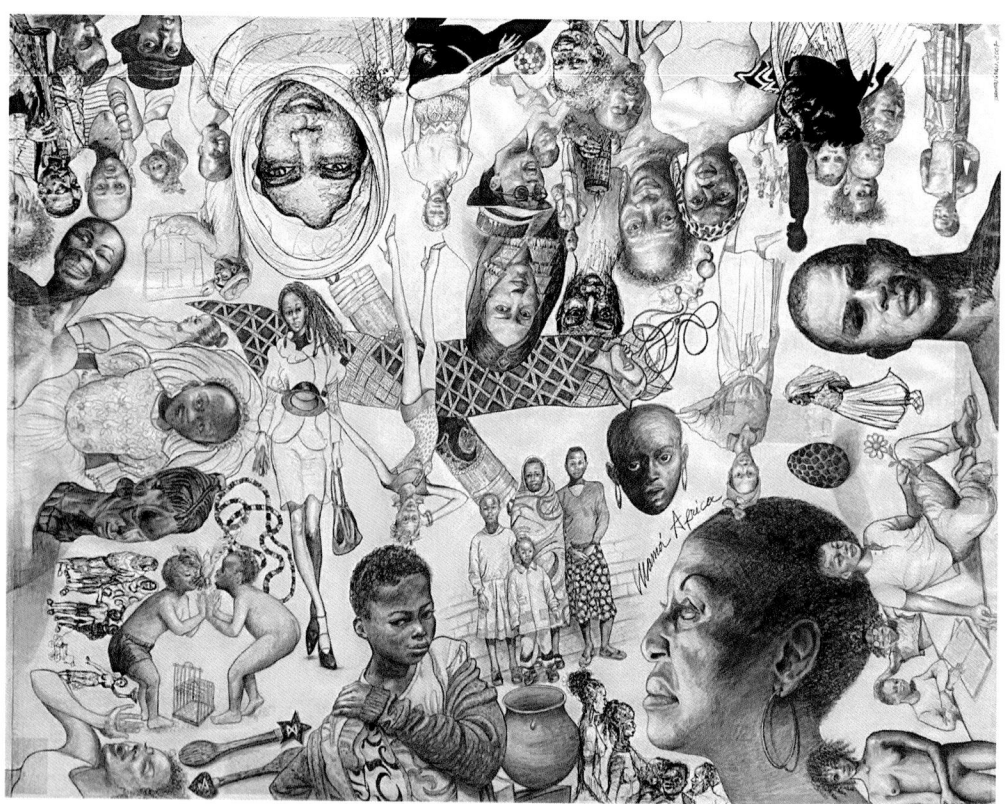

84. *África I*, 2007. Grafito sobre papel, 122 x 140 cm.

huir de la imagen tópica que nos llega de África, del niño hambriento... Esa realidad ya la conocemos, tristemente. Yo quise acercarme a través de ciertos objetos, grafismos, telas... que me fascinan por ser diferentes. Esa fascinación por su cultura es la que quise plasmar». Son dibujos realistas, técnicamente virtuosos, de un modelado y claroscuro muy logrado.

De inspiración africana, también, pero centrados en la captación de la figura humana y la expresión del rostro, son dos dibujos de gran formato titulados *África I* (122 x 140 cm) [fig. 84] y *África II* (85 x 122 cm), cuya peculiaridad consiste en su apariencia de *collage* de imágenes, pues el dibujo se despliega como una constelación de figuras y rostros que ocupan la superficie sin conformar una escena única. Además, las imágenes han sido dibujadas con distinta orientación, girando el papel de posición. Y tampoco su escala es única, sino que varía entre

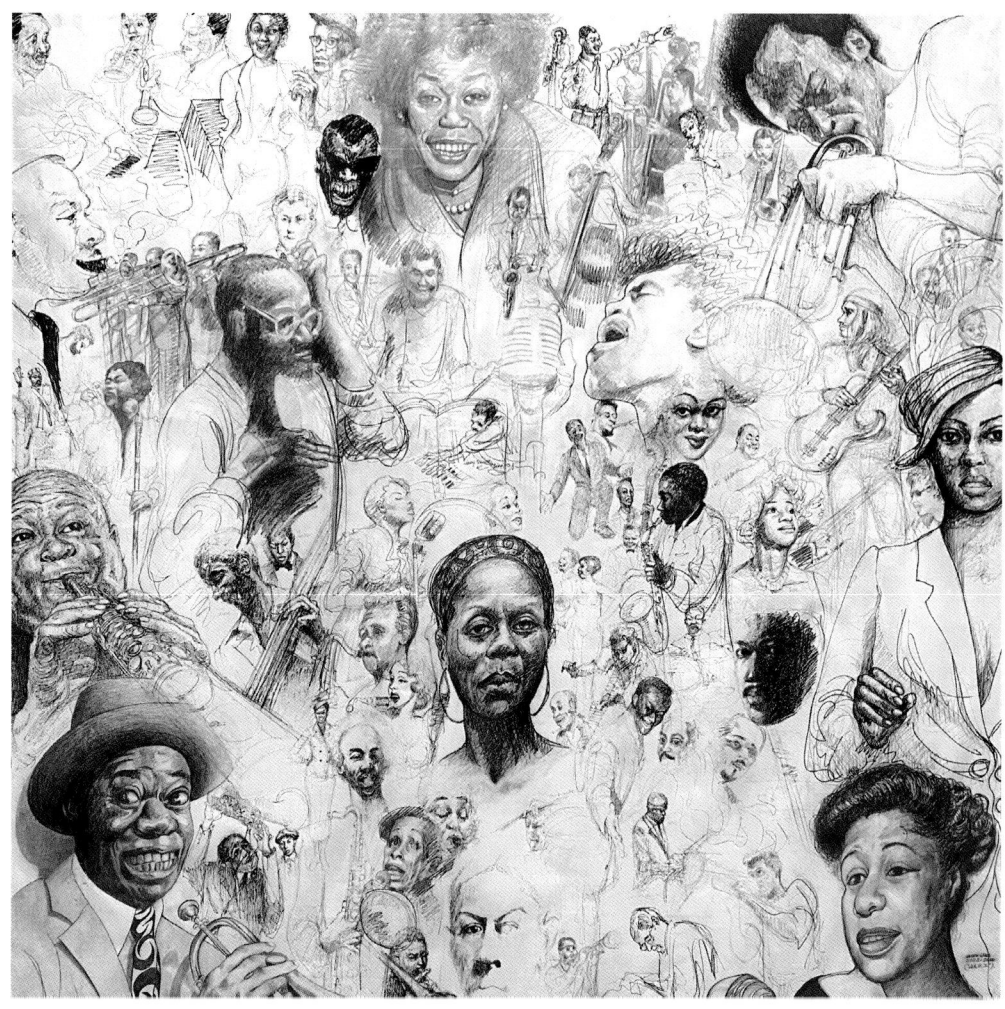

85. *Jazz*, 2007-2008. Grafito sobre papel, 135 x 140 cm.

las figuras: unas son grandes y dominantes, mientras que otras son pequeñas y discretas, lo que rompe con cualquier jerarquía visual y genera una interacción libre entre las formas. El resultado es una obra que no invita a una lectura unitaria, sino a una exploración individualizada, donde cada figura o escena parece existir por sí sola, sin depender del conjunto para cobrar sentido. Predominan los rostros de mujeres y niños tomados a partir de unas fotografías que pidió que hiciera la hija de un amigo que trabajaba como médica en un país africano.

De esos mismos años 2007 y 2008 data otro panel (de 135 x 140 cm) conectado temáticamente con los anteriores en el que dibujó retratos de cantantes y músicos afroamericanos de jazz, una música que suena en el taller cuando trabaja. Tomados de fotografías históricas, allí están representados, con distinta intensidad de carboncillo, Sarah Vaughan, Ella Fizgerald, Billie Holiday, Nina Simone, Dinah Washington, Louis Armstrong, Duke Elington... [fig. 85].

Y de unos años después es el panel *Personas que me gustan* (c. 2010-2014), en el que representó los retratos de casi un centenar de personajes a los que admira en una composición abigarrada. Nos cuenta que tiene la costumbre de guardarse las fotos aparecidas en la prensa de gente que le interesa, y un día se le ocurrió empezar a copiarlas sobre un recorte grande de papel (120 x 150 cm) colocado en el caballete. Reconocemos a escritores (Rosa Montero, Julio Cortázar, Louis-Ferdinand Céline, Gabriel Ferrater, Salvador Espriu, Juan José Millás...), políticos o relacionados con la política (Lluís Companys, José Mújica, Che Guevara, Baltasar Garzón, Salvador Puig Antich, Aminatou Haidar, Julian Assange...), actrices y cineastas (Bette Davis, Emma Thompson, Susan Sarandon, Billy Wilder, Michael Moore...), además de Víctor Jara, Gila, Valentina Tereshkova y un largo etcétera. Ahora trabaja en un segundo panel, en los que ya ha plasmado la efigie de Buero Vallejo, Andrés Rábago, Jorge de Oteiza, Manuel Monleón, Jesús Martínez Guerricabeitia, Blas de Otero, Rafael Pérez Contel, Maria Mercè Marçal, Javier Krahe, Edgar Allan Poe, Antonio Machado... [fig. 86].

Volvamos a la pintura, para terminar. Las últimas obras que hemos visto acabadas en el estudio de Carmen Grau son el conjunto formado por *El árbol de la vida* y *Los elementos de la naturaleza* (c. 2019-2023). El tema del árbol de la vida tiene una rica historia artística y simbólica que se remonta a los tiempos antiguos simbolizando el ciclo de la vida en perpetua evolución, desde el nacimiento hasta la muerte, y que hoy podríamos interpretar desde una óptica medioambiental como un símbolo de la naturaleza y de la interdependencia de todos los seres vivos.[5] Nuestra artista lo representa como un gran árbol de tronco robusto y copa muy frondosa, tanto que se salen de los límites del cuadro (de 244 x 200 cm), pero con la singularidad de que todo ese ramaje no está pintado, sino formado por un gran *collage* de recortes de imágenes impresas que reproducen fragmentos de follaje de la más variada procedencia: de árboles reales, de paisajes pintados, de fo-

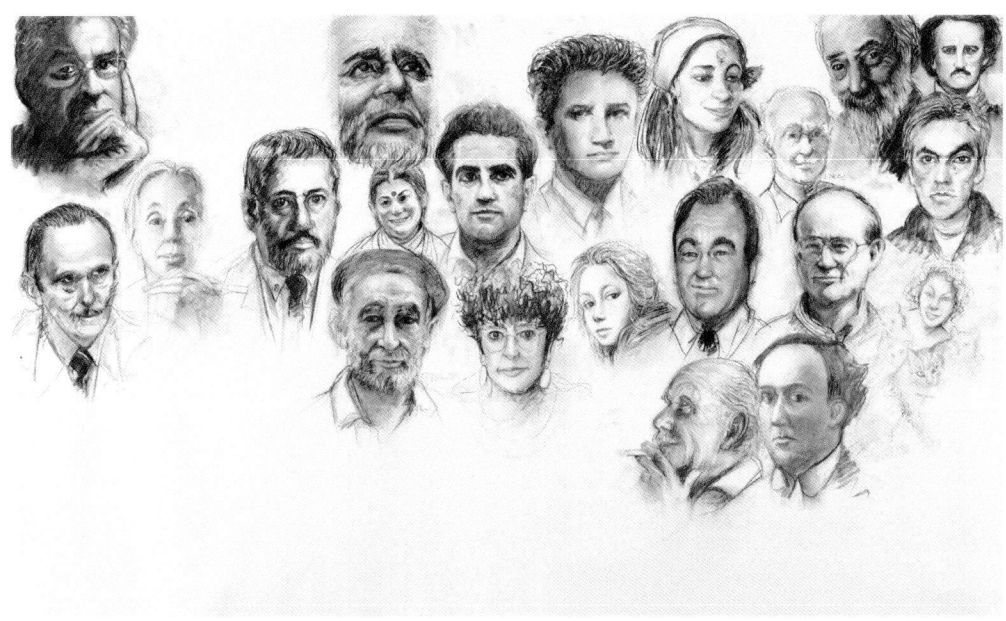

86. *Personas que me gustan II* (en proceso), 2024. Grafito sobre papel, detalle.

tografías tomadas por la propia artista… Una diversidad aglutinada armónicamente mediante la laboriosa tarea de ir seleccionando minuciosamente cada pequeño recorte como si de montar un extenso puzle se tratara, eligiendo cuidadosamente la pieza que encaje con las contiguas y componga esa gran copa arbórea. Los cuadros dedicados a los elementos de la naturaleza –*El cielo*, *La tierra*, *El agua* y *Los animales*– están realizados en la misma técnica del *collage*, que ahora cubre toda la superficie y conforma una yuxtaposición de fragmentos cuyo efecto conjunto sugiere el elemento natural representado y su color característico. Pero sin nada de pintura, ese caleidoscopio de fragmentos basta para crear una loa reivindicativa de la importancia, grandeza y vulnerabilidad de la naturaleza.

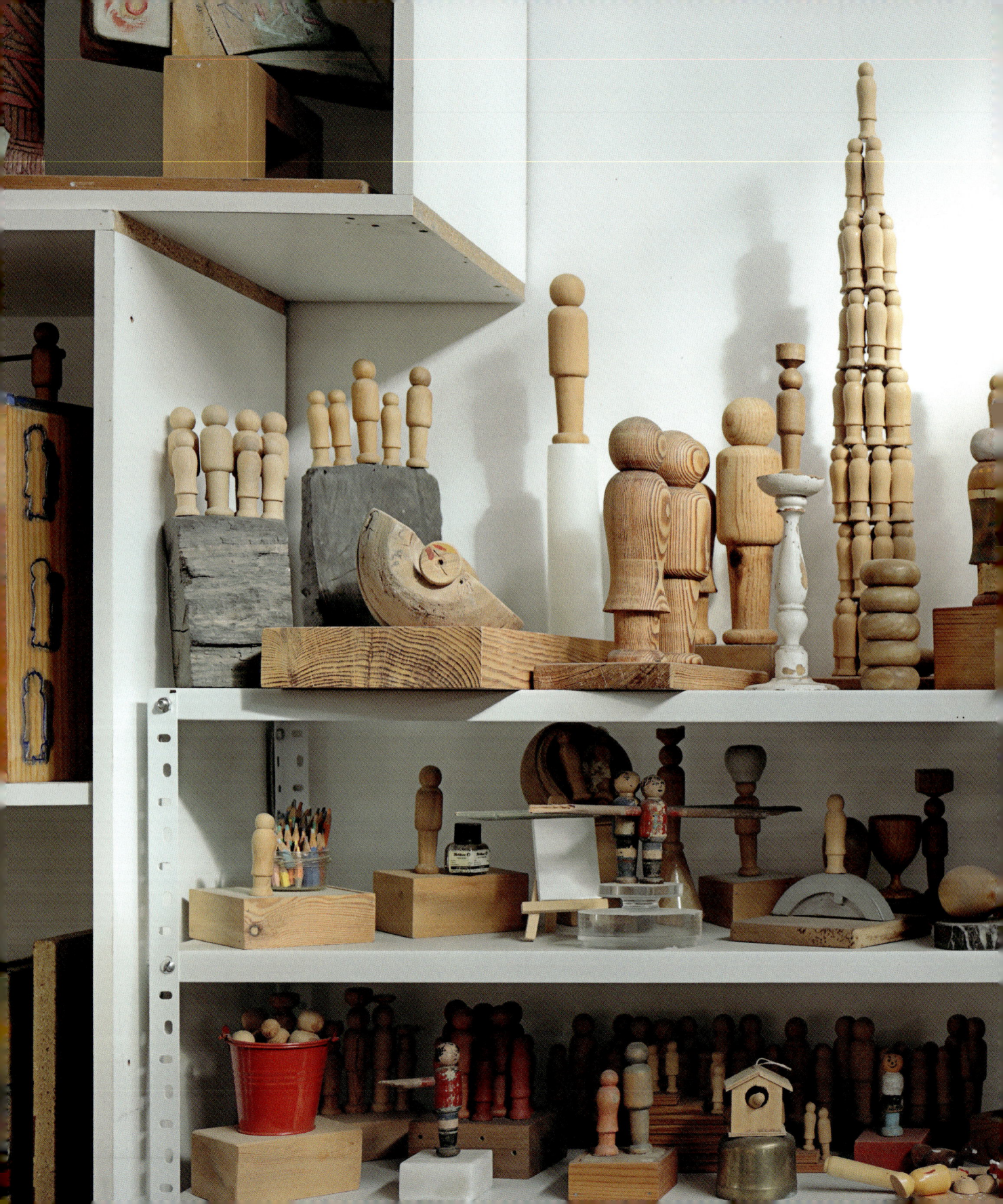

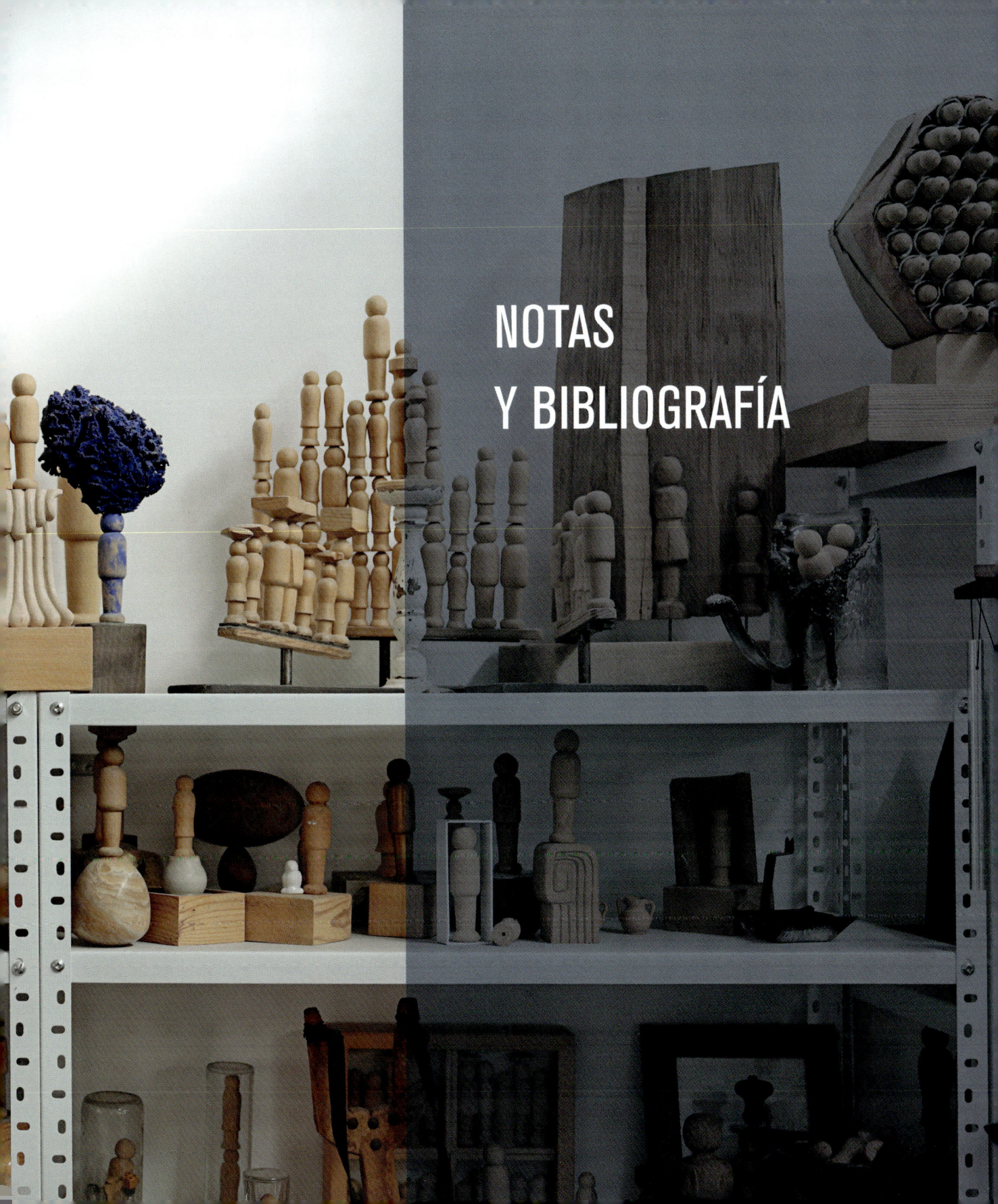

NOTAS
Y BIBLIOGRAFÍA

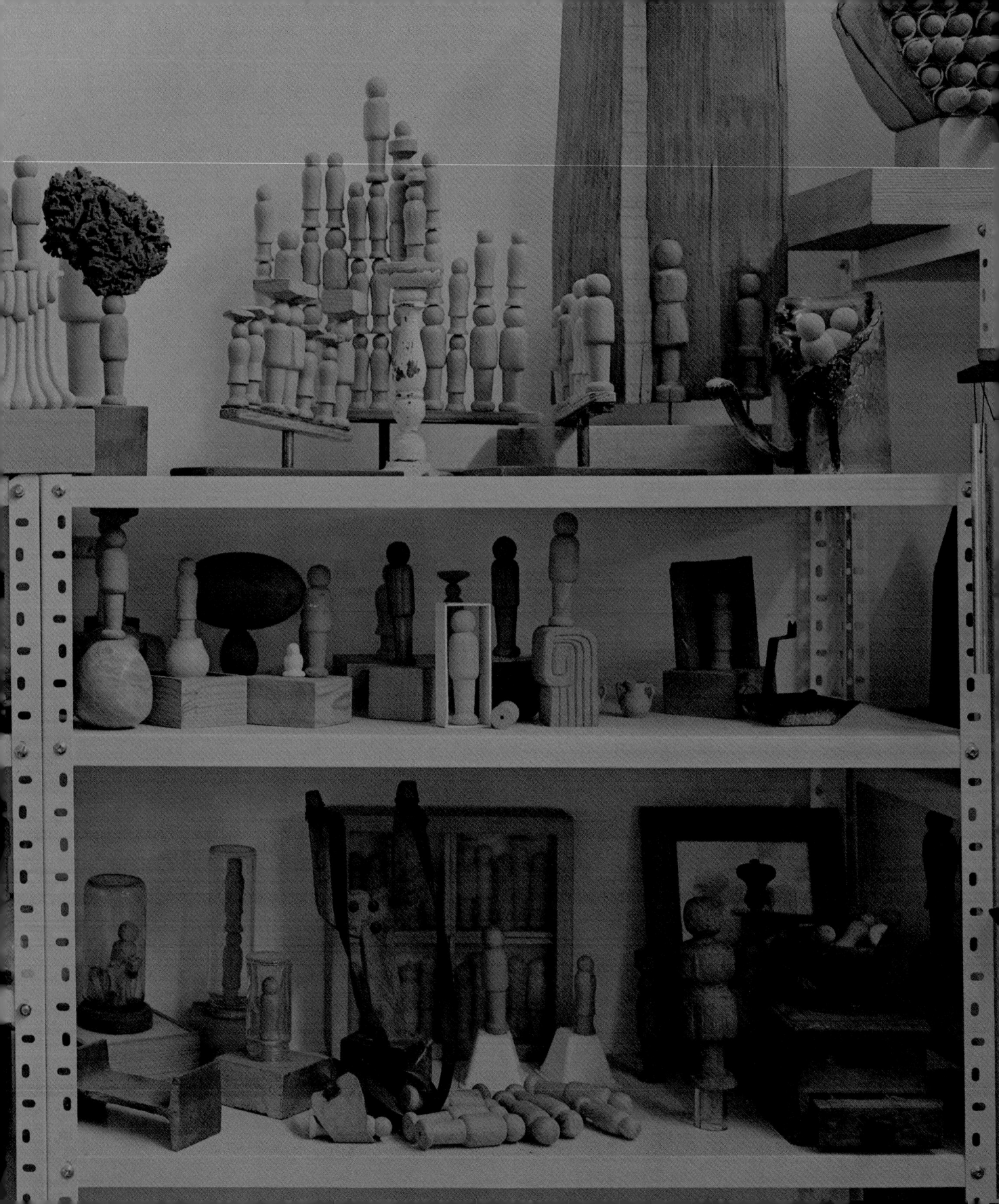

NOTAS

PRÓLOGO

1. M.ª Ángeles Pérez Martín, «Carmen Grau: El arte como forma de vida». *Makma*, 2 de enero de 2014. En línea: <https://www.makma.net/carmen-grau-el-arte-como-forma-de-vida/> (consulta: 23 de octubre de 2024).

2. Carmen Grau, *Pintando el tiempo*. Valencia: Universidad Politécnica de Valencia, 2007. Nos referimos a frases como las siguientes: «La pintura lo que expresa es la vida; la vida misma hablando de ella con imágenes» (p. 11); «El arte tiene la esencia de la naturaleza de la vida» (p. 14); «La pintura es una experiencia vivencial» (p. 28); «El arte brota de la vida como las plantas de la tierra […]. El arte genuino y verdadero encierra en sí mismo todas las posibilidades de la vida» (p. 50); «Pintura y realidad configuran un mismo hecho» (p. 87) …

3. Rafael Prats Rivelles, «Carmen Grau, al Grand Palais de París. "La pintura es una experiencia vivencial"». *Levante*, 6 de noviembre de 1987.

4. Término empleado por Pascual Patuel en *Arte valenciano en el franquismo (1939-1975)*. Valencia: Universitat de València; Alfons el Magnànim, 2019, pp. 393 y ss.

5. Mireia Ferrer Álvarez, «Mujeres artistas en la Diputación. Nuevas narrativas en torno al arte contemporáneo». En Rafael Gil Salinas [*et al.*] (coms.), *Memoria de la modernidad. La colección patrimonial de la Diputación de Valencia*. Valencia: Diputació de València, 2017, p. 186.

6. Esto entendemos que fue lo que propusieron Ann Shutherland Harris y Linda Nochlin en aquella exposición pionera de 1976 de la que fueron comisarias: *Women Artists: 1550-1950*. (Exposición celebrada en Los Ángeles, County Museum of Art, de diciembre de 1976 a marzo de 1977; e itinerancia hasta 27 de noviembre de 1977). Nueva York: Alfred A. Knopf, 1976, p. 11.

7. Rafael Ballester Añón (coord.), *Carmen Grau*. (Exposición celebrada en Valencia, Galería Arte Xerea, del 8 de marzo de 1990 al 21 de abril de 1990). Valencia: Galería Arte Xerea, 1990.

8. María Teresa Beguiristain (com.), *Carmen Grau. Taller narrativo*. (Exposición celebrada en Valencia, L'Almodí, del 9 de abril de 2001 al 6 de mayo de 2001). Valencia: Consorci de Museus de la Comunitat Valenciana, 2001.

9. Nos referimos a Carmen Grau Bernardo, *7 obras. Posibilidades expresivas del soporte rígido en la pintura. (Análisis en torno a la propia investigación plástica, 1977-1986)*, tesis doctoral dirigida por el Dr. Andrés Cillero Dolz. Valencia: Universidad Politécnica de Valencia, 1987. Y a Carmen Grau Bernardo, *Pintando el tiempo*. Valencia: Universitat Politècnica de València, 2007.

10. Carmen Grau, *Pintando el tiempo*, p. 15. Un carácter autobiográfico corroborado por el profesor Román de la Calle cuando afirmó: «sus obras no necesitan ni siquiera ir firmadas para reconocerlas como suyas: son, en sí mismas, salpicaduras de su desbordante sensibilidad, toda una plasticidad biografiada… Un diario secuencializado, constantemente reescrito». («Carmen Grau». *El Correo del Arte*, 25, marzo de 1985, p. 12).

11. Enrico Crispolti, *Cómo estudiar el arte contemporáneo*. Madrid: Celeste, 2001, pp. 189-190.

1.1. FAMILIA Y FORMACIÓN

1. Plinio el Viejo, *Historia natural*, lib. xxxv, 147. (*Textos de Historia del Arte*, edición de Esperanza Torrego, Madrid: Machado Libros, 2001, pp. 122-123).

2. Patricia Mayayo, *Historias de mujeres, historias del arte*. Madrid: Cátedra, 2003, p. 30. Y antes, Rozsika Parker y Griselda Pollock, *Maestras antiguas. Mujeres, arte e ideología* [1981]. Tres Cantos (Madrid): Akal, 2021, p. 48. Igualmente, Whitney Chadwick, *Mujer, arte y sociedad*. Barcelona: Destino, 1992, p. 70.

3. Situados, respectivamente, en el chaflán entre las calles del Pintor Sorolla con Juan de Austria, y de la calle de San Vicente con la avenida de María Cristina.

4. Jesús Cuadrado, *Atlas español de la cultura popular. De la historieta y su uso, 1873-2000*. Madrid: Ediciones Sinsentido; Fundación Germán Sánchez Ruipérez, 2000, p. 600. Y Tebeosfera: <https://www.tebeosfera.com>.

5. Aunque en las biografías publicadas se afirma que empezó (o, incluso, terminó) los estudios de Bellas Artes antes de la Guerra Civil, no existe constancia documental de ello. Al contrario, su expediente académico en la Escuela de Bellas Artes de Valencia se inicia en 1940, como se dirá en la nota 10.

6. Marina Segarra, Eulalia Adelantado y Mariano Maestro (coms.), *José Grau. Dibujando los ecos de la memoria*. (Exposición celebrada en Valencia, Sala Josep Renau de la Universitat Politècnica de Valencia, del 22 de octubre al 2 de noviembre 1998). Valencia: Universitat Politècnica de València, 1998, p. 19.

7. Luis Roig d'Alós (1904-1968), tras estudiar en la Escuela Superior de Bellas Artes de San Carlos, fue escultor anatómico de la Facultad de Medicina y profesor ayudante en la Escuela de Bellas Artes, puestos de los que fue depurado por sumarse a la sublevación (3 de agosto de 1937). Al terminar la Guerra, fue restituido en ambas plazas y su amistad con el director general de Bellas Artes, Juan de Contreras, marqués de Lozoya, impulsó su carrera: en 1939 le nombró Maestro de Taller de Escultura y Vaciado de la Escuela de Cerámica de Manises; en 1942, ascendió a profesor encargado de curso de la nueva asignatura de Restauración creada en la Escuela de Bellas Artes; hasta que en 1948 ganó la cátedra de Restauración de Cuadros y Esculturas. También ostentó otros cargos significados: en 1939 fue nombrado por el Gobierno sublevado agente del Servicio de Defensa del Patrimonio Artístico Nacional y, en 1945, accedió por oposición al cargo de restaurador artístico municipal de Valencia.

8. Entrevistas con Carmen Grau. L'Eliana (Valencia), 16 de diciembre de 2020 y 19 de enero de 2022. Las declaraciones que se incluyen en el resto del epígrafe corresponden a estas entrevistas.

9. Cuadrado, *Atlas español de la cultura popular*, p. 407.

10. Archivo Histórico de la Facultad de Bellas Artes (Valencia), *Expediente académico personal de José Grau Hernández*. Se conserva la instancia de solicitud para presentarse al examen de ingreso, de fecha 9 de septiembre de 1940; el impreso de solicitud de matrícula para realizar en el curso 1940-41 las asignaturas de Dibujo Clásico, Preparatorio de Colorido y Preparatorio de Escultura, fechado el 5 de noviembre de 1940; y la *Hoja de estudios* sin calificaciones, pero con la anotación de que había abonado los derechos de matrícula de las tres asignaturas mencionadas.

11. Andrés Porcel (coord.), *Historia del tebeo valenciano*. Valencia: Prensa Valenciana, 1992, p. 403.

12. Segarra [*et al.*], *José Grau…*, p. 35.

13. Ibíd., pp. 13-14.

14. Carta de Barry Coker a José Grau. Londres, 8 de diciembre de 1988. Reproducida en Segarra [*et al.*]: *José Grau…*, p. 10.

15. El Centro de Estudios Barreira lo fundó el pintor Vicente Barreira Martín (1918-1999) en 1957 para impartir enseñanzas de arte, diseño y delineación, convirtiéndose pronto en una afamada escuela privada de Artes Aplicadas y Oficios Artísticos, cuyos estudios recibieron el reconocimiento oficial en 1963. Posteriormente, el centro ha seguido funcionando hasta hoy dirigido por sus hijas.

16. Linda Nochlin, «¿Por qué no ha habido grandes mujeres artistas?» [1971]. En Maura Reilly (ed.), *Mujeres artistas. Una selección de Linda Nochlin*. Madrid: Alianza, 2022, p. 73.

17. Archivo Histórico de la Facultad de Bellas Artes (Valencia), *Registro de matrícula. Matrícula oficial, libre y de ingreso. Año 1963-64*. Entre los inscritos en la prueba de septiembre de 1964 consta que María Carmen Grau Bernardó [*sic*] no superó el examen de dibujo. La siguiente en la lista de inscritos fue María Grau Cerdá, que sí lo aprobó.

18. La Academia Fuster fue fundada por el delineador y dibujante Josep Fuster en 1910 y, muy pronto, se convirtió en un centro de preparación para los alumnos que tenían que realizar las pruebas de acceso a la Escuela Superior de Bellas Artes de San Carlos. Tras su muerte, en un bombardeo en la Guerra Civil en 1938, la dirección del centro estuvo a cargo de varios artistas. En la década de 1940 estuvo dirigida por Enric Alba y durante los años cincuenta por Vicente Barreira, hasta la fundación de su propia escuela. Benjamín Suria estuvo al cargo del centro en la década de 1960 y, finalmente, Miguel Ruiz (los primeros años de los setenta) y Ricardo Salom, el nieto de Josep Fuster en el último año de su existencia (1973-74). Junto con

Carmen Grau, Miquel Navarro o Carmen Calvo son algunos de los numerosos artistas que pasaron por esta academia. Vid. Ricard Huerta Ramón, «Academia Fuster, un centro privado de educación artística en Valencia». *Arte, Individuo y Sociedad*, n.º 16, 2004, pp. 49-72.

19. Archivo Histórico de la Facultad de Bellas Artes (Valencia), *Registro de matrícula. Matrícula oficial, libre y de ingreso. Año 1965-66*; y *Registro de matrícula... Año 1966-67*.

20. Archivo Histórico de la Facultad de Bellas Artes (Valencia), *Expediente académico personal de María Carmen Grau Bernardo*.

21. Alfons Roig Izquierdo (1903-1987) realizó sus estudios eclesiásticos en la Congregación del Santísimo Redentor, recibiendo la ordenación sacerdotal en 1927. Poco después, se incorporó la Archidiócesis de Valencia, siendo nombrado párroco de Pinet y, después, de la iglesia de San Juan de la Ribera, ya en la capital. Una visita a la Exposición de Arte Sacro de Vitoria, organizada por Eugenio d'Ors nada más acabada la Guerra Civil, le inspiró la introducción del arte sacro en la Escuela de Bellas Artes de Valencia, al ser nombrado en junio de 1939 miembro de la comisión encargada de reorganizar sus enseñanzas e, inmediatamente, profesor de la asignatura de nueva creación Liturgia y Arte Sacro, que en 1941 pasó a titularse Liturgia y Cultura Cristiana, en cuyas clases varias generaciones de artistas conocieron las primeras vanguardias, que también difundió con artículos sobre Rouault, González, Ferrant, Picasso, Kandinsky... En 1985, cedió su biblioteca y colección artística a la Diputación de Valencia, que dos años antes había creado unos premios con su nombre, destinados a promover y dar soporte a artistas plásticos valencianos. Vid. Juan Manuel Bonet (com.), *Alfons Roig (1903-1987). Una vida dedicada a l'art* (Exposición celebrada en Valencia, Col·legi Major Rector Peset, del 15 de junio al 31 de agosto de 2007), Valencia: Museu Valencià de la Il·lustració i de la Modernitat, 2007. Sin embargo, su figura está siendo reevaluada a raíz de una reciente biografía del pintor Juan Genovés, en la que éste le acusa de pederastia. (Mariano Navarro, Armando Montesinos y Alicia Murría, *Juan Genovés. Ciudadano y pintor*. Madrid: Turner, 2021, pp. 53-54). Acusación que ha corroborado en la prensa José Soler, «Monjalés», alumno suyo también en la Escuela de Bellas Artes a finales de los años cuarenta.

22. En esos cursos, el porcentaje de alumnas rondaba ya el 44% de media. Vid. Clara Solbes Borja, «Aproximación a la presencia de mujeres en la Escuela de Bellas Artes de San Carlos durante el franquismo». En Concha Lomba Serrano, Carmen Morte García y Mónica Vázquez Astorga (eds.), *Las mujeres y el universo de las artes. XV Coloquio de arte aragonés*. Zaragoza: Institución Fernando el Católico, 2020, p. 446.

23. Clara Solbes Borja, «Mujeres y artistas en la Valencia franquista. Una aproximación a través de la memoria de género». En Eva M.ª Ramos Frendo (dir.), *Género y subjetividades en las prácticas artísticas contemporáneas*. Sevilla: Arcibel, 2020, p. 284.

24. Vid. Solbes, «Aproximación a la presencia de mujeres en la Escuela de Bellas Artes de San Carlos durante el franquismo»..., p. 448.

25. Francisco Agramunt Lacruz, *Diccionario de artistas valencianos del siglo xx*. Valencia: Albatros, 1999, t. II, pp. 1018-1019.

26. José Garnería (com.), *Mariano Maestro. Retrospectiva 1970-2007* (Exposición celebrada en Valencia, Atarazanas, de febrero a abril de 2008). Valencia: Ayuntamiento de Valencia, 2008, pp. 7-8.

1.2. INGRESO EN EL ARTE: PRIMERAS EXPOSICIONES

1. George Kubler, *La configuración del tiempo*. Madrid: Nerea, 1988, p. 63.

2. Redacción, «Se concede el VI Premio Estil de Pintura a Carmen Grau Bernardo». *Levante*, 21 de septiembre de 1972, p. 16. Se presentaron 95 obras. El jurado lo compusieron el delegado del Ministerio de Información y Turismo, Adrián Sancho Borja; los directores de los diarios *Las Provincias*, *Jornada* y *Levante*, Jose Ombuena, José Barberá y Álvaro Ansuátegui respectivamente; el director de RNE en Valencia, Emilio Llorca; el consejero provincial de Bellas Artes y catedrático de la Escuela, Francisco Lozano; el pintor Vicente García Ferrando; el propietario de la Galería, Francisco Taberner; y Manuel Real Alarcón quien actuó como secretario.

3. Entrevista con Carmen Grau. L'Eliana (Valencia), 15 de febrero de 2021. Las declaraciones que se incluyen en el resto del capítulo corresponden a esta entrevista, salvo que se indique otra cosa.

4. Eduardo López-Chávarri Andújar, «Exposiciones de Salvador Soria, M. Carmen Grau, José Sabat y Miguel Viribay». *Las Provincias*, 24 de mayo de 1973, p. 31.

5. Carlos Sentí Esteve, «Otra victoriosa muestra de la joven pintura valenciana. El retrato y la composición, en la obra de Mari Carmen Grau. Conversación en la Galería Estil». *Levante*, 18 de mayo de 1973, p. 18.

6. El Premio de la Sala Noel estaba orientado a estudiantes y recién titulados en Bellas Artes. A diferencia de otros concursos, el jurado lo formaban los propios artistas participantes, actuan-

do como secretario Manuel Real Alarcón, promotor y organizador del mismo. En la edición de 1970, Mariano Maestro obtuvo el primer premio por su obra *Homenaje a Béla Bartók*, alegría que se sumó al accésit de su esposa. Vid. Redacción, «Notas de Arte. Premio de pintura Sala Noel». *Levante*, 3 de enero de 1970, p. 11; y Redacción, «Mariano Maestro premio de pintura Sala Noel». *Levante*, 4 de enero de 1970, p. 13.

7. Redacción, «III Premio Sala Braulio». *Levante*, 17 de junio de 1971, p. 17.

8. Vid. Pascual Patuel Chust, *Salones valencianos de arte (1955-1990)*. Valencia: Institució Alfons el Magnànim, 1999, pp. 142, 143, 145, 146, 147 y 152, respectivamente. El Salón de Marzo (1960-1973, 1977-1979) fue una iniciativa de la asociación Arte Actual, patrocinado sucesivamente por la Diputación Provincial y el Ayuntamiento de Valencia. Sus dieciséis ediciones dieron buena cuenta de la evolución del arte valenciano de los años sesenta y setenta. Ante su desaparición temporal, provocada por la retirada del patrocinio municipal, la Caja de Ahorros de Valencia auspició su continuación en el Salón de Primavera (1974-1990).

Por cierto, que el I Salón de Primavera (1974) concitó a un número significativo de creadoras (17 pintoras frente a 60 escultores y pintores varones), hecho del que se hizo eco Carlos Sentí elevándolo a categoría, al titular su reseña: «Creciente participación de la mujer en las exposiciones colectivas de arte» (*Levante*, 31 de marzo de 1974). Entre ellas estaba María Carmen Grau con el cuadro *Lejanía*. En la siguiente edición, la de 1975, se presentó ya con una obra abstracta. En la última edición a la que concurrió, la de 1979, lo hizo con *Pintura. Homenaje*.

9. Carlos Sentí constató en su crónica del salón el cambio anunciado por esta primera presentación de una obra abstracta: «Carmen Grau Bernardo, ahora en su nueva evolución hacia el arte abstracto, a cuyas formas da sentido tan atractivo como el que tuvo para sus muñecos de antaño». («El II Salón de Primavera organizado por la Caja de Ahorros de Valencia». *Levante*, 15 de marzo de 1975.)

10. Vid. Pascual Patuel, *Salones valencianos de arte...*, p. 146. El Salón de Otoño (1955-1982), convocado por el Ateneo Mercantil de Valencia, fue el evento de estas características más longevo de la ciudad y buen indicador de las tendencias de la pintura valenciana, desde reinterpretaciones del expresionismo y el cubismo, la irrupción de la abstracción expresiva y geométrica, el realismo social, nuevas formas de realismo...

11. Nos referimos al IV Salón de Otoño de Pintura (1974), de la Caja de Ahorros y Socorros de Sagunto, al que presentó la obra titulada *Paisaje mediterráneo*.

12. Manuel Real Alarcón (1917-1986), aunque nacido en Cuenca, se asentó tempranamente en Valencia, donde estudió Comercio y desarrolló su carrera como ceramista, regentando una tienda de azulejos en la calle Náquera. Su pasión por el arte le llevó, además de a dedicarse a la crítica, a apoyar la renovación del arte valenciano desde mediados de los años cincuenta a los setenta promoviendo varios certámenes y salones. Participó, por ejemplo, en la creación de la asociación Arte Actual, organizadora del Salón de Marzo (1960-1973, 1977-1979), en cuyo desarrollo colaboró activamente, especialmente en su última etapa. Así como en las primeras ediciones del Salón de Primavera (1974-1990), promovidos por la Caja de Ahorros de Valencia ante la desaparición transitoria del Salón de Marzo. Durante años alentó la celebración de una tertulia de artistas, de la que dejó testimonio en sus «libros de oro». Vid. Manuel Real Alarcón, *Historia de los Libros de Oro de las tertulias de pintores y escultores valencianos*. Valencia: Ayuntamiento, 1985; y *Historia de los Libros de Oro de las tertulias de pintores y escultores valencianos. Segunda parte (1957-1981)*. Valencia: Nau Llibres, 2018.

13. Componían la exposición 22 paisajes de los alrededores de Valencia y Lugo. La Sala Cite pertenecía a la Delegación Provincial del Ministerio de Información y Turismo, y estaba dirigida por el crítico Rafael Pons Aguilar (1922-2015).

14. Eduardo López-Chávarri Andújar, «Exposiciones de Carmen Grau y Josep Coll Araqué». *Las Provincias*, 25 de junio de 1975, p. 18.

15. Carlos Sentí Esteve, «Semanal de las Artes: Carmen Grau en el Colegio de Arquitectos». *Levante*, 14 de junio de 1975, p. 33.

16. Carolina Maestro Grau (1976) es licenciada (2002) y doctora (2008) en Bellas Artes por la Universitat Politècnica de València, en cuyo Departamento de Dibujo es profesora ayudante doctor. Escribió su tesis doctoral sobre *Sean Scully: La dimensión humanística de la pintura abstracta*, y como pintura ha mostrado su obra en numerosas exposiciones colectivas e individuales.

17. En lugar de la concesión de premios, el incentivo de esta bienal de Oviedo consistía en el fondo para la adquisición de obras aportado por el Ayuntamiento y otras entidades públicas y privadas. Las obras de Grau fueron adquiridas por Galerías Preciados y Construcciones Principado. Vid. Redacción, «Oviedo. Un centenar de cuadros en la I Bienal de Arte». *ABC*, 4 de septiembre de 1976, p. 28. Sobre el éxito de participación en la primera edición, vid. José Manuel Vaquero, «Dificultades para celebrar la Bienal de Arte Ciudad de Oviedo». *El País*, 12 de agosto de 1979.

18. Ceferino Moreno Sandoval (comissari), *VII Bienal Internacional del Deporte en las Bellas Artes*. (Exposición celebrada en Barcelona, Reales Atarazanas de Barcelona, de septiembre a noviembre de 1979). Madrid: Ministerio de Cultura, 1979, p. 3.

19. Redacción, «VII Bienal Internacional del Deporte en las Bellas Artes. Exposición de las obras galardonadas en el Palacio

de Bibliotecas y Museos». *ABC*, 13 de diciembre de 1979, p. 97. Este mismo premio fue concedido a artistas como Joan Hernández Pijuan (1965) o Venancio Blanco (1977) y, al año siguiente, a Darío Villalba, lo que permite deducir el prestigio del que gozaba; al que no era del todo ajeno su importe, que en 1979 equivalía al salario mínimo anual.

20. Componían el jurado, además de la Dra. Ambrozic, la también conservadora de la Galería Nacional de Arte de Sofía, Konstadinka Georgieva Kabadaieva, los críticos Manuel Conde, Arnau Puig y Jean Dominique Rey, y los artistas Manuel Molezún y Juan José Tharrats.

21. España. Resolución 9169, de 25 de marzo de 1983, del Congreso de los Diputados. *BOE*, n.º 76, 30 de marzo de 1983, p. 9149.

22. Rafael Prats Rivelles, «Las artes plásticas. Encuesta (I)», *Valencia Fruits*, 4 de junio de 1981.

23. Javier Rubio, «Carmen Grau». *ABC*, 29 de abril de 1984, p. 101. Se imprimió un catálogo de la exposición de ocho páginas. La Galería Aldaba estaba dirigida por Leoncio García Enguita y Carmen Berrio Ojeda. El año anterior había expuesto Alberto Agulló, y ese 1984 lo harían Carmen Perujo, Segundo Gámez, Consuelo Vallina…; especializándose por entonces en escultura y cerámica.

24. El Centro Bertrand Russell Nova Cultura, ubicado en la calle Álvaro de Bazán de la capital del Turia, fue, en los primeros años de la Transición, un punto de reunión en el que tenían lugar numerosos actos culturales de la izquierda valenciana. Por ejemplo, en el contexto de las elecciones generales de junio de 1977, los artistas y candidatos comunistas al Congreso Juan Genovés y Doro Balaguer presentaron las políticas culturales del PCPV. A primeros de junio, días después de retirar las obras de Carmen Grau, el centro sufrió un atentado con explosivos perpetrado por algún grupúsculo de extrema derecha que causó considerables daños materiales en el local. Vid. Redacción, «Presentación de la Política Cultural del P.C.P.V.». *Levante*, 10 de junio de 1977, p. 3; y Redacción, «Explosivo Goma-2 pudo haberse utilizado contra Nova Cultura». *Las Provincias*, 11 de agosto de 1977, p. 13. Para la tarjeta de invitación a la exposición de Carmen Grau se eligió el detalle de una de las xilografías, en el que se leía la palabra "AMNISTÍA".

25. Entrevista con Carmen Grau. L'Eliana (Valencia), 18 de septiembre de 2024.

26. La Galería Lucas pasó a llamarse, pocos meses después, Galería del Palau.

27. Rafael Prats Rivelles, «Crónica de las artes plásticas. Carmen Grau». *Qué y Dónde*, 7 de abril de 1981.

28. Pablo Ramírez, «Exposición de Carmen Grau. Una sorpresa», *Diario de Valencia*, 22 de abril de 1981. Resulta paradójico que, unos meses después de estas palabras, su autor escribiera sobre la «generación de los ochenta» para el catálogo de la exposición *30 artistes valencians*, en la que no se incluyó a nuestra pintora, ni él la mencionase en su texto: «Un epíleg que encara és futur», en *30 artistes valencians*, Valencia, Ajuntament de València, 1981, s/p.

29. Rafael Prats Rivelles, «Carmen Grau» [Entrevista]. *Qué y Dónde*, 394, 30 de septiembre de 1985, p. 15.

30. Román de la Calle, «Carmen Grau: la coherencia de una trayectoria». *Las Provincias*, 13 de octubre de 1985, p. 40.

31. Manuel Olmos y Juan Manuel Llopis (comissaris), *Perspectiva 80, darrera generació de la pintura valenciana*. (Exposición celebrada en Valencia, Colegio de Arquitectos, Ateneo Mercantil y Museo San Pío V, del 10 de octubre al 5 de noviembre de 1980). Valéncia: Ajuntament de València, 1980. Sobre ésta y las demás exposiciones de los ochenta, vid. Román de la Calle: «Las muestras colectivas de la década de los ochenta en el contexto artístico valenciano. La pintura». En *El ojo y la memoria. Materiales para una historia del arte valenciano contemporáneo*. Valencia: Universitat de València, 2006, pp. 99-130.

32. *New Painting from Valencia*. (Exposición celebrada en Nueva York, Spanish National Tourist Office, de mayo a junio de 1982). Valencia: Diputació de València, 1982.

33. *Art valencià 84*. (Exposición celebrada en Alcoi, Centre Municipal de Cultura, del 2 al 30 de junio de 1984), Alcoi: Centre Municipal de Cultura, 1984.

34. Con motivo de la exposición se editó el libro *Plástica valenciana contemporánea* (Valencia: Promociones Culturales del País Valenciano, 1986), prologado por Vicente Aguilera Cerni, que reunía fichas individuales de 122 artistas, redactadas por Juan Vicente Blasco Carrascosa, Román de la Calle, José Garnería y Rafael Prats Rivelles. La de Carmen Grau corrió a cargo de Román de la Calle, ilustrada por la pintura *Poema para Sabra y Chatyla* (1984). Una selección, en la que se incluyó a la artista, fue presentada en el Centre Municipal de Cultura de Alcoi en junio con el título *Plàstica valenciana contemporània. Art valencià 87*.

35. Sobre la sala y el certamen vid. Román de la Calle, «El proyecto de la Sala Edgar del municipio de Alfafar, en el contexto del arte y de la política cultural del País Valenciano, en la década de los ochenta», en Román de la Calle (coord.), *Arte y cultura en la memoria de la transición valenciana*. Valencia: Real Academia de Bellas Artes de San Carlos de Valencia, 2017, pp. 200-217.

36. Redacción, «Carmen Grau ganó el Certamen de pintura de Alfafar». *Levante*, 10 de agosto de 1981. Mariano Maestro quedó finalista.

37. Carmen Grau se había matriculado en el curso 1975-1976 en la asignatura de Grabado de Reproducción impartida en la Escuela de Bellas Artes de Valencia.

38. Manuel García, «Acotaciones al "Senyera" de pintura». *Turia*, 1013, 4 – 10 de julio de 1983, p. XX.

39. La Diputación de Valencia tomó la iniciativa en 1980 de abrir la Sala Parpalló, un nuevo espacio para la difusión del arte contemporáneo local, nacional e internacional, confiándole la dirección al pintor Artur Heras. Un año después creó los premios Alfons Roig con la voluntad de renovar las antiguas pensiones. En su inicio se otorgaban tres becas que conllevaban la exhibición en la Sala Parpalló de la obra realizada durante el disfrute de la beca. Vid. Román de la Calle: «Los premios Alfons Roig de artes plásticas y la historia de la sala Parpalló durante la transición», en Román de la Calle (coord.), *Arte y cultura en la memoria de la transición valenciana (1975-2000)*. Valencia: Real Academia de Bellas Artes de San Carlos, 2017, pp. 293-320.

40. *Carmen Grau, Ángeles Marco, Elena del Rivero. Beques Alfons Roig 1986* (Exposición celebrada en Valencia, Sala Parpalló, Valencia, abril y mayo de 1986). Valencia: Diputación Provincial, 1986. El catálogo incluye una entrevista de Carmen Grau con Paco Morales, colaborador de *La Luna de Madrid*, la revista de la movida madrileña.

41. Las doce pintoras fueron: Adela Balanzá, Lola Bosshard, Dolores Casanova, Carmen Grau, Fina Inglés, Luisa Magraner, Susi Martí Vázquez, Roberta Matheu, Antonia Mir, Maite Miralles, Cristina Tejedor y Aurora Valero.

42. Vid. Amparo Zaragozá (dir.), *Galería Punto: 1972-2000.* Valencia: Galería Punto, 2001.

43. Román de la Calle, «Carmen Grau». *Correo del Arte*, 25, 1 de marzo de 1985, p. 12. Publicado previamente en *Las Provincias*, 27 de enero de 1985. Y posteriormente en el catálogo de la exposición individual de 1990 en la Arte Xerea.

44. Sara Thornton, *33 artistas en 3 actos*. Barcelona: Edhasa, 2015, p. 202.

45. Archivo Histórico de la Facultad de Bellas Artes (Valencia), *Expediente académico personal de María Carmen Grau Bernardo.*

1.3. MADUREZ ARTÍSTICA Y DOCENTE

1. *Apud* Rosario García-Huidobro Munita, «Artistas-docentes que aprenden a enseñar. Abrir espacios pedagógicos y transgredir dualidades». *Innovación Educativa*, vol. 18, n.º 77, 2018, p. 42.

2. Entrevistas con Carmen Grau. L'Eliana (Valencia), 12 de abril de 2021 y 5 de mayo de 2022. Las declaraciones que se incluyen en el resto del capítulo corresponden a estas entrevistas.

3. Carmen Grau Bernardo, *7 obras. Posibilidades expresivas del soporte rígido en la pintura. (Análisis en torno a la propia investigación plástica, 1977-1986*, Tesis doctoral dirigida por el Dr. Andrés Cillero Dolz. Valencia: Universidad Politécnica de Valencia, 1987, p. 2.

4. Ibíd., p. 4.

5. Ibíd., p. 5.

6. Vid. Juan Fernando de Laiglesia, «Listado de tesis doctorales de Bellas Artes 1984/85 – 1994/95». En Ricardo Marín Viadel, Juan Fernando de Laiglesia González de Peredo y José Luis Tolosa Marín, *La investigación en Bellas Artes*. Granada: Grupo Editorial Universitario, pp. 205-207. En el curso siguiente presentaron tesis sobre su propia escultura Isabel Doménech, Ángeles Marco y Emilio Martínez.

7. Resolución 16603, de 28 de junio, de la Universidad Politécnica de Valencia. *BOE*, n° 166, 13 de julio de 1989, p. 22.297.

8. Román de la Calle, «Una experiència plàstica col·lectiva». *El Temps*, 25 de julio de 1981, p. 89.

9. Carla González Collantes, *Moviments socials i defensa del patrimoni a la ciutat de València: el cas dels Salvem*. Tesis doctoral dirigida por la Dra. Eulalia Adelantado Mateu. Valencia: Universitat Politècnica de València, 2005, pp. 207-229 y anexo 6, figs. 3-6.

10. *Rojo, azul, amarillo III. Sustantivo, verbo y complemento.* Valencia: Universitat Politècnica de València, 2003.

11. Adolf Beltrán, «La feria valenciana Interarte compite con Arco en el mercado del arte internacional». *El País,* 14 de noviembre de 1986. En: <https://elpais.com/diario/1986/11/14/cultura/532306807_ 850215.html> (consulta: 22 de abril de 2021).

12. Rafael Prats Rivelles, «Carmen Grau, al Grand Palais de París. "La pintura es una experiencia vivencial"». *Levante*, 6 de noviembre de 1987.

13. Francesc Gisbert i Muñoz, «Autors i tendències de la literatura infantil valenciana actual (1975-2014)», *Aula de Lletres Valencianes*, n.º 6, 2018, pp. 380-381.

14. Eduardo López-Chávarri Andújar, «Exposiciones de Carmen Grau, Monteagudo y Ferriz». *Las Provincias*, 27 de mayo de 1988, p. 42.

15. Pablo Helguera, *Manual de estilo del arte contemporáneo*. Ciudad de México: Tumbona, 2005, pp. 72-73.

16. La Galería Arte Xerea, fundada por el empresario Luis García Alarcón, se había inaugurado el 3 de octubre de 1989 en la céntrica calle del Conde de Almodóvar con la exposición "Boix, Heras, Armengol, Años 70". Esta primera muestra fue definitoria de la línea expositiva en los años sucesivos, pues se especializó en artistas valencianos representativos de las décadas de los setenta y los ochenta, como Bonifacio Alfonso, Rafael Armen-

gol, Artur Heras, Willy Ramos o la propia Carmen Grau. En la temporada 1995-96 cambió de localización a un amplio y rehabilitado edificio del siglo xv en la calle de Samaniego, también en el centro histórico de Valencia. Vid. Francisco Agramunt Lacruz, 1999, t. II, p. 695.

17. Rafael Ballester Añón (coord.), *Carmen Grau*. Valencia, Galería Arte Xerea, 1990, 94 pp.

18. Adolfo Castaño, «Carmen Grau», *ABC*, 21 de marzo de 1991, p. 136. La Galería Egam había presentado el año anterior individuales de Luis Feito, Fernando Almela, Alfonso Albacete, Alfonso Gortázar…

19. José R. Seguí, «El tarot según Carmen Grau: El IVAM adquiere las 22 piezas de la serie». *Levante. Posdata*, 4 de junio de 1993, p. 2.

20. Ibídem.

21. Nilo Casares, «Abanicos para un nuevo espacio». *Levante. Posdata*, 24 de mayo de 1996, p. 5.

22. María Ángeles Arazo Ballester, «Carmen Grau: El abanico como pretexto». *Las Provincias*, 2 de junio de 1996, p. 36.

23. Rafael Ballester Añón, «Los abanicos de Carmen Grau». *Cartelera Turia*, n.º 1687, 3-9 de junio de 1996, pp. 98-99.

24. «Carmen Grau», Casa de la Cultura, Alzira, 30 de mayo - 22 de junio 1997. Se editó un catálogo con textos de la pintora explicando las obras de la serie.

25. Rafael Prats Rivelles, «Ariadnes». *Qué y Dónde*, 291, 9 - 15 de septiembre de 1985, p. 35.

26. Vid. Josepa Cucó i Giner, *De la utopia revolucionària a l'activisme social. El Moviment Comunista, Revolta i Cristina Piris*. Valencia: Universitat de València, 2016. Y Ana Silva, «De la Revolución a la revuelta. Invención cotidiana de una tradición política selectiva en un "espacio sociocultural" del barrio de Velluters, Valencia». *Quaderns de l'Institut Català d'Antropologia*, n.º 36 (1), 2020, pp. 110-125.

27. Carmen Grau pintó uno de los cuadros (de 40 x 40 cm) en que se había fragmentado una fotografía de Cristina Piris para conformar un gran mural de homenaje en 2004, al año siguiente de su fallecimiento, titulado *Calidoscopi Cristina Piris*.

28. Isabel Requena (1949) es actriz, escritora y directora de teatro, en 2001 era presidenta de la Asociación de Actores y Actrices de la Comunidad Valenciana.

29. Redacción, «Carmen Grau desvela las claves de su mundo». *Las Provincias*, 10 de abril de 2001, p. 63.

30. Carmen Grau, «El Fayoum (actualización)». En Vicente Colom (com.), *Carmen Grau. Fayoum, cajas dobles y triples.* (Exposición celebrada en Valencia, Sala de Exposiciones del Palau de la Música, del 25 de marzo al 21 de abril de 2003), Valencia: Ajuntament de València, 2003, pp. 11-12.

31. Juan Bautista Peiró, «Carmen Grau. Colages sobre tabla». *Levante. Postdata*, 4 de abril de 2003, p. 7.

1.4. BALANCE Y NUEVAS EXPECTATIVAS

1. Francisco Calvo Serraller, «Vivir del arte: ¿vivir del aire?». En Javier Gomá Lanzón (dir.), *Ganarse la vida en el arte, la literatura y la música*. Barcelona: Galaxia Gutenberg, 2012, pp. 19-41.

2. Jesús Ruiz Mantilla, *Diez horas con Carmen Calvo. Una conversación con Jesús Ruiz Mantilla*. Madrid: La Fábrica, 2024, p. 20 y 35.

3. Lewis Hyde, *El don. El espíritu creativo frente al mercantilismo*. Madrid: Sexto Piso, 2021, pp. 415-416.

4. Mariángeles Pérez Martín, «Carmen Grau: El arte como forma de vida». *Makma*, 2 de enero de 2014. En línea: <https://www.makma.net/carmen-grau-el-arte-como-forma-de-vida/> (consulta: 23 de octubre de 2024).

5. Resolución 10041, de 17 de abril de 2003, de la Universidad Politécnica de Valencia. *BOE*, n.º 119, 19 de mayo de 2003, p. 19059.

6. Entrevista con Carmen Grau. L'Eliana (Valencia), 9 de mayo de 2021. Las declaraciones que se incluyen en el resto del capítulo corresponden a esta entrevista, salvo que se indique lo contrario.

7. Maite Beguiristain Alcorta, «Los últimos 30 años (y algo más) del arte valenciano. Las cuestiones de género». En Román de la Calle (coord..), *Navegando entre dos siglos (1978-2008). Nuevas aportaciones en torno a los últimos 30 de arte valenciano contemporáneo*, Valencia: Real Academia de Bellas Artes, 2014, pp. 63-64.

8. Redacción, «Carmen Grau, nueve años después», *Las Provincias*, 12 de octubre de 2013, p. 51.

9. Vicente Aguilera Cerni, "Protesta para Carmen Grau". En M. Ballester Añón (coord.), *Carmen Grau*. Valencia: Arte Xerea, 1990, p. 7.

10. Carmen Grau (bajo pseudónimo Beatriz Cenci), «La musa». En Rafael Ballester Añón (coord..), *Almacén de metáforas. Textos para Carmen Grau*. Valencia: Galería Arte Xerea, 1992, pp. 37-46.

11. Carmen Grau, «Abanicos», «La dama de los abanicos», «Abanicos per a Moztezuma», «Los abanicos de Teodolinda», «Países», «Madame Bovary». En *Carmen Grau*. (Exposición celebrada en Alzira, Sala Municipal d'Exposicions, del 30 de

mayo al 22 de junio de 1997). Alzira: Ajuntament d'Alzira, 1997, pp. 5-18 (valenciano); y 49-57 (castellano e inglés).

12. Carmen Grau, *Pintando el tiempo*. Valencia: Universidad Politécnica de Valencia, 2007.

13. Carmen Grau, *Escenarios*. Valencia: Grama, 2011.

14. Vicente Aguilera Cerni, "Protesta para Carmen Grau". En M. Ballester Añón (coord..), *Carmen Grau*. Valencia: Arte Xerea, 1990, pp. 5-6.

15. Angela Vetesse, *Artisti si diventa*. Roma: Carocci, 2001.

16. Jillian Steinhauer, «Old Women». *The Believer*, n.º 136, 1 de junio de 2021. En línea: <https://www.thebeliever.net/old-women/> (consulta: 7 de noviembre de 2023).

2.1. PRIMERAS BÚSQUEDAS

1. Vid. José Martín Martínez, «La pintura de paisaje y la generación de postguerra: un género de iniciación al arte moderno», en Inmaculada Aguilar Civera y Pascual Patuel Chust (coms.), *Miradas distintas, distintas miradas: paisaje valenciano en el siglo XX*. (Exposición celebrada en Valencia, Museo del Siglo XIX, del 2 de octubre al 24 de noviembre de 2002). Valencia: Generalitat Valenciana, 2002, pp. 154 y 156.

2. Junto con Francisco Lozano, otros pintores que contribuyeron a la renovación del género paisajístico en el contexto valenciano fueron Genaro Lahuerta (1905-1985), Francisco Sebastián (1920-2013) o Luis Arcas Brauner (1934-1989).

3. Orden, de 30 de noviembre de 1955, de la Escuela Superior de Bellas Artes de Valencia. *BOE*, 4-I-1956, n.º 4, pp. 97-98.

4. Valeriano Bozal, *Pintura y escultura españolas del siglo XX (1939-1990)*. Madrid: Espasa-Calpe, 1992, p. 199.

5. Francisco Lozano, «La Escuela de Vallecas y la nueva visión del paisaje». En Francisco Agramunt (ed.), *Francisco Lozano: maestro del paisaje mediterráneo*. Valencia: Universidad Politécnica, 1995, p. 259.

6. Entrevista con Carmen Grau. L'Eliana (Valencia), 15 de febrero de 2021. Las declaraciones de la artista que se incluyen en el resto del capítulo, salvo que se indique otra fuente, corresponden a esta entrevista.

7. Pascual Patuel Chust, *Salones valencianos de arte (1955-1990)*. Valencia: Institució Alfons el Magnànim, 1999, p. 110.

8. Pascual Patuel, «Las nuevas opciones paisajísticas de los sesenta y setenta». En Inmaculada Aguilar Civera y Pascual Patuel Chust (coms.), *Miradas distintas, distintas miradas: paisaje valenciano en el siglo XX*. (Exposición celebrada en Valencia, Museo del Siglo XIX, del 2 de octubre al 24 de noviembre de 2002). Valencia: Generalitat Valenciana, 2002, p. 246.

9. Salvador Barber, «M. Carmen Grau. "Para pintar un paisaje hay que comprenderlo"». *Las Provincias*, 10 de febrero de 1974.

10. Carlos Sentí Esteve, «Otra victoriosa muestra de la joven pintura valenciana. El retrato y la composición, en la obra de Mari Carmen Grau. Conversación en Galería Estil». *Levante*, 18 de mayo de 1973, p. 18.

11. Ibíd.

12. Ibíd.

13. Salvador Barber: *Op. cit.*

14. Pascual Patuel Chust, *Salones Valencianos de Arte...*, p. 112.

15. Pascual Patuel Chust, «Las nuevas opciones paisajísticas de los sesenta y setenta», p. 246.

16. Carmen Grau Bernardo, *7 obras. Posibilidades expresivas del soporte rígido en la pintura. (Análisis en torno a la propia investigación plástica), 1977-1986*. Tesis doctoral inédita dirigida por el Dr. Andrés Cillero Dolz, Valencia: Universidad Politécnica de Valencia, 1987, p. 11.

17. Carmen Grau Bernardo, *Op. cit.*, p. 28.

18. «Lygia Clark (pintora concretista). "A arte me disciplina e me educa"». *Jornal do Brasil*, 8 de agosto de 1957, p. 17.

19. Carlos Sentí Esteve, «Semanal de las Artes: Carmen Grau en el Colegio de Arquitectos». *Levante*, 14 de junio de 1975, p. 33.

20. Valeriano Bozal, *Historia de la pintura y la escultura del siglo XX en España II. 1940-2010*. Madrid: Antonio Machado Libros, 2013, pp. 385-187.

21. Carmen Grau, *Pintando el tiempo*. Valencia: Universitat Politècnica de València, 2007, p. 25.

22. José Martín Martínez, *La donación Martínez Guerricabeitia: catálogo razonado*. Valencia: Universitat de València, 2002, cat. n.º 47, rep. p. 195.

23. Entrevista con Carmen Grau. L'Eliana (Valencia), 20 de junio de 2024.

24. Rafael Prats Rivelles, «Algunas notas sobre la obra de Carmen Grau». En *Carmen Grau*. (Exposición celebrada en Valencia, Galería Lucas, del 7 de abril al 4 de mayo de 1981). Valencia: Galería Lucas, 1981, p. [2].

25. Carmen Grau, *Pintando el tiempo*, p. 24.

26. Carmen Grau Bernardo, *7 obras. Posibilidades expresivas del soporte rígido en la pintura...*, pp. 13-31.

27. Carmen Grau, *Pintando el tiempo*, p. 30.

2.2. *COLLAGES* DE MATERIA Y POESÍA

1. Ambos aspectos fueron apreciados por Rafael Prats Rivelles, «Algunas notas sobre la obra de Carmen Grau». En *Carmen Grau* (folleto de la exposición celebrada en Valencia, Galería Lucas, del 7 de abril al 4 de mayo de 1981). Valencia: Galería Lucas, 1981, p. [2].

2. Joaquín Michavila, «Un cuadro es básicamente, una superficie…», en *Carmen Grau (exposición retrospectiva)*. (Exposición celebrada en Sagunto, Sales d'Exposicions c/ Castell, 24, del 27 de septiembre al 27 de octubre de 1985). Sagunto: Ayuntamiento de Sagunto, 1985, p. [1].

3. Román de la Calle, «Carmen Grau». *Diart. Revista de las Artes Visuales*, 28, septiembre de 1982, p. 35.

4. Entrevista con Carmen Grau. L'Eliana (Valencia), 20 de junio de 2024. Las declaraciones que se incluyen en el resto del capítulo corresponden a esta entrevista.

5. Carmen Grau: *Pintando el tiempo*, p. 31.

6. Cf. Carlos Antonio Areán, «Escultopintura no imitativa en España», *Hogar y Arquitectura*, 48, septiembre-octubre 1963, pp. 47-64; «El arte español desde 1940 hasta nuestros días», *Arbor*, vol. 68, nº 261-262, septiembre-octubre de 1967, p. 25; *Comprender la pintura*. Barcelona: Teide, 1969, pp. 115-116; *Treinta años de arte español (1943-1972)*, Madrid: Guadarrama, 1972, pp. 227-241; y «Escultopintura no imitativa en España: nuevas promociones y futuro previsible», *Bellas Artes*, 36, octubre de 1974, pp. 13-18.

7. William C. Seitz (com.), *The Art of Assemblage*. (Exposición celebrada en Nueva York, Museum of Moderm Art, del 2 de octubre al 12 de noviembre de 1961). Nueva York: MoMA, 1961.

8. Mario Praz, *Mnemosyne. El paralelismo entre la literatura y las artes visuales*. Madrid: Taurus, 1981.

9. Horacio, *Ars poética*. Vid. también: Rensselaer W. Lee, *Ut pictura poesis. La teoría humanista de la pintura*. Madrid: Cátedra, 1982; y Antonio García Berrio y Teresa Hernández Fernández, *Ut poesis pictura. Poética del arte visual*. Madrid: Tecnos, 1988.

10. En Paco Morales, «Carmen Grau. El Cap i La Mà / Carmen Grau. La Cabeza y La Mano». En *Beques Alfons Roig 1984. Carmen Grau, Ángeles Marco i Elena del Rivero*. (Exposición celebrada en Valencia, Sala Parpalló, de abril a mayo de 1986). Valencia: Diputació de València, 1986, p. [41]. Antonia Pozzi (1912-1938) es una de las voces imprescindible de la poesía italiana de principios de siglo; escribió unos trescientos poemas, publicados póstumamente, y su vida, como la de Sylvia Plath, acabó trágicamente, suicidándose cuando solo tenía veintiséis años.

11. El poema «The Manor Garden» data de mediados de octubre de 1959, cuando la autora estaba embarazada de su hija Frieda. Los versos que incluyó en la pintura fueron los siguientes: «La araña sobre su maroma / el lago cruza. Los gusanos / dejan sus sólitas estancias. / Las pequeñas aves convergen, convergen / con sus dones hacia difíciles lindes.» Última edición bilingüe en español: *Poesía completa, 1956-1963*. Velilla de San Antonio (Madrid): Bartleby, 2009, pp. 221-222.

12. Román de la Calle, *Op. cit.*, p. 35.

13. Vicente Aguilera Cerni, «Protesta para Carmen Grau». En Rafael Ballester Añón (coord.), *Carmen Grau*. (Exposición celebrada en Valencia, Galería Arte Xerea, del 8 de marzo de 1990 al 21 de abril de 1990). Valencia: Galería Arte Xerea, 1990, p. 7.

14. Carmen Grau, *Op. cit.*, p. 33.

15. Carmen Grau, *Op. cit.*, p. 38.

16. Carmen Grau, *Op. cit.*, pp. 34-35.

17. Román de la Calle, «Carmen Grau», *El Correo del Arte*, 25, 1 de marzo de 1985, p. 12.

18. Carmen Grau, *Op. cit.*, pp. 60-61 y 62-63.

19. Carmen Grau, *Op. cit.*, pp. 61-62.

20. Carmen Grau, *Op. cit.*, p. 71.

21. Carmen Grau, *Op. cit.*, p. 74.

22. Carmen Grau, *Op. cit.*, p. 69.

23. Carmen Grau, *Op. cit.*, p. 73.

24. Cf. https://www.enciclopedia.cat/diccionari-de-la-literatura-catalana/cementiri-de-sinera.

25. Nos referimos al poema de Estellés «Vora el barranc del Carraixet», incluido en el libro publicado en homenaje de uno de los fusilados en aquel muro: *Ofici permanent a la memòria de Joan B. Peset, que fou afusellat a Paterna el 24 de maig de 1941* (Valencia: Tres i Quatre, 1979). La misma autora lo explica en Rafael Ballester Añón, «Fragmentos de una entrevista con Carmen Grau», en Rafael Ballester Añón (coord.), *Carmen Grau*. (Exposición celebrada en Valencia, Galería Arte Xerea, del 8 de marzo de 1990 al 21 abril de 1990). Valencia: Galería Arte Xerea, 1990, p. 62.

26. Carmen Grau usó la recopilación *Antología poética vasca*. Madrid: Vanguardia Obrera, 1987. Libro recién editado con motivo del cincuentenario del bombardeo de la ciudad de Guernica que ella leyó al conocer a varios poetas vascos con motivo de la exposición itinerante «Homenaje a las víctimas del franquismo y a los luchadores por la libertad» que se presentó en la Lonja de Valencia en 1988, y en la que ella participaba.

27. Albert Forment, *Josep Renau. Història d'un fotomuntador*. Catarroja (Valencia): Afers, 1997.

28. Carmen Grau, *7 obras. Posibilidades expresivas del soporte rígido en la pintura…*, tesis doctoral, 1987, p. 137.

2.3. LA PINTURA-OBJETO Y SUS NARRATIVAS

1. Paco Morales, «Carmen Grau. La Cabeza y La Mano». En *Beques Alfons Roig 1984: Carmen Grau, Ángeles Marco, Elena del Rivero.* (Exposición celebrada en Valencia, Sala Parpalló, de abril a mayo de 1986). Valencia: Diputació de València, 1986, p. [40].

2. Carmen Grau, *Pintando el tiempo*, p. 86.

3. Emanuela Saladini, *El objeto encontrado y la memoria individual: Christian Boltanski, Camen Calvo, Jorge Barbi.* Tesis doctoral, Santiago de Compostela: Universidade de Santiago de Compostela, 2011, p. 123.

4. Miquel Barceló, *De la vida mía.* Barcelona: Galaxia Gutenberg, 2024, p. 12.

5. Entrevista con Carmen Grau. L'Eliana (Valencia), 9 de mayo de 2021.

6. Carmen Grau, *7 obras. Posibilidades expresivas del soporte rígido en la pintura…*, Tesis doctoral, 1987, p. 134.

7. Rafael Ballester Añón, «Fragmentos de una entrevista con Carmen Grau», en Rafael Ballester Añón (coord.), *Carmen Grau.* (Exposición celebrada en Valencia, Galería Arte Xerea, del 8 de marzo al 21 de abril de 1990), Valencia, Galería Arte Xerea, 1990, p. 61.

8. *Ibidem*, p. 140.

9. Paco Morales, *Op. cit.*, p. [40].

10. Carmen Grau, *Pintando el tiempo*, pp. 40-41.

11. María Teresa Beguiristain, «Narraciones pictóricas de Carmen Grau». En María Teresa Beguiristain (com.). *Carmen Grau. Taller narrativo.* (Exposición celebrada en Valencia, L'Almodí, del 9 de abril al 6 de mayo de 2001). Valencia: Consorci de Museus de la Comunitat Valenciana, 2001, p. 24.

12. En los años 2002-2004 retomará la figurita de futbolín en unas cuantas piezas de colorido más vivo y alegre aún, preparadas para la exposición en la Galería Carme Espinet de Barcelona (marzo-abril de 2004). En cuanto a la técnica, es interesante señalar que, al estilo de los antiguos, Carmen Grau elabora sus propios colores, aglutinando los pigmentos con acrílicos y barnices industriales, o empleando tintes para madera y colas de carpintero, mientras que el óleo lo reserva para las veladuras y algunos detalles.

13. María Teresa Beguiristain, *Op. cit.* p. 32.

14. Pascual Patuel Chust, «Las nuevas opciones paisajísticas de los sesenta y setenta». En Inmaculada Aguilar Civera y Pascual Patuel Chust (coms.). *Miradas distintas, distintas miradas: paisaje valenciano en el siglo xx.* (Exposición celebrada en Valencia, Museo del Siglo xix, del 2 de octubre al 24 de noviembre de 2002). Valencia: Generalitat Valenciana, 2002, p. 246.

15. *Ibidem*, pp. 26 y 28.

16. Entrevista con Carmen Grau. L'Eliana (Valencia), 9 de mayo de 2021.

17. María Teresa Beguiristain, *Op. cit.*, p. 34.

18. Juan Ángel Blasco Carrascosa y Vicent Joan Morant Mayor, *Esculturas del campus de la Universidad Politécnica de Valencia.* Valencia: Universidad Politécnica de Valencia, 2001, pp. 93-98.

19. Juan Corominas y José Pascual, *Diccionario crítico etimológico castellano e hispánico.* Madrid: Gredos, 1980-1991.

20. «La máscara es un misterio, es el mundo que se oculta, es aquello que no sé. Es el lado oscuro y extraño de los seres». Carmen Grau, «Abanicos». En *Carmen Grau.* (Exposición celebrada en Alzira, Sala Municipal d'Exposicions, del 30 de mayo al 22 de junio 1997). Alzira: Ajuntament d'Alzira, 1997, p. 4.

21. Carmen Grau, *7 obras. Posibilidades expresivas del soporte rígido en la pintura…*, Tesis doctoral, 1987, p. 168.

22. Carmen Grau, *Pintando el tiempo*, pp. 49-50.

23. Carmen Grau, *Pintando el tiempo*, p. 53.

24. Ibidem.

25. Entrevista con Carmen Grau. L'Eliana (Valencia), 9 de mayo de 2021. En un texto más cercano a las obras, preparado para la exposición de 1996 en Arte Xerea y que se publicó al año siguiente, cuando las obras viajaron a Alzira, lo explicaba así: «El protagonismo formal de algunas de estas obras se lo debo a un modelo corriente, de varillaje de madera, del cual encontré varios en el "rastro", y como siempre que algo, allí olvidado, me "hace guiños", sin saber bien la razón, en ese instante lo compro.» Carmen Grau, «Abanicos». En *Carmen Grau.* (Exposición celebrada en Alzira, Sala Municipal d'Exposicions, del 30 de mayo al 22 de junio 1997). Alzira: Ajuntament d'Alzira, 1997, p. 51. Posteriormente también recibió una colección de antiguos abanicos de su abuelo David Bernardo, que tomó como modelos de varias pinturas, acuarelas y dibujos.

26. Carmen Grau, «Abanicos», p. 51. Y María Ángeles Arazo Ballester, «Carmen Grau: el abanico como pretexto». *Las Provincias*, 2 de junio de 1996, p. 36.

27. Nos referimos a la exposición "Otros abanicos" (Madrid, Fundación Banco Exterior de España, mayo de 1985), comisariada por Natalia Seseña y cuyo catálogo estaba prologado por Francisco Calvo Serraller. La polémica la inició Rafael Sánchez Ferlosio con su artículo de opinión «La cultura, ese invento del Gobierno». *El País*, 22 de noviembre de 1984. Aunque en aquella ocasión no eran pinturas *de* abanicos sino pinturas *sobre* abanicos, es decir, abanicos reales pintados o intervenidos.

28. Carmen Grau, «Abanicos», p. 51.

29. Nilo Casares, «Carmen Grau. Abanicos para un nuevo espacio». *Levante. Posdata*, 25 de mayo de 1996, p. 5.

2.4. OBRAS RECIENTES

1. Entrevista con Carmen Grau. L'Eliana (Valencia), 18 de septiembre de 2024. El resto de declaraciones entrecomilladas de la artista que se incluyen en el capítulo corresponden a esta entrevista.

2. W.J.T. Mitchell, *Teoría de la imagen. Ensayos sobre la representación verbal y visual*. Tres Cantos (Madrid): Akal, 2009.

3. Esta técnica del *collage* con piel aparece en su obra a raíz de ese hallazgo fortuito en 2002 y perdura hasta el presente en cuadros y pequeños dobles, con algunas variaciones. En *La piel del dinero* (2017), las tiras de cuero aparecen dispuestas verticalmente y entre ellas, sobre un fondo amarillo, se añaden recortes de palabras impresas como banco, millones, dinero, ricos, capitalismo, desempleo, tarifa eléctrica, discriminación salarial, consumo...

4. Carolina Maestro, *Solo dibujo*. Valencia: Grama, 2014, p. 6.

5. Vid. Jean Chevalier y Alain Gheerbrant, *Diccionario de los símbolos*. Barcelona: Herder, 1986, pp. 117-129; y Xavier Barral i Altet (dir.), *Dictionnaire critique d'iconographie occidentale*. Rennes: Presses Universitaires de Rennes, 2003, pp. 100-103.

BIBLIOGRAFÍA CITADA

AGRAMUNT LACRUZ, Francisco. *Diccionario de artistas valencianos del siglo xx*. Valencia: Albatros, 1999, p. 818.

AGUILERA CERNI, Vicente. «Protesta para Carmen Grau». En Rafael Ballester Añón (coord.). *Carmen Grau*. (Exposición celebrada en Valencia, Galería Arte Xerea, del 8 de marzo de 1990 al 21 de abril de 1990). Valencia: Galería Arte Xerea, 1990, p. 5-8.

ALEMÁN, Gladys. «El juego que da un muñeco de futbolín». *El Mundo*, 10 de abril de 2001.

ALIAGA, Juan Vicente y Patricia Mayayo. *Genealogías feministas en el arte español: 1960-2010*. Madrid: This Side Up, 2013.

ARAZO BALLESTER, Maria Ángeles. «Carmen Grau: el abanico como pretexto». *Las Provincias*, 2 de junio de 1996, p. 36.

——. «Carmen Grau. Secretos de creación». *Las Provincias. Domingo*, 22 de abril de 2001, p. 10

AREÁN, Carlos Antonio. «Escultopintura no imitativa en España». *Hogar y Arquitectura*, n.º 48, septiembre-octubre de 1963, pp. 47-64.

——. «El arte español desde 1940 hasta nuestros días», *Arbor*, vol. 68, n.º 261-262, septiembre-octubre de 1967, pp. 5-36.

——. *Comprendre la pintura*. Barcelona: Teide, 1969.

——. *Treinta años de arte español (1943-1972)*. Madrid: Guadarrama, 1972.

——. «Escultopintura no imitativa en España: nuevas promociones y futuro previsible». *Bellas Artes*, n.º 36, octubre de 1974, pp. 13-18.

ARIAS, Fernando. «La gran revelación de Carmen Grau». *Hoja del Lunes*, 26 de marzo de 1990, p. 76.

Art valencià 84. (Exposición celebrada en Alcoi, Centre Municipal de Cultura, del 2 al 30 de junio de 1984). Alcoi: Centre Municipal de Cultura, 1984.

BALLESTER AÑÓN, Rafael. «Fragmentos de una entrevista con Carmen Grau». En Rafael Ballester Añón (coord.). *Carmen Grau*. (Exposición celebrada en Valencia, Galería Arte Xerea, del 8 de marzo al 21 de abril de 1990). Valencia: Galería Arte Xerea, 1990, pp. 61-62.

—— (coord.). *Almacén de metáforas. Textos para Carmen Grau*. Valencia: Galería Arte Xerea, 1992.

——. «Los abanicos de Carmen Grau». *Cartelera Turia*, 1.687, 3-9 de junio de 1996, p. 98-99.

BARBER, Salvador. «M. Carmen Grau. "Para pintar un paisaje hay que comprenderlo"». *Las Provincias*, marzo de 1974.

BARCELÓ, Miquel. *De la vida mía*. Barcelona: Galaxia Gutenberg, 2024.

BEGUIRISTAIN ALCORTA, María Teresa. «Narraciones pictóricas de Carmen Grau». En María Teresa Beguiristain (com.). *Carmen Grau. Taller narrativo*. (Exposición celebrada en Valencia, L'Almudí, del 9 de abril al 6 de mayo de 2001). Valencia: Consorci de Museus de la Comunitat Valenciana, 2001, pp. 24-47.

——. «Los últimos 30 años (y algo más) del arte valenciano. Las cuestiones de género». En Román de la Calle (coord.). *Navegando entre dos siglos (1978-2008). Nuevas aportaciones en torno a los últimos 30 años del arte valenciano contemporáneo (I)*. Valencia: Real Academia de Bellas Artes de San Carlos, 2014, pp. 59-77.

BELTRÁN, Adolf. «La feria valenciana Interarte compite con Arco en el mercado del arte internacional». *El País*, 14 de noviembre de 1986. En: <https://elpais.com/diario/1986/11/14/cultura/532306807_850215.html> (consulta: 22 de abril de 2021).

Beques Alfons Roig 1986: Carmen Grau, Ángeles Marco, Elena del Rivero. (Exposición celebrada en Valencia, Sala Parpalló, Valencia, abril y mayo de 1986). Valencia: Diputación Provincial, 1986.

BERENGUER, Silvina, Felipe Vicente Garín Llombart y José Garnería (coms.). *Segunda generación*. (Exposición celebrada en Valencia, Museo de la Ciudad, de mayo a junio de 2003). Valencia: Ajuntament de Valencia, 2003.

BLASCO CARRASCOSA, Juan Ángel et. alt. *Plástica valenciana contemporánea*. Valencia: Promociones Culturales del País Valenciano, 1986.

—— y Vicent Joan Morant Mayor. *Esculturas del campus de la Universidad Politécnica de Valencia*. Valencia: Universidad Politécnica de Valencia, 2001.

BONET, Juan Manuel (com.). *Alfons Roig (1903-1987). Una vida dedicada a l'art*. (Exposición celebrada en Valencia, Col·legi Major Rector Peset, del 15 de junio al 31 de agosto de 2007). Valencia: Museu Valencià de la Il·lustració i de la Modernitat, 2007.

BONO, Ferran. «El arte y la suerte se alían con el Botánico». *El País. Comunidad Valenciana*, 3 de enero de 1996, p. 1.

BOZAL, Valeriano. *Pintura y escultura españolas del siglo XX (1939-1990)*. Madrid: Espasa Calpe, 1992

——. *Historia de la pintura y la escultura del siglo XX en España II. 1940-2010*. Madrid: Antonio Machado Libros: 2013.

CADENA, Josep Maria. «Los arquetipos de Carmen Grau». *El Periódico de Catalunya*, marzo de 2004.

CALLE, Román de la. «Carmen Grau». *Diart. Revista de las artes visuales*, 28, septiembre de 1982, p. 35.

——. «Carmen Grau». *Las Provincias*, 27 de enero de 1985. Posteriormente en: *El Correo del Arte*, 25, 1 de marzo de 1985, p. 12; y en: Rafael Ballester Añón (coord.). *Carmen Grau*. (Exposición celebrada en Valencia, Galería Arte Xerea, del 8 de marzo al 21 de abril de 1990). Valencia: Galería Arte Xerea, 1990, pp. 26-28.

——. «Carmen Grau: la coherencia de una trayectoria». *Las Provincias*, 13 de octubre de 1985, p. 40.

——. «Una experiència plàstica col·lectiva». *El Temps*, 25 de julio de 1988, p. 89.

——. «Las muestras colectivas de la década de los ochenta en el contexto artístico valenciano. La pintura». En *El ojo y la memoria. Materiales para una historia del arte valenciano contemporáneo*. Valencia: Universitat de València, 2006, pp. 99-130.

——. «El proyecto de la Sala Edgar Neville del municipio de Alfafar, en el contexto del arte y de la política cultural del País Valenciano, en la década de los ochenta». En Román de la Calle (coor.). *Arte y cultura en la memoria de la transición valenciana (1975-2000)*. Valencia: Real Academia de Bellas Artes de San Carlos de Valencia, 2017, pp. 200-217.

——. «Los premios Alfons Roig de las artes plásticas y la historia de la sala Parpalló durante la transición». En Román de la Calle (coord.). *Arte y cultura en la memoria de la transición valenciana (1975-2000)*. Valencia: Real Academia de Bellas Artes de San Carlos, 2017, pp. 293-320.

CALVO SERRALLER, Francisco. «Vivir del arte: ¿vivir del aire?». En Javier Gomá Lanzón (dir.). *Ganarse la vida en el arte, la literatura y la música*. Barcelona: Galaxia Gutenberg, 2012, pp. 19-41.

CARRASCO, Bel. «Las mujeres "sujeto" de Carmen Grau». *El Mundo*, 20 de mayo de 2020.

CASARES, Nilo. «Abanicos para un nuevo espacio». *Levante. Postdata*, 24 de mayo de 1996, p. 5.

CASTAÑER, Xesqui. «Las artistas valencianas del siglo XX. De la participación en la vanguardia al discurso del cuerpo». En Jorge Hermosilla Pla (coord.). *La ciudad de Valencia: historia, geografía y arte de la ciudad de Valencia*, t. 2. Valencia: Universitat de València, 2009, pp. 483-491.

CASTAÑO, Adolfo. «Carmen Grau». *ABC*, 21 de marzo de 1991, p. 136.

CHADWICK, Whitney. *Mujer, arte y sociedad*. Barcelona: Destino, 1992.

CRISPOLTI, Enrico. *Cómo estudiar el arte contemporáneo*. Madrid: Celeste, 2001.

CUADRADO, Jesús. *Atlas español de la cultura popular. De la historieta y su uso, 1873-2000*. Madrid: Sinsentido; Fundación Germán Sánchez Ruipérez, 2000.

FERRER ÁLVAREZ, Mireia. «Mujeres artistas en la Diputación. Nuevas narrativas en torno al arte contemporáneo». En Rafael Gil Salinas et alt. (coms.). *Memoria de la modernidad. La colección patrimonial de la Diputación de Valencia*. Valencia: Diputació de València, 2017, pp. 170-201.

FIGUEROA-SAAVEDRA, Miguel. «La estudiante de Bellas Artes y la generización masculina del artista creativo». *Nueva Antropología*, vol. 23, n.º 72, enero-junio de 2010, pp. 121-144.

GARCÍA, Manuel. «Acotaciones al "Senyera" de pintura». *Turia*, 1013, 4-10 de julio de 1983.

——. «Pinturas matéricas». *Papers d'Educació i Cultura*, n.º 26, junio de 1990, p. 43.

GARCÍA BERRIO, Antonio y Teresa Hernández Fernández. *Ut poesis pictura. Poética del arte visual*. Madrid: Tecnos, 1988

GARNERÍA, José. «Dilatada es ya la trayectoria de Carmen Grau...». En Vicente Colom (com.). *Carmen Grau. Fayoum, cajas dobles y triples*. (Exposición celebrada en Valencia, Palau de la Música, del 25 de marzo al 21 de abril de 2003). Valencia: Ajuntament de València, 2003, pp. 7-9.

——. (com.). *Mariano Maestro. Retrospectiva 1970-2007*. (Exposición celebrada en Valencia, Atarazanas, de febrero a abril de 2008). Valencia: Ayuntamiento de Valencia, 2008.

GISBERT i MUÑOZ, Francesc. «Autors i tendències de la literatura infantil valenciana (1975-2014)». *Aula de Lletres Valencianes*, 6, 2018, pp. 380-381.

GÓMEZ AGUILERA, Fernando. «Pintar poesía, escribir pintura». En José Jiménez (ed.).*Ver las palabras, leer las formas. Acerca de las relaciones entre literatura y artes visuales*. Santiago de Compostela: Centro Galego de Arte Contemporánea, 2000.

GONZÁLEZ COLLANTES, Carla. *Moviments socials i defensa del patrimoni a la ciutat de València: el cas dels Salvem*, Tesis doctoral dirigida por la Dra. Eulalia Adelantado Mateu. Valencia: Universitat Politècnica de València, 2005, pp. 207-229 y anexo 6, figs. 3-6.

GRAU BERNARDO, Carmen. *7 obra. Posibilidades expresivas del soporte rígido en la pintura. (Análisis en torno a la propia investigación plástica, 1977-1986*. Tesis doctoral dirigida por el Dr. Andrés Cillero Dolz, Valencia: Universidad Politécnica de Valencia, 1987.

—— (bajo pseudónimo Beatriz Cenci). «La musa». En Rafael Ballester Añón (coord.). *Almacén de metáforas. Textos para Carmen Grau*. Valencia: Galería Arte Xerea, 1992, pp. 37-46.

——. «Abanicos», «La dama de los abanicos», «Abanicos per a Moztezuma», «Los abanicos de Teodolinda», «Países», «Madame Bovary». En *Carmen Grau*. (Exposición celebrada en Alzira, Sala Municipal d'Exposicions, del 30 de mayo al 22 de junio 1997). Alzira: Ajuntament d'Alzira, 1997, pp. 5-18 (valenciano); y 49-57 (castellano e inglés).

——. «El Fayoum (actualización)». En Vicente Colom (com.). *Carmen Grau. Fayoum, cajas dobles y triples*. (Exposición celebrada en Valencia, Sala de Exposiciones del Palau de la Música, del 25 de marzo al 21 de abril de 2003). Valencia: Ajuntament de València, 2003, pp. 11-12.

——. *Pintando el tiempo*. Valencia: Universidad Politécnica de Valencia, 2007.

——. *Escenarios*. Valencia: Grama, 2011.

——. «Artistas, "musas" y un cameo». *CBN: Revista de Estética y Arte Contemporáneo*, n.º 4, 2012, pp. 44-53.

——. *Azul ultramar*. Valencia: Grama, 2013.

——. *Taller de pintura*. Valencia: Tirant lo Blanch, 2015.

HARRIS, Ann Shutherland y Linda Nochlin (coms.). *Women Artists: 1550-1950*. (Exposición celebrada en Los Ángeles, County Museum of Art, de diciembre de 1976 a marzo de 1977; e itinerancia hasta 27 de noviembre de 1977). Nueva York: Alfred A. Knopf, 1976.

HUERTA RAMÓN, Ricard. «Academia Fuster, un centro privado de educación artística en Valencia». *Arte, Individuo y Sociedad*, n.º 16, 2004, pp. 49-72.

IBIZA i OSCA, Vicent. *Les dones al món de l'art. Pintores i escultores valencianes (1500-1950)*. Valencia: Institució Alfons el Magnànim, 2017.

JARQUE, Vicente. «La máscara y la herida». *Papers d'Educació i Cultura*, n.º 24, abril 1990, p. 8.

KUBLER, George. *La configuración del tiempo*. Madrid: Nerea, 1988.

LEE, Rensselaer W. *Ut pictura poesis. La teoría humanista de la pintura*. Madrid: Cátedra, 1982.

LOPEZ-CHÁVARRI ANDÚJAR, Eduardo. «Exposiciones de Salvador Soria, M. Carmen Grau, José Sabat y Miguel Viribay». *Las Provincias*, 24 de mayo de 1973, p. 31.

—— «Exposiciones de Carmen Grau y Josep Coll Araqué». *Las Provincias*, 25 de junio de 1975, p. 18.

——. «Exposiciones de Carmen Grau, Monteagudo y Ferriz». *Las Provincias*, 27 de mayo de 1988, p. 42.

MAESTRO, Carolina. *Solo dibujo*. Valencia: Grama, 2014.

MARCO, Carlos. «La danza de los muñecos». *Aquí. Semanario de Valencia*, 10 de octubre de 1992, p. 31.

MARÍ, Rafa. «Carmen Grau, nueve años después». *Las Provincias*, 12 de octubre de 2013, p. 51.

——. «El mundo de Carmen Grau». *Las Provincias*, 3 de enero de 2015, p. 42.

MARTÍN MARTÍNEZ, José. «La pintura de paisaje y la generación de postguerra: un género de iniciación al arte moderno». En Inmaculada Aguilar Civera y Pascual Patuel Chust (coms.). *Miradas distintas, distintas miradas: paisaje valenciano en el siglo XX*. (Exposición celebrada en Valencia, Museo del siglo XIX, del 2 de octubre al 24 de noviembre de 2002). Valencia: Generalitat Valenciana, 2002, pp. 135-201.

——. *La donación Martínez Guerricabeitia: catálogo razonado*. Valencia: Universitat de València, 2002, cat. n.º 47, rep. p. 195.

——. «Las artes plásticas desde 1939». En Jorge Hermosilla Pla (coord.). *La ciudad de Valencia: historia, geografía y arte de la ciudad de Valencia*, t. 2. Valencia: Universitat de València, 2009, pp. 421-429.

MARZO, Jorge Luis y Patricia Mayayo. *Arte en España (1939-2015). Ideas, prácticas, políticas*. Madrid: Cátedra, 2015.

MAYAYO, Patricia. *Historias de mujeres, historias del arte*. Madrid: Cátedra, 2003.

MICHAVILA, Joaquín. «Un cuadro es básicamente, una superficie…». En *Carmen Grau (exposición retrospectiva)*. (Exposición celebrada en Sagunto, Sales d'Exposicions c/ Castell, 24, del 27 de septiembre al 27 de octubre de 1985). Sagunto: Ayuntamiento de Sagunto, 1985, p. [1].

MITCHELL, W.J.T. *Teoría de la imagen. Ensayos sobre la representación verbal y visual*. Tres Cantos (Madrid): Akal, 2009.

MONTESINOS, A.B. «Carmen Grau en Arte Xerea». *Levante*, 2 de mayo de 1996, p. 57.

MORALES, Paco. «Carmen Grau. El Cap i La Mà / Carmen Grau. La Cabeza y La Mano». En *Beques Alfons Roig 1984: Carmen Grau, Ángeles Marco, Elena del Rivero*. (Exposición celebrada en Valencia, Sala Parpalló, de abril a mayo de 1986). Valencia: Diputació de València, 1986, p. [7-13 y 40-43].

MORENO SANDOVAL, Ceferino (com.). *VII Bienal Internacional del Deporte en las Bellas Artes*. (Exposición celebrada en Barcelona, Reales Atarazanas de Barcelona, de septiembre a octubre de 1979). Madrid: Ministerio de Cultura, 1979.

New Painting from Valencia. (Exposición celebrada en Nueva York, Spanish National Tourist Office, de mayo a junio de 1982). Valencia: Diputació de València, 1982.

NOCHLIN, Linda. «¿Por qué no ha habido grandes mujeres artistas?» [1971]. En Maura Reilly (ed.). *Mujeres artistas. Una selección de Linda Nochlin*. Madrid: Alianza, 2022, pp. 49-86.

OLAIZOLA, Artemis. «La palabra pintada, pensada, pintura que habla». En Fernando Francés (com.). *La palabra pintada*. (Exposición celebrada en Jaén, Museo Provincial de Jaén, del 15 de diciembre de 1994 al 22 de enero de 1995). Granada: La General, 1994, pp. 23-25.

OLMOS. Manuel y Juan Manuel Llopis (coms.). *Perspectiva 80, darrera generació de la pintura valenciana*. (Exposición celebrada en Valencia, Colegio de Arquitectos, Ateneo Mercantil y Museo San Pío V, del 10 de octubre al 5 de noviembre de 1980). Valencia: Ajuntament de València, 1980.

PALAU. D. «Carmen Grau narra en tres dimensiones». *Levante*, 10 de abril de 2001, p. 62.

PARKER, Rozsika y Griselda Pollock. *Maestras antiguas. Mujeres, arte e ideología*. Tres Cantos (Madrid): Akal, 2021.

PATUEL CHUST, Pascual. *Salones valencianos de arte (1955-1990)*. Valencia: Institució Alfons el Magnànim, 1999.

——. «Las nuevas opciones paisajísticas de los sesenta y setenta». En Inmaculada Aguilar Civera y Pascual Patuel Chust (coms.). *Miradas distintas, distintas miradas: paisaje valenciano en el siglo XX*. (Exposición celebrada en Valencia, Museo del Siglo XIX, del 2 de octubre al 24 de noviembre de 2002). Valencia: Generalitat Valenciana, 2002, pp. 221-303.

——. *Arte valenciano en el franquismo (1939-1975)*. Valencia: Universitat de València; Alfons el Magnànim, 2019.

PEIRÓ, Juan Bautista. «Carmen Grau. Colages sobre tabla». *Levante. Postdata*, 4 de abril de 2003, p. 7.

PEIST, Núria. *El éxito en el arte moderno. Trayectorias artísticas y procesos de reconocimiento*. Madrid: Abada, 2012.

PÉREZ MARTÍN, M.ª Ángeles. «Carmen Grau: El arte como forma de vida». *Makma*, 2 de enero de 2014. En línea: <https://www.makma.net/carmen-grau-el-arte-como-forma-de-vida/> (consulta: 23 de octubre de 2024).

PORCEL, Andrés (coord.). *Historia del tebeo valenciano*. Valencia: Prensa Valenciana, 1992.

PRATS RIVELLES, Rafael. «Algunas notas sobre la obra de Carmen Grau». En *Carmen Grau* (Exposición celebrada en Valencia, Galería Lucas, del 7 abril al 4 de mayo de 1981). Valencia: Galería Lucas, 1981, p. [2].

——. «Crónica de las artes plásticas. Carmen Grau». *Qué y Dónde*, 7 de abril de 1981.

——. «Las artes plásticas. Encuesta (I)». *Valencia Fruits*, 4 de junio de 1981.

——. «El lirismo abstracto de Carmen Grau». *Levante*, 10 de julio de 1983. Posteriormente en Rafael Ballester Añón (coord.). *Carmen Grau*. (Exposición celebrada en Valencia, Galería Arte Xerea del 8 de marzo al 21 de abril de 1990). Valencia: Galería Arte Xerea, 1990, 51-52.

——. «Ariadnes». *Qué y Dónde*, n.º 291, 9 – 15 de septiembre de 1985, p. 35.

——. «Carmen Grau» [Entrevista]. *Qué y Dónde*, n.º 394, 30 de septiembre – 6 de octubre de 1985, p. 15.

——. «Carmen Grau, al Grand Palais de París. "La pintura es una experiencia vivencial"». *Levante*, 6 de noviembre de 1987, p. 4.

——. «La pérdida del miedo al vacío. Nuevas apreciaciones en la pintura de Carmen Grau». *Lavante. Postdata*, 20 de noviembre de 1992.

——. «"Las cosas artísticas no funcionan como deberían". Carmen Grau reaparece tras diez años de silencio con una muestra que recorre su trayectoria desde 1985». *Levante*, 12 de octubre de 2013, p. 58.

PRAZ, Mario. *Mnemosyne. El paralelismo entre la literatura y las artes visuales*. Madrid: Taurus, 1981.

RAMÍREZ, Pablo. «Exposición de Carmen Grau. Una sorpresa». *Diario de Valencia*, 22 de abril de 1981.

REAL ALARCÓN, Manuel: *Historia de los Libros de Oro de las tertulias de pintores y escultores valencianos*. Valencia: Ayuntamiento de Valencia, 1985.

——. *Historia de los Libros de Oro de las tertulias de pintores y escultores valencianos. Segunda parte (1957-1981)*. Valencia: Nau Llibres, 2018.

REAL CARBONELL, Olga. «Máscaras e integraciones». *Levante*, mayo de 1988.

REDACCIÓN. «Notas de Arte. Premio de pintura Sala Noel». *Levante*, 3 de enero de 1970, p. 11.

——. «Mariano Maestro, premio de pintura Sala Noel». *Levante*, 4 de enero de 1970, p. 13.

——. «III Premio Sala Braulio». *Levante*, 17 de junio de 1971, p. 17.

——. «Se concede el VI Premio Estil de Pintura a Carmen Grau Bernardo». *Levante*, 21 de septiembre de 1972, p. 16.

——. «Oviedo. Un centenar de cuadros en la I Bienal de Arte». *ABC*, 4 de septiembre de 1976, p. 28.

——. «VII Bienal Internacional del Deporte en las Bellas Artes. Exposición de las obras galardonadas en el Palacio de Bibliotecas y Museos». *ABC*, 13 de diciembre de 1979, p. 97.

——. «Carmen Grau ganó el Certamen de pintura de Alfafar». *Levante*, agosto de 1981.

——. «Carmen Grau desvela las claves de su mundo». *Las Provincias*, 10 de abril de 2001, p. 63.

——. «Carmen Grau, nueve años después». *Las Provincias*, 12 de octubre de 2013, p. 51.

——. «El mundo de Carmen Grau». *Las Provincias*, 3 de enero de 2015, p. 42.

RUBIO, Javier. «Carmen Grau». *ABC*, 29 de abril de 1984, p. 101.

SALADINI, Emanuela. *El objeto encontrado y la memoria individual: Christian Boltanski, Camen Calvo, Jorge Barbi*. Tesis doctoral, Santiago de Compostela: Universidade de Santiago de Compostela, 2011.

SEITZ, William C. (com.). *The Art of Assemblage*. (Exposición celebrada en Nueva York, Museum of Moderm Art, del 2 de octubre al 12 de noviembre de 1961). Nueva York: MoMA, 1961.

SEGARRA, Marina, Eulalia Adelantado y Mariano Maestro (coms.). *José Grau, Dibujando los ecos de la memoria*. (Exposición celebrada en Valencia, Sala Josep Renau de la Universitat Politècnica de València, del 22 de octubre de 1998 al 2 de noviembre de 1998). Valencia: Universitat Politènica de València, 1998.

SEGUÍ, José Ricardo. «Carmen Grau, contra la paleta y el pincel: "En la crítica local no hay valoración objetiva"». *Cartelera Turia*, n.º 1367, 16-22 de abril de 1990, pp. 20-22.

——. «El tarot según Carmen Grau: El IVAM adquiere las 22 piezas de la serie». *Levante. Posdata*, 4 de junio de 1993, p. 2.

SENTÍ ESTEVE, Carlos. «Otra victoriosa muestra de la joven pintura valenciana. El retrato y la composición, en la obra de Mari Carmen Grau. Conversación en Galería Estil». *Levante*, 18 de mayo de 1973, p. 18.

——. «Creciente participación de la mujer en las exposiciones colectivas de arte». *Levante*, 31 de marzo de 1974.

——. «Carmen Grau en Sala Cite», *Levante*, marzo de 1974.

——. «El II Salón de Primavera organizado por la Caja de Ahorros de Valencia». *Levante*, 15 de marzo de 1975.

——. «Semanal de las Artes: Carmen Grau en el Colegio de Arquitectos». *Levante*, 14 de junio de 1975, p. 33.

SOLBES BORJA, Clara. «Aproximación a la presencia de mujeres en la Escuela de Bellas Artes de San Carlos durante el franquismo». En Concha Lomba Serrano, Carmen Morte García y Mónica Vázquez Astorga (eds.). *Las mujeres y el universo de las artes. XV Coloquio de arte aragonés*. Zaragoza: Institución Fernando el Católico, 2020, 443-450.

——. «Mujeres y artistas en la Valencia franquista. Una aproximación a través de la memoria de género». En Eva M.ª Ramos Frendo (dir.). *Género y subjetividades en las prácticas artísticas contemporáneas*. Sevilla: Arcibel, 2020, pp. 280-289.

——. *El campo artístico valenciano durante el franquismo: una intervención feminista*. Valencia: Tirant Humanidades, 2023.

STEINHAUER, Jillian. «Old Women». *The Believer*, n.º 136, 1 de junio de 2021. En línea: <https://www.thebeliever.net/old-women/> (consulta: 7 de noviembre de 2023).

TEJEDA, Isabel y María Jesús Folch. *A contratiempo. Medio siglo de artistas valencianas, 1929-1980*. (Exposición celebrada en Valencia, Institut Valencià d'Art Modern, del 26 de abril al 2 de septiembre de 2018). Valencia: IVAM, 2018.

VETESSE, Angela. *Artisti si diventa*. Roma: Carocci, 2001.

YVARS, José Francisco. «Sendas de arena». En Rafael Ballester Añón. *Almacén de metáforas. Textos para Carmen Grau*. Valencia: Galería Arte Xerea, 1992, pp. 9-15.

—— (com.). *Un siglo de pintura valenciana, 1880-1980: intuiciones y propuestas*. (Exposición celebrada en Valencia, Institut Valencià d'Art Modern, del 20 de mayo al 10 de julio de 1994). Valencia: IVAM, 1994.

ZARAGOZÁ, Amparo (dir.). *Galería Punto: 1972-2000*. Valencia: Galería Punto, 2001.

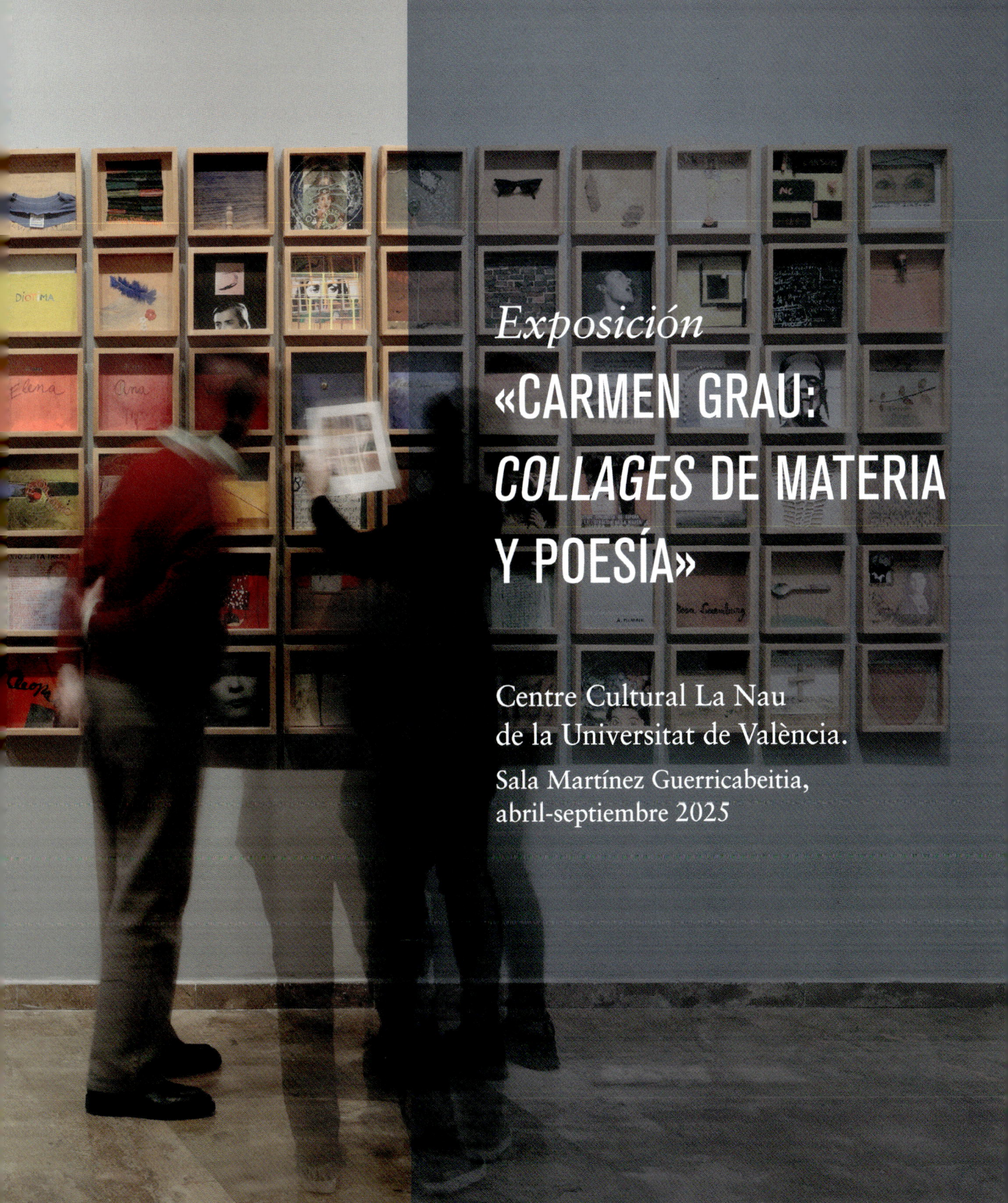

Exposición
«CARMEN GRAU:
***COLLAGES* DE MATERIA**
Y POESÍA»

Centre Cultural La Nau
de la Universitat de València.
Sala Martínez Guerricabeitia,
abril-septiembre 2025

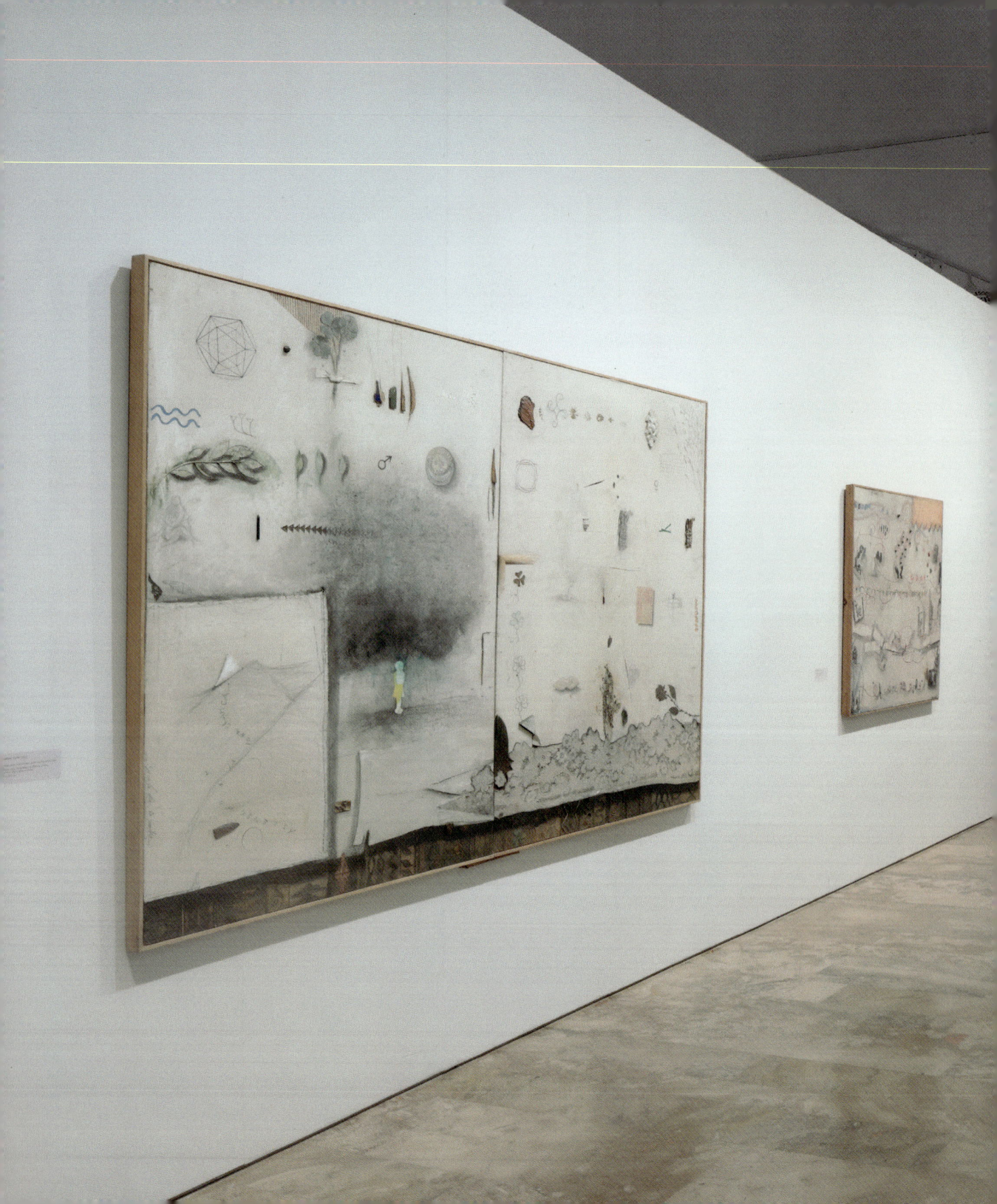

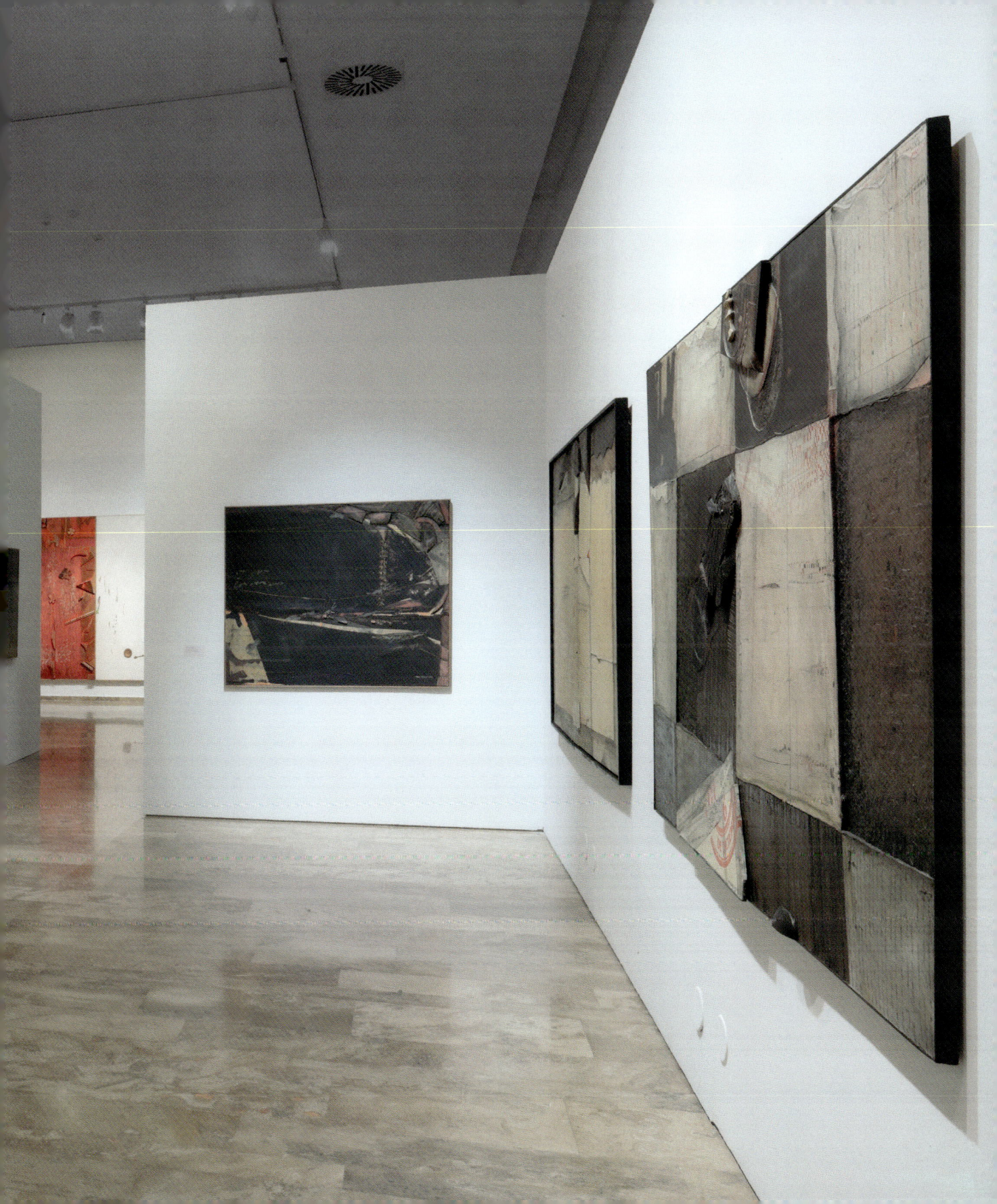

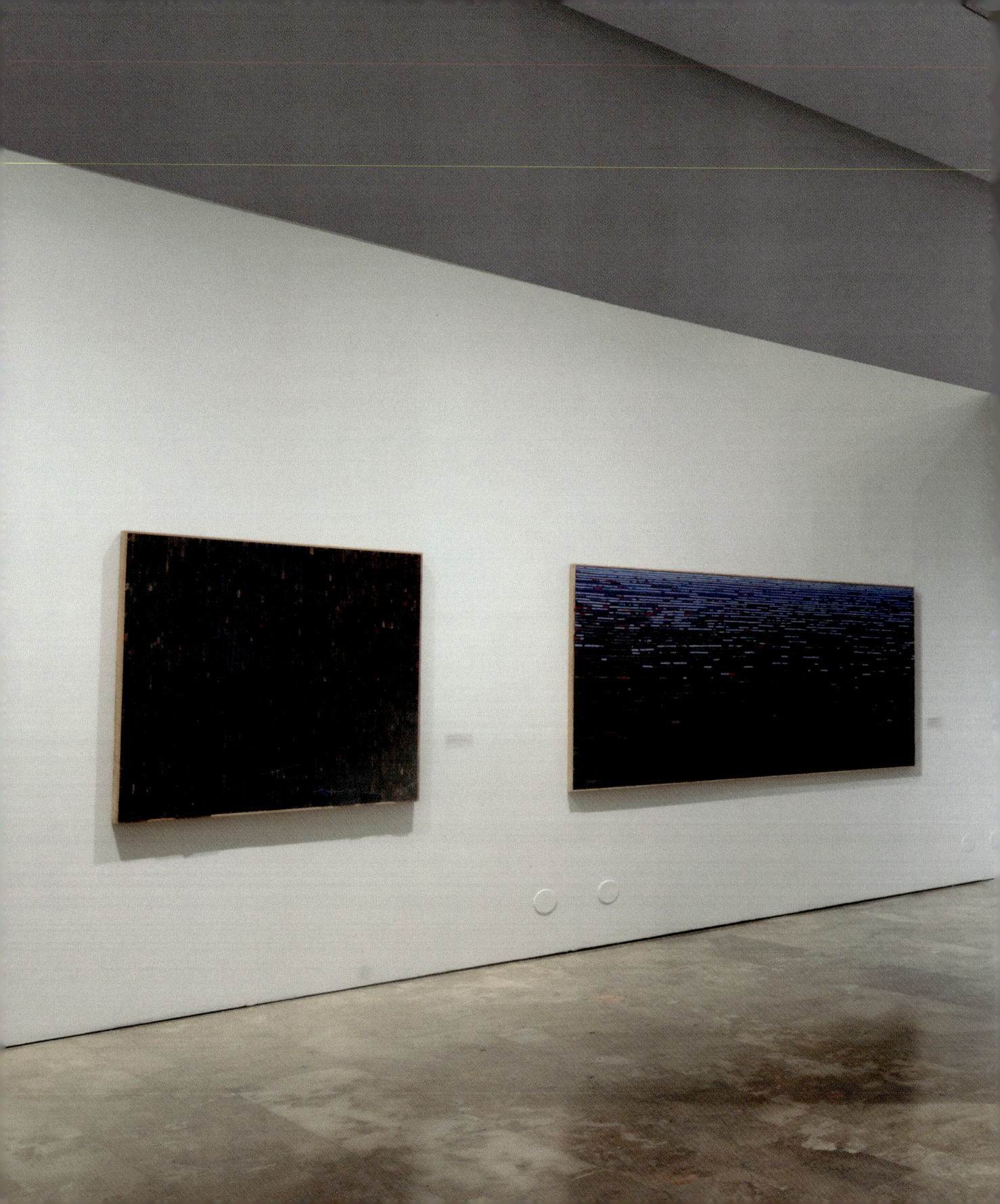

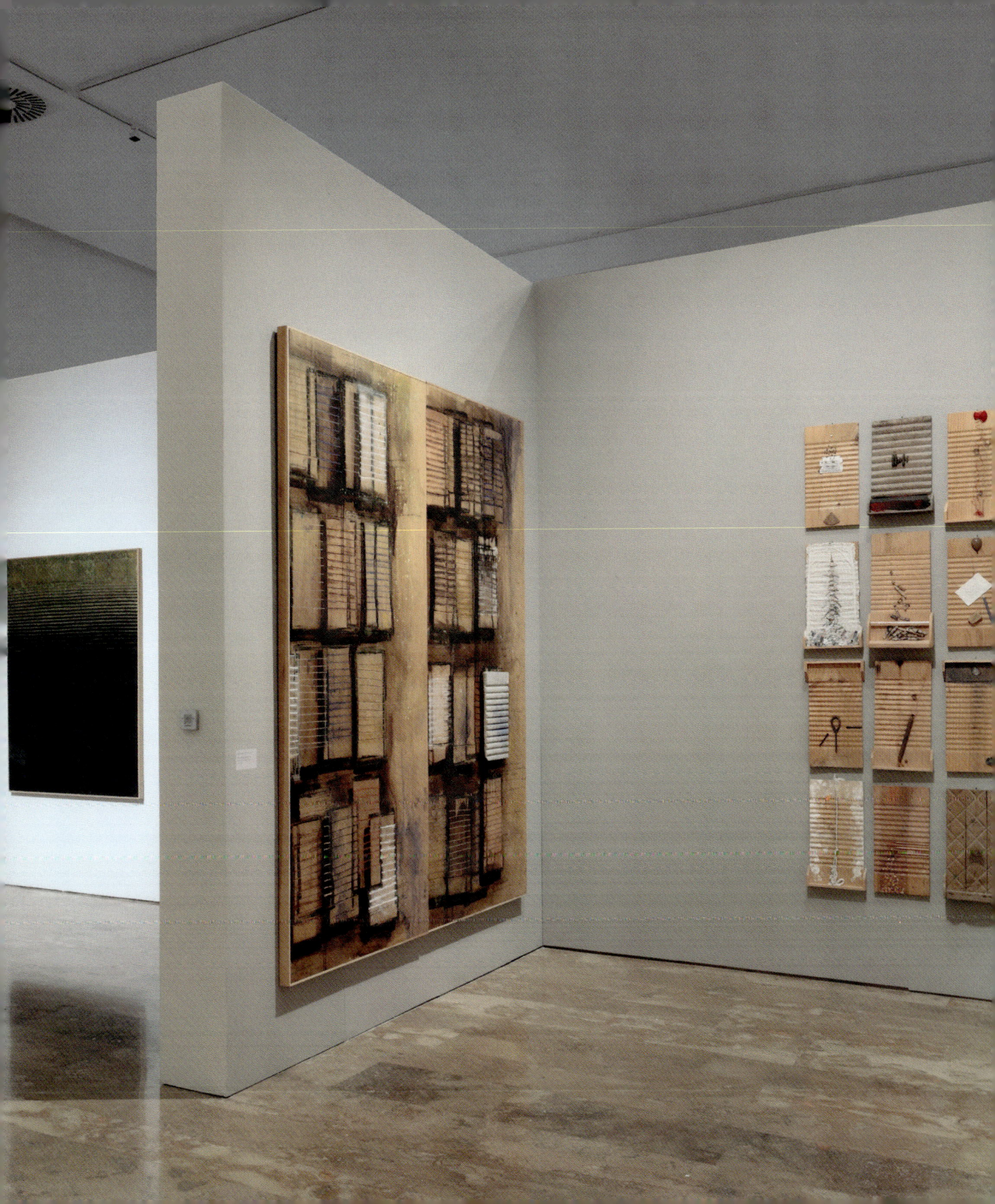

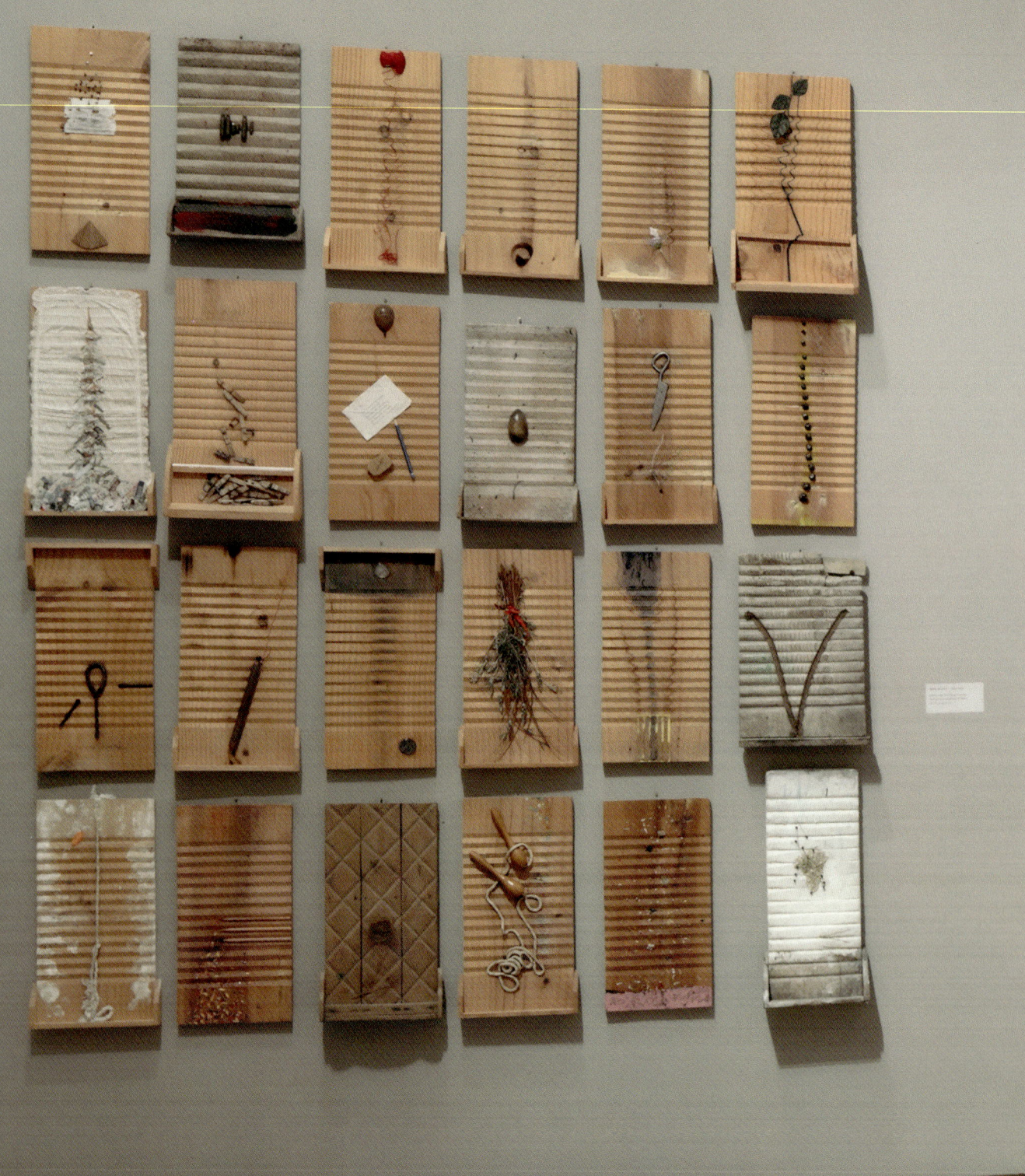

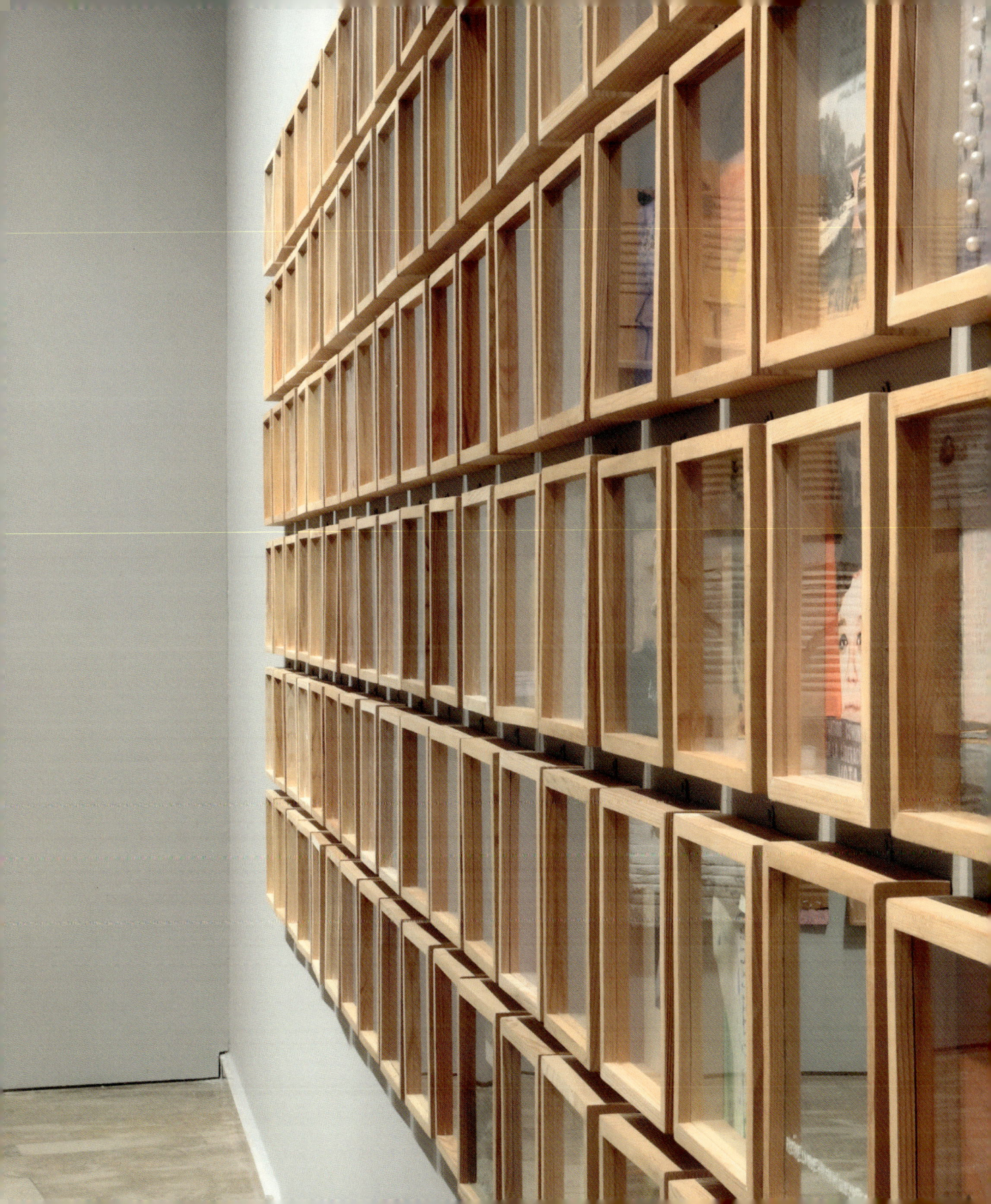

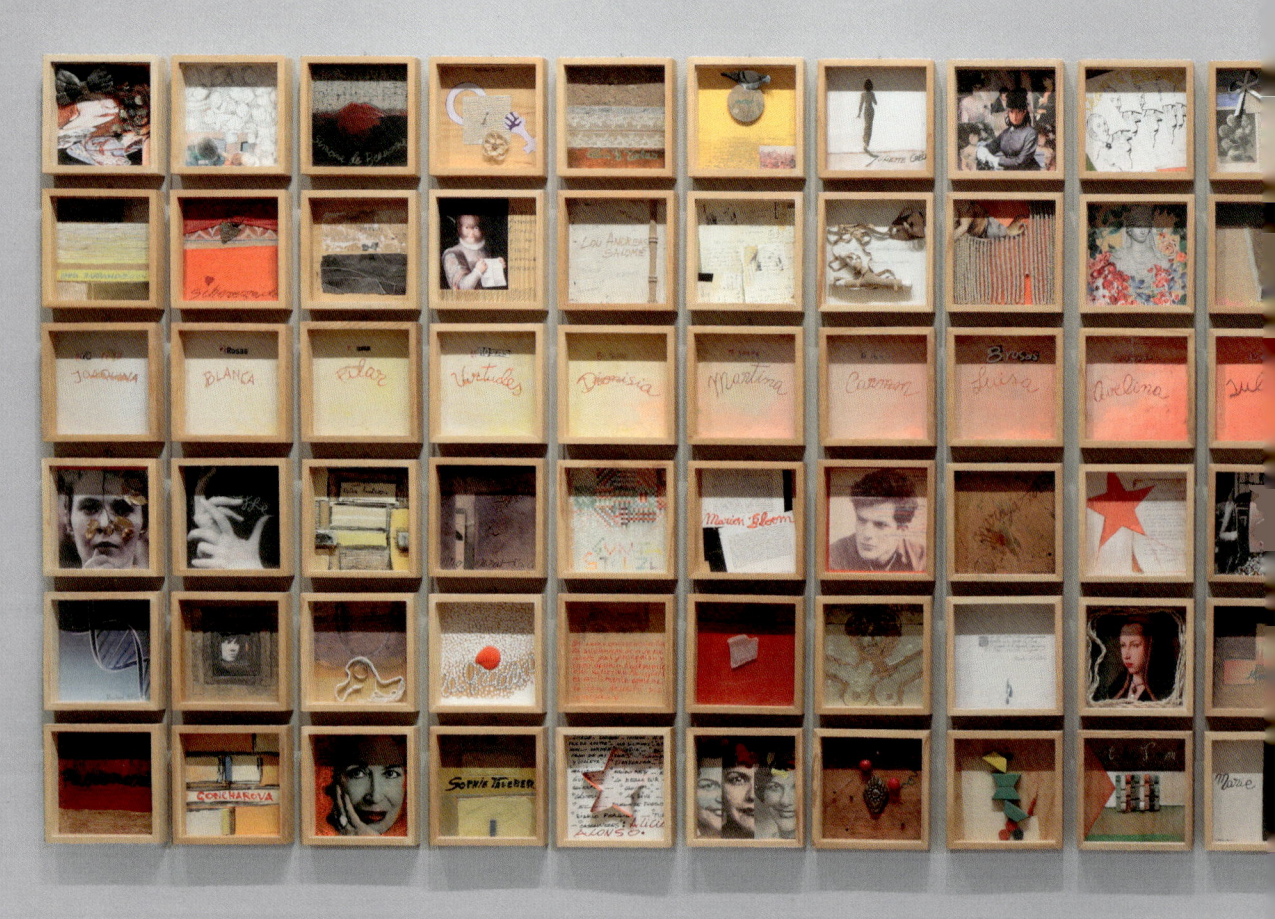

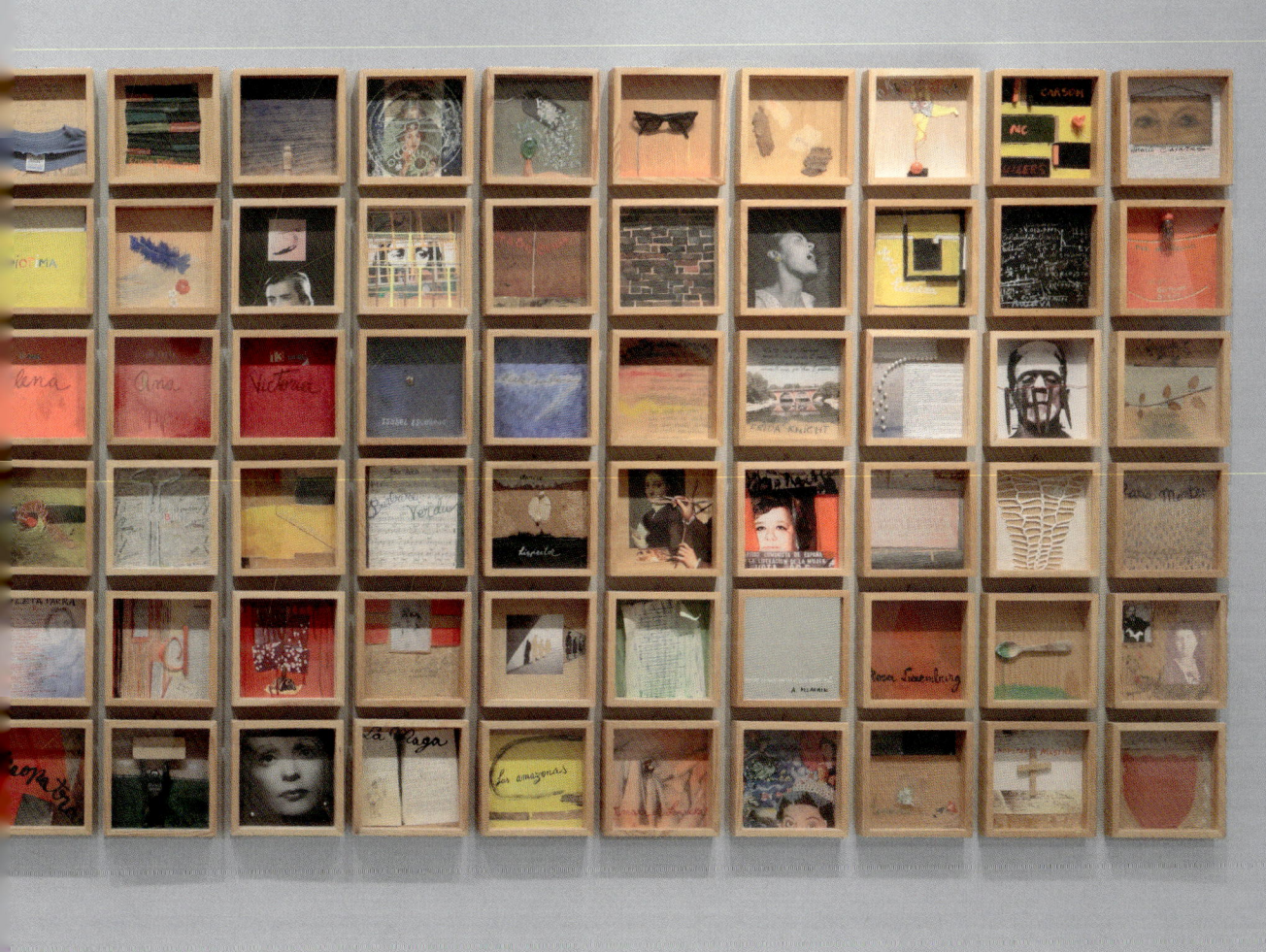

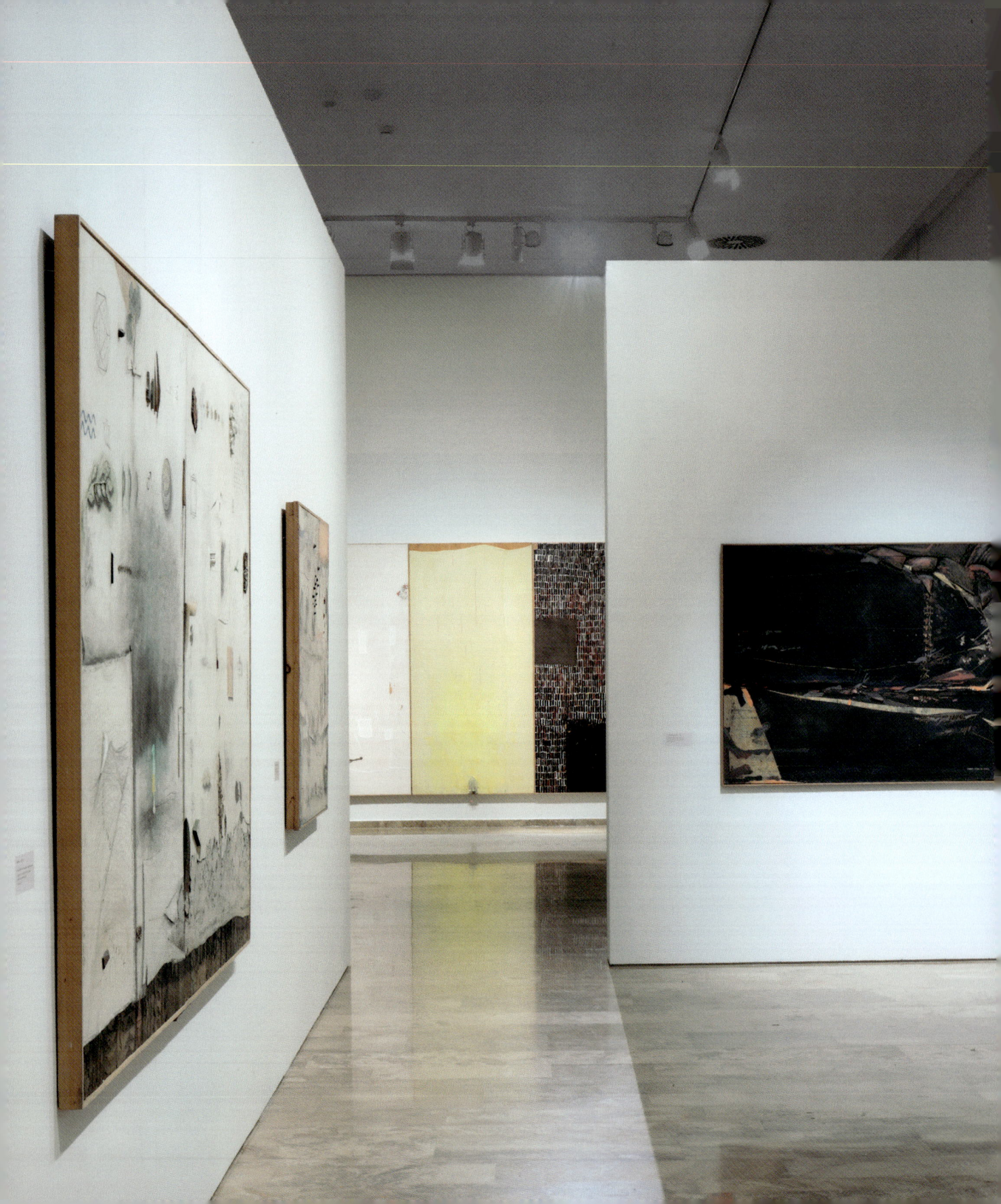

CATÁLOGO DE OBRAS EXPUESTAS

1. *Mono azul con botón rojo*, 1978.
   Collage, ensamblaje talla y acrílico sobre tabla,
   100,5 x 100 cm
   Fig. 45, reproducida en p. 95.

2. *Superficie doble*, 1981.
   Talla y técnica mixta sobre tabla, 123,5 x 191 cm
   Colección Universitat de València.
   Fig. 47, reproducida en pp. 98-99.

3. *El entierro de los muertos*, 1982-1983.
   Collage de maderas, telas y papel, acrílico, óleo,
   tintes y barnices sobre tabla, 150 x 244 cm
   Fig. 51, reproducida en p. 107.

4. *Lo que dijo el trueno*, 1983.
   Talla, ensamblaje y acrílico sobre tabla,
   122,5 x 150 cm
   Fig. 52, reproducida en p.108.

5. *Constitución*, 1983.
   Ensamblaje, *collage*, tela y acrílicos sobre tabla,
   150 x 244 cm
   Fig. 16, reproducida en p. 42.

6. *Recollons Beach y Renau*, 1984.
   Técnica mixta y *collage* sobre tabla, 122 x 122 cm
   Fig. 56, reproducida en p. 117.

7. *Montán*, 1988-1995.
   Collage, talla, ensamblaje de objetos, grafito
   y acrílico sobre tabla entelada, 170 x 245 cm
   Fig. 57, reproducida en pp. 122-123.

8. *Mujeres* (**políptico**), 1997-2019.
   Técnica mixta, *collage* y ensamblaje sobre tabla,
   20 x 20 cm c.u.
   Fig. 72, reproducida en pp. 145-147.

9. *Tablas de lavar*, c. 1999-2005.
   Tablas de lavar y ensamblaje de objetos,
   50 x 30 cm aprox. c.u.
   Fig. 75, reproducida en p. 149.

10. *Fantasma de la madera I*, 2000.
    crílico, talla y ensamblaje sobre tabla,
    100 x 122,5 cm
    Fig. 63, reproducida en p. 130.

11. *Tablas de agua y versos*, 2001-2003.
    Técnica mixta y ensamblaje sobre tabla,
    244 x 244 cm
    Fig. 76, reproducida en p. 150.

12. *Los cuatro jinetes del Apocalipsis*, 2003-2010.
    crílico, barnices, *collage*, ensamblaje y talla sobre
    tabla, 244 x 488 cm
    Fig. 77, reproducida en p. 154-155.

13. *Piel y oro*, 2005-2006.
    Collage, pan de oro, piel, acrílico y barnices
    sobre tabla, 163 x 122 cm
    Fig. 78, reproducida en p. 157.

14. *Horizonte (Guantánamo 117)*, 2011.
    Collage, piel, talla y acrílico sobre tabla,
    122,5 x 244 cm
    Fig. 79, reproducida en p. 158.

15. *Guantánamo 107*, 2011.
    Collage, ensamblaje, piel y acrílico sobre tabla,
    121,5 x 121,5 cm
    Fig. 80, reproducida en p. 159.

16. *Guantánamo 110*, 2011.
    Collage, piel y acrílico sobre tabla,
    121,5 x 121,5 cm
    Fig. 81, reproducida en p. 159.

«Carmen Grau: *collages* de materia y poesía»
24 Trobades amb la Col·lecció Martínez Guerricabeitia

Organiza y produce
Universitat de València. Vicerrectorado de Cultura y Sociedad
Fundació General de la Universitat de València
Colección Martínez Guerricabeitia

Rectora y Presidenta de la Fundació General de la Universitat de València
Mª Vicenta Mestre Escrivà

Vicerrectora de Cultura y Sociedad y Vicepresidenta de la Fundació General de la Universitat de València
Ester Alba Pagán

Directora del Servicio de Cultura Universitaria
Adela Cortijo Talavera

Director de actividades de la Colección Martínez Guerricabeitia
José Martín Martínez

Comisario
José Martín Martínez

Coordinación
Lydia Frasquet Bellver

Diseño gráfico
Espirelius

Transporte y montaje
Art i Clar

Responsable de producción cultural
Josep Vicó Crespo

Coordinadora de servicios
Emilia Arenas de Torres

Iluminación
Francisco Burguera Pérez
Álvaro David García
Pedro Herráiz Merino

Asistencia en sala
Sedena, SL

Visitas guiadas
Ximo Revert Roldán
Voluntaris de la Universitat de València

Difusión y comunicación
Nuria García Cebrià
Mª Angélica Morales López
Magdalena Ruiz Brox

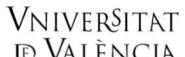 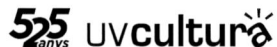 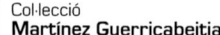 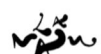 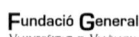 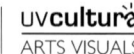

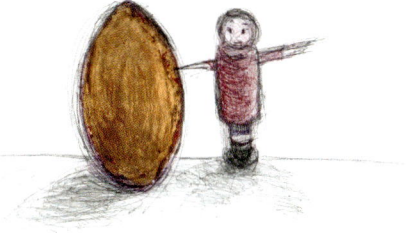